新编21世纪高等职业教育精品教材

**电子商务类**

浙江省普通高校

"十三五"新形态教材

U0795195

Online Store Operation

# 网店运营

主　编◎陈　杰

副主编◎宋福英　李雅莉

刘迪迪　李雪花

中国人民大学出版社

·北京·

**图书在版编目（CIP）数据**

网店运营 / 陈杰主编. -- 北京：中国人民大学出版社，2023.5

新编 21 世纪高等职业教育精品教材. 电子商务类

ISBN 978-7-300-31281-1

Ⅰ.①网… Ⅱ.①陈… Ⅲ.①网店—运营管理—高等职业教育—教材 Ⅳ.①F713.365.2

中国版本图书馆CIP数据核字（2022）第232099号

浙江省普通高校“十三五”新形态教材

新编21世纪高等职业教育精品教材·电子商务类

**网店运营**

主　编　陈　杰

副主编　宋福英　李雅莉　刘迪迪　李雪花

Wangdian Yunying

| | | | |
|---|---|---|---|
| **出版发行** | 中国人民大学出版社 | | |
| **社　　址** | 北京中关村大街31号 | **邮政编码** | 100080 |
| **电　　话** | 010-62511242（总编室） | | 010-62511770（质管部） |
| | 010-82501766（邮购部） | | 010-62514148（门市部） |
| | 010-62515195（发行公司） | | 010-62515275（盗版举报） |
| **网　　址** | http:// www. crup. com. cn | | |
| **经　　销** | 新华书店 | | |
| **印　　刷** | 天津中印联印务有限公司 | | |
| **开　　本** | 787 mm × 1092 mm　1/16 | **版　　次** | 2023 年 5 月第 1 版 |
| **印　　张** | 15.75 | **印　　次** | 2023 年 5 月第 1 次印刷 |
| **字　　数** | 330 000 | **定　　价** | 38.00 元 |

# 前　言

网店运营是电子商务的核心工作。随着电子商务向新零售转型，企业更加迫切需要懂网店推广、网店数据分析、行业网店运营实战的复合型、实用型网店运营人才。本书深入详细地讲解了网店运营推广、网店运营数据分析、网店运营实战，既有网店运营相关理论知识，又提供了技能训练，旨在为电子商务企业培养能解决实际问题的人才。

党的二十大报告指出，“统筹职业教育、高等教育、继续教育协同创新，推进职普融通、产教融合、科教融汇，优化职业教育类型定位”，再次明确了职业教育的发展方向。本书由多所高职院校具有优秀教学能力的骨干教师和嘉兴行业龙头企业、新媒体企业的运营总监共同编写而成。因此，本书更准确地讲解了网店运营的原理，更全面深入地介绍了网店运营推广、网店运营数据分析在网店运营过程中的应用。

本书是按照任务引领、结果驱动的思路设计的，把学生所要学习的知识转化为要解决的实际问题，从实际案例入手介绍问题的场景，分析问题的需求，阐述解决问题所需的原理，提出解决问题的方案和解决问题的具体操作等。

本书在编写和课程设计方面重点关注对学生能力和素养的培养，让学生在着手解决问题时培养观察能力和分析能力，在制定解决方案时培养自主研究、独立思考和决策能力，在解决方案落地推进执行中培养说服能力和团队协同能力，在方案执行遇到困难时培养承受压力的能力和自信。

本书积极发挥教材培根铸魂的重要作用，做到知识传授与品德修养相互促进的高度统一。教材以习近平新时代中国特色社会主义思想为指导，全面融入党的二十大精神，在进行相关知识阐释的过程中，始终把提高学生的思想道德素质与专业素养融为 一体，培养学生诚实守信、爱岗敬业等优秀品质，旨在为中国式现代化建设提供高技能型人才。

本书由嘉兴职业技术学院陈杰担任主编（负责编写项目一的学习任务六、项目三、项目七，并修改完善项目四），陇南师范高等专科学校宋福英（负责编写项目六）、石家庄理工职业学院李雅莉（负责编写项目一的前 5 个学习任务）、潍坊职业学院刘迪迪（负责编写项目二）、宁波城市职业技术学院李雪花（负责编写项目五）四人担任副主编，邢台现代职业学校相关教师负责编写项目四，嘉兴职业技术学院电子商务专业全体教师、嘉兴洁阳家居用品有限公司、嘉欣丝绸集团、浙江一里谷农业科技有限公司、浙江乐栩文化传媒有限公司等相关人员提供案例素材并参与视频拍摄工作。

由于编者的水平有限，书中难免有不足之处，欢迎大家批评指正。

编者

2023 年 5 月

# 目 录

## 模块一 网店运营推广


项目一 网店搜索引擎优化技巧 / 002

学习任务一 搜索引擎 / 003

学习任务二 搜索引擎优化 / 005

学习任务三 商品标题的优化 / 010

学习任务四 商品主图的优化 / 013

学习任务五 商品详情页的优化 / 015

学习任务六 搜索引擎营销推广 / 019

项目二 网店引流推广技巧 / 032

学习任务一 微淘推广 / 033

学习任务二 超级钻展推广 / 040

学习任务三 直通车推广 / 049

学习任务四 淘宝客推广 / 063

学习任务五 淘金币推广 / 071

学习任务六 促销活动推广 / 078

学习任务七 超级推荐推广 / 086

项目三 新媒体引流推广技巧 / 098

学习任务一 信息流推广 / 099

学习任务二 直播推广 / 107

学习任务三 短视频推广 / 130

## 模块二　网店运营数据分析

项目四　网店运营数据分析基础　/ 138
学习任务一　网店运营数据分析认知　/ 139
学习任务二　网店运营数据分析指标　/ 143
学习任务三　网店运营流量来源分析　/ 155

项目五　网店数据采集与处理　/ 161
学习任务一　网店数据分析目标制定　/ 162
学习任务二　网店数据分析指标　/ 165
学习任务三　网店数据采集渠道及工具选择　/ 170
学习任务四　网店数据采集与处理方案　/ 172

项目六　网店数据分析实践　/ 184
学习任务一　市场数据分析　/ 185
学习任务二　行业数据分析　/ 185
学习任务三　商品数据分析　/ 194
学习任务四　竞争数据分析　/ 196
学生任务五　客户行为分析　/ 202
学习任务六　推广数据分析　/ 207
学习任务七　销售数据分析　/ 210
学习任务八　供应链数据分析　/ 214
学习任务九　数据监控与报告撰写　/ 220

## 模块三　网店运营实战

项目七　典型行业网店运营实战案例　/ 232
实战案例一　某家居店铺数据化运营与优化案例　/ 232
实战案例二　某女装店铺数据化运营与优化案例　/ 239

参考文献　/ 245

模块一

# 网店运营推广

# 项目一 网店搜索引擎优化技巧

## 学习目标

1. 了解搜索引擎；
2. 了解搜索引擎优化（SEO）的概念；
3. 熟悉关键词挖掘与分析；
4. 学会商品标题的设置与优化；
5. 学会商品主图的优化；
6. 学会商品详情页的优化；
7. 掌握搜索引擎营销策略。

## 素养目标

1. 具备一定的知识产权法律意识；
2. 培养学生勤于优化商品标题的意识；
3. 培养学生自主学习淘宝平台标题优化规则的能力。

## 项目导入

小李刚刚大学毕业，应聘到一家公司做文职工作，工作相对轻松，但是收入无法满足他的各种开销。于是小李从表姐家的工厂找到箱包的货源，打算在淘宝网上进行售卖。经过一番认证、网店装修等，小李发现商品上架后，没有访客，没有销量。初次接触电商的小李对此感到很困惑。

# 学习任务一　搜索引擎

## 一、搜索引擎的含义

搜索引擎原理

搜索引擎的英文为 Search Engine。搜索引擎是一个对互联网信息资源进行搜索整理和分类，并储存在网络数据库中供用户查询的系统，包括信息搜集、信息分类、用户查询三部分。

从使用者的角度看，搜索引擎提供一个包含搜索框的页面，在搜索框输入词语，通过浏览器提交给搜索引擎后，搜索引擎就会返回跟用户输入的内容相关的信息列表。其实，搜索引擎涉及多领域的理论和技术：数字图书馆、数据库、信息检索、信息提取、人工智能、机器学习、自然语言处理、计算机语言学、统计数据分析、数据挖掘、计算机网络、分布式处理等，具有综合性和挑战性。

对普通网民而言，搜索引擎仅仅是一种查询工具，使用者要了解搜索引擎的功用、性能，探讨并掌握其使用方法和技巧。对商家而言，搜索引擎是一种营利的产品或服务：作为产品时，搜索引擎商要研制、改进和创新其搜索技术；作为服务时，搜索引擎商要研究搜索引擎优化和推广。由于利用搜索引擎的目的不同，产生了搜索引擎研究的不同群体和对搜索引擎不同角度、不同侧重的研究。

## 二、搜索引擎分类

按照不同的技术特点，可以把搜索引擎分为网页级搜索引擎、垂直搜索引擎、元搜索引擎。

### （一）网页级搜索引擎

网页级搜索引擎是名副其实的搜索引擎，国外具代表性的有 Google、Yahoo、MSN LiveSearch、Ask，国内知名的有百度、搜狗等。它们都是通过从互联网上提取的各个网站的信息（以网页文字为主）而建立的数据库，检索与用户查询条件匹配的相关记录，然后按一定的排列顺序将结果返回给用户。网页级搜索引擎也是目前常规意义上的搜索引擎。

### （二）垂直搜索引擎

垂直搜索引擎是针对某一个行业的专业搜索引擎，是搜索引擎的细分和延伸。它将网页库中某类专门的信息进行一次整合，定向分字段抽取出需要的数据进行处理，然后再以某种形式返回给用户。

垂直搜索引擎与普通网页级搜索引擎的最大区别是对网页信息进行了结构化抽取，也就是将网页的非结构化数据抽取成特定的结构化信息数据，然后将这些数据存储到数据库，进行进一步的加工处理，如去重、分类等，最后分词、索引，再以搜索的方式满足用户的需求。可以这样说，网页级搜索是以网页为最小单位，基于视觉的网页块分析是以网页块为最小单位，而垂直搜索是以结构化数据为最小单位。

各大搜索引擎都有自身的垂直搜索功能，比如 MP3 搜索、图片搜索、新闻搜索、Blog 搜索等。独立的垂直搜索引擎也受到有相关兴趣的用户的青睐，比如旅游搜索引擎、商业搜索引擎、比价搜索引擎等。

### （三）元搜索引擎

元搜索引擎在接受用户查询请求时，同时在其他多个引擎上进行搜索，并将结果返回给用户。元搜索引擎并不直接抓取网页，而是抓取多个搜索引擎的索引数据库，并根据自己的算法对抓取结果重新筛选排序。

虽然说元搜索引擎综合了多个搜索引擎的结果，但因为是建立在其他搜索引擎基础之上，其自身的排序算法也难以得到认可，所以一直没有特别大的影响力。

比较知名的元搜索引擎有 Dogpile（www.dogpile.com）、Vivisimo（www.vivisimo.com）、比比猫（www.bbmao.com）等。

## 三、搜索引擎的搜索方式

### （一）目录搜索

目录搜索虽然有搜索功能，但在严格意义上算不上是真正的搜索引擎，仅仅是按目录分类的网站链接列表，并提供站内搜索而已。用户完全可以不用进行关键词查询，仅靠分类目录也可找到需要的信息。

Yahoo 和搜狐都提供分类目录功能，其他知名的目录搜索网站还有 DMOZ（www.dmoz.org）、Looksmart（www.looksmart.com）等。

### （二）集成搜索

集成搜索算不上是搜索引擎，只是运用了一定的网页技术，把多个搜索引擎的搜索功能整合在一个搜索页面，并对各个搜索引擎的功能进行分类，方便用户在多个搜索引擎的搜索结果中进行比较和选择。部分集成搜索甚至没有对用户的搜索请求做出任何记录。所以，集成搜索更像一个在线的、集合了多个搜索引擎入口的软件，而不是搜索引擎。

国内有很多集成搜索的网站，如优客搜索（www.yok.com）。

# 学习任务二　搜索引擎优化

## 一、搜索引擎优化的内容

搜索引擎优化（Search Engine Optimization，SEO）包含以下基本内容：商品关键词优化、商品主图优化、商品详情页优化。淘宝网 SEO 就是通过对自己的商品进行合理的优化，使自己的商品在淘宝网的搜索引擎中获得靠前的排名，从而免费给自己的商品带来一定的流量。

### （一）商品关键词优化

商品关键词优化主要指商品标题优化，也包含网店名字优化等，商品关键词优化的主要作用就是提高网店商品被买家搜索到的概率。

在淘宝网开店，要想让商品被买家搜索到，重点应该是优化商品标题。在影响淘宝站内搜索结果排名的诸多要素中，商品标题描述绝对是最重要的因素。卖家要把商品的优势、特色、卖点融入标题，图 1–1 为商品标题展示。

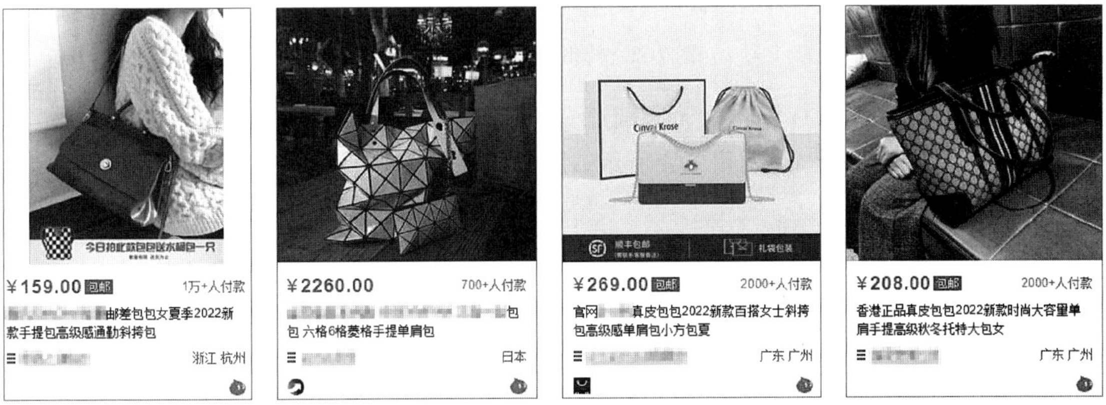


图 1–1　商品标题展示

### （二）商品主图优化

商品主图是商品的展示图，买家搜索商品时，首先看到的就是商品主图。商品主图优化对于提高商品的点击率很重要，因为展现在买家眼前的并不是一件商品，而是几十件甚至上百件商品，如何在这几十件甚至上百件商品中脱颖而出，让买家点击自己的商品，就是商品主图优化的作用。从图 1–1 中能看到搜索时显示的商品主图。

### （三）商品详情页优化

商品详情页的主要作用表现在两方面：一是吸引买家，提高商品成交的转化率；二是展示网店促销信息，引导买家查看网店其他商品，从而提高买家的购买金额。

## 二、SEO的作用与机制

### （一）SEO 对网店推广的作用

1. 降低网店获客成本

网店获客成本是指网店获取新的客户所产生的费用，由营销总费用加销售总费用除以获取新客数计算所得。

网店流量来源一般包括免费流量和付费流量，要降低网店的获客成本，就要降低付费流量在总流量来源中所占的比重，提高免费流量占比，只有这样，网店的付费流量获取成本才能被免费流量均摊，才能获取更多的利润，如图 1–2 所示。

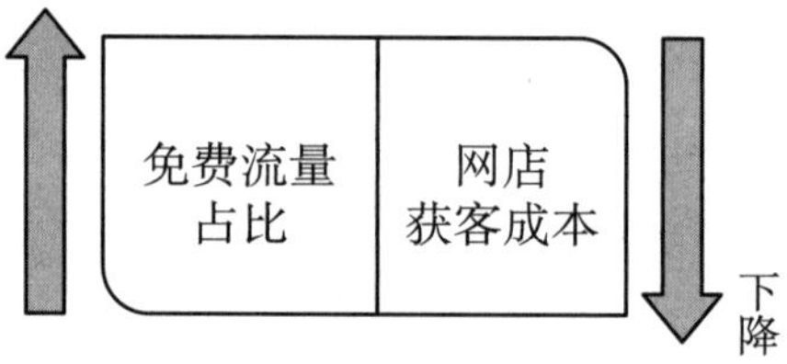


**图 1–2　降低网店获客成本**

某淘宝网店经过 SEO 优化后，店铺免费流量一直占据流量来源的榜首，其中峰值当日免费流量占比高达 97%，如图 1–3 所示。

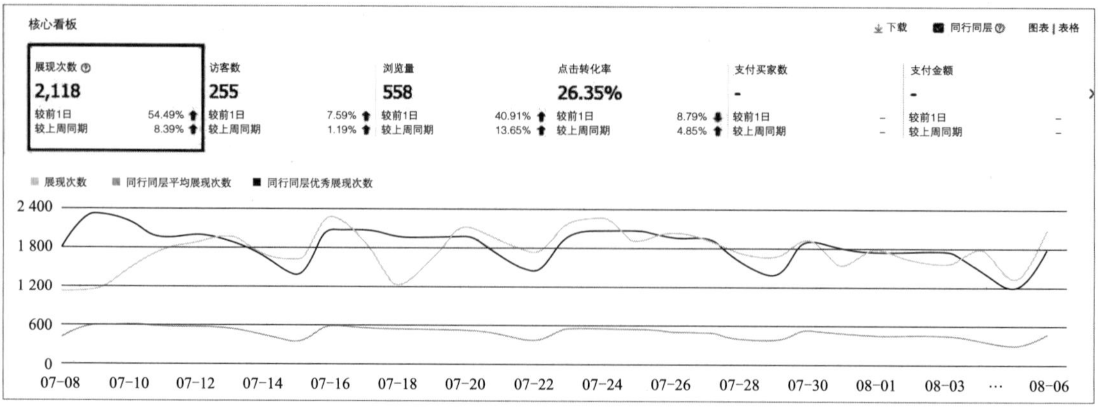


**图 1–3　网店流量**

2. 影响付费推广效果

影响付费推广效果的因素，如图 1–4 所示。

**图 1–4　影响付费推广效果的因素**

3. 提升网店权重

网店权重是指搜索引擎根据网店表现赋予的一个综合评分。网店权重是网店在所属搜索引擎上的可信赖度，是搜索引擎对网店的排名依据。权重越高，网店可信赖度越高，搜索排名则越靠前；权重越低则反之。

## （二）搜索引擎排序机制

搜索引擎排序机制的定义可以从两个角度入手：

1. 搜索引擎角度

搜索引擎排序机制是指搜索引擎对搜索结果进行排序的方法，根据搜索引擎排序算法对搜索排名的影响因素（包括描述质量、相关性、服务质量、权重等）进行指标打分，完成排序。

举个例子：淘宝网店商品的搜索排名影响因素（单项得分）为描述质量得分、类目相关性得分、标题相关性得分、属性相关性得分、店铺 DSR 评分、转化率得分、点击率得分、客单价得分，这些因素决定商品的搜索排名得分。

商品搜索排名得分 =Σ（各项单项得分 × 单项权重）

假设某店铺属于女鞋类目，该店铺中某商品搜索排名得分的各单项影响维度得分如下：描述质量得分 4 分、类目相关性得分 5 分、标题相关性得分 4 分、属性相关性得分 5 分、店铺 DSR 评分 4 分、转化率得分 4 分、点击率得分 3 分、客单价得分 4 分。各项指标权重分别为 10%、10%、5%、5%、10%、20%、20%、20%，那么该商品的搜索排名得分为：

该商品搜索排名得分 = 描述质量得分 4 分 ×10%＋类目相关性得分 5 分 ×10%

＋标题相关性得分 4 分×5%＋属性相关性得分 5 分×5%＋店铺 DSR 评分 4 分×10%＋转化率得分 4 分×20%＋点击率得分 3 分×20%＋客单价得分 4 分×20%=3.95 分

2. 用户搜索角度

搜索引擎排序机制是指搜索引擎通过用户引导、搜索词扩展、搜索词拆解、内容筛选等行为对消费者进行商品或网页推荐的过程。

（1）用户引导：引导用户、提示用户。例：历史搜索词、搜索发现、热门搜索词。

（2）搜索词扩展：搜索联想、自动补全。例：搜索下拉框。

（3）搜索词拆解：在用户确定搜索词之后，搜索引擎对用户的搜索词进行拆解，进行语义解析，预测用户的搜索意图，如图 1–5 所示。

**图 1–5　搜索词拆解**

以淘宝为例，当用户输入搜索词“胖妹妹连衣裙大码”时，平台会做出如下判断：

词性识别：连衣裙

类目预测：女装 / 女装精品连衣裙

性别预测：女性

属性标签：胖妹妹最新款 2022 大码宽松

词性识别是指搜索引擎对用户输入的关键词中核心词、属性词的快速定位，这一过程能够帮助搜索系统快速定位到用户想要搜索到的商品。

类目预测是指搜索引擎参考用户本身的标签属性，对用户所搜关键词所属类目进行判断的过程，如图 1–6 所示。

性别预测是指搜索引擎参考用户本身的标签属性，对用户所搜关键词所属性别进行补全的过程，如图 1–7 所示。

属性标签是指店铺的业主群体的属性。基于每个店铺都有自己的属性标签，主要和自己店铺的风格有关。比如男装店的主要人群属性是男性用户，如果再细分的话，也可以按照年龄和风格来分析。如图 1–8 所示，当用户搜索“衬衫”时，平台会在搜索框中实时进行精准关键词推荐，同时，也会在为用户召回搜索结果时加上该用户的“性别”“地域”

等个人属性。

**图 1–6　类目预测**

**图 1–7　性别预测**

**图 1–8　某男性用户在淘宝搜索“衬衫”的结果**

（4）内容筛选：词→短语→语义→主题→句法，如图 1–9 所示。

**图 1–9　内容筛选**

搜索引擎完成搜索词的拆解后，会得到一个关于搜索词的向量集合，搜索引擎通过搜索用户标签的提炼，得到一个关于用户的向量集合。这两个集合合并成一个向量集合，包含有不同关键词的权重和不同用户标签的权重，将会被用来进行商品或网页的筛选。

对商品进行检索时，参考的指标有商品标题、商品描述、商品参数、商品规格、商品品牌、商品品类、促销、类型等，这些指标的权重也组成了向量集合。

系统通过计算向量集合直接的相似度来得出商品的排名，向量集合相似度越高，商品排名就会越高。

# 学习任务三　商品标题的优化

商品标题的优化原则是尽量符合用户的各种搜索习惯，最好是把用户可能会搜索的各种词综合起来写。标题在获得免费流量方面的作用非常大，标题用好了可以获得自然搜索流量。

## 一、商品标题关键词分类

商品标题优化

商品标题一般是由若干关键词组合而成的，长度最多为 30 个汉字、60 个字符。商品标题优化的目的是使之符合买家的搜索习惯，同时也是为了增加被搜索到的概率，卖家可以尽可能地组合各种与商品相符的长尾关键词。根据不同的分类法，关键词可以分为不同类型。

### （一）按照买家搜索的特征分类

1. 核心关键词

核心关键词是指商品的名称或俗称。在商品有多种习惯称呼的情况下，可以多设几个核心关键词，以满足更多人的搜索需求。例如："马铃薯""土豆""洋芋""potato"指的是同一种食物，卖家就可以选择里面最常用的 1～2 个习惯称呼作为该商品的核心关键词。

2. 属性关键词

属性关键词是指商品的风格、材质及颜色等与属性相关的词语。例如：对于服装来说，风格属性关键词包括“淑女”“校园”“韩版”等，材质属性关键词包括“纯棉”“蚕丝”等。

3. 促销关键词

促销关键词是指关于清仓、折扣、甩卖、赠礼等活动信息的关键词，这类关键词往往最容易吸引买家。因此，卖家经常推出各种促销活动，并将“特价”“清仓”“打折”“大降价”等关键词体现在商品标题中，能够有效地吸引更多人的关注。

4. 品牌关键词

如果卖家自己的品牌或者代理的品牌有足够的影响力，那么可以在商品标题中加入品牌关键词。品牌分为商品品牌和网店品牌，增加商品品牌关键词可以为买家提供更精确的搜索信息，而增加网店品牌关键词可以为买家提供一个具体、可记忆、便于查找的网店品牌。

5. 人群关键词

人群关键词是指商品销售中针对的目标人群，如“老人”“小孩”“青年”“女性”等关键词。

6. 功能（功效）关键词

功能（功效）关键词是指描述商品的实际用处或效果的关键词，这类关键词包括“美白”“增高”“显瘦”“保温”“保鲜”等。

### （二）按照竞争程度和搜索量的不同分类

1. 顶级关键词（核心关键词）

如“女装”“男装”“鞋靴”“箱包”“连衣裙”“羽绒服”“笔记本”等属于顶级关键词。这类关键词搜索量非常大，但是新手卖家很难通过顶级关键词获得较多的流量。

2. 二级关键词（属性关键词）

商品材质、颜色、风格等都属于商品属性。二级关键词一般由两三个词组成，搜索量大，相当于淘宝的下拉框词，如“旅行双肩包”“落地电风扇”“平跟凉鞋”“碎花连衣裙”等。

3. 长尾关键词

长尾关键词一般由 3 个或者多个关键词组成，搜索量不大，竞争商品数少，但是可以给商品带来较大的流量。例如：“夏季平跟凉鞋”“书包中学生男”“女装夏装 2022 新款潮套装”……

## 二、商品标题的组合策略

### （一）商品标题的内涵

一个完整的商品标题应该包括 3 个部分。

第一部分是商品名称。这部分要让买家一眼就能够明白这是什么东西。

第二部分是由一些感官词组成的。感官词可以增加买家打开商品链接的兴趣。

第三部分是由优化词组成的。卖家可以使用与商品相关的优化词来增加商品被搜索到的概率。

这里举一个商品标题的例子来说明，如“鳄鱼钱包男 2022 新款头层牛皮男士名牌真皮皮夹短款休闲软牛皮钱夹”，这个商品标题会让买家产生对商品的信赖感，“鳄鱼钱包”“真皮皮夹”“钱夹”这 3 个词是优化词，它能够让潜在买家更容易找到商品。

在商品标题中，感官词和优化词是增加搜索量和点击量的重要组成部分，但也不是必须出现的，唯独商品名称是雷打不动的，商品标题必须要描述商品名称。

### （二）商品标题的组合形式

一般商品标题主要有下面几种组合形式：

（1）（品牌、型号）＋商品名称；

（2）（促销、特性、形容词）＋商品名称；

（3）地域特点＋品牌＋商品名称；

（4）网店名称＋地域特点＋商品名称；

（5）（品牌、型号）＋（促销、特性、形容词）＋商品名称；

（6）品牌＋（促销、特性、形容词）＋商品名称；

（7）（信用级别、好评率）＋网店名称＋（促销、特性、形容词）＋商品名称。

## 三、商品标题的优化方法

商品标题优化时最重要的就是把商品最核心的卖点用精练的语言表达出来。卖家可以列出四五个卖点，然后选择其中最重要的 3 个卖点融入商品标题中。下面是商品标题的一些优化方法。

### （一）标题应清晰准确

商品标题应该准确而且清晰，让买家在一扫而过的时间内就能轻松读懂。

### （二）体现价格信号

价格是买家关注的重要内容之一，也是最能直接刺激买家做出购买行为的因素。因此，如果商品具备一定的价格优势，或是正在进行优惠促销活动，则完全可以在标题中用简短有力的词注明，如“特价”“清仓特卖”“仅售 ×× 元”“包邮”“买一赠一”等。

### （三）注明进货渠道

如果网店的商品是厂家直供或从国外直接购进的，可在标题中注明，以突出商品的独特性。

### （四）注明售后服务

在网上购物不能看到实物，导致买家会对某些商品有所顾虑。因此，许多卖家提供了各具特色的售后服务，如“无条件换货”“全国联保”等，这些都可以在标题中注明。

### （五）网店高信誉度记录

如果网店的信誉度较高，达到了皇冠级、金冠级等，就可以在商品标题中注明，以增强买家对与卖家进行交易的信心。

### （六）单品超高的成交纪录

如果网店中某件商品的销量在一段时间内较高，就可以在标题中使用“月销上千”“明星推荐”等文字。善用这些能够调动人情绪的词语，对网店的生意很有帮助。这样在买家有购买意向时可以减少其对购买该商品的后顾之忧。

### （七）适当分割以便阅读

如果 30 个字的标题中间没有停顿，会让人感到迷惑。例如，“全场包邮 2023 秋冬新款冬裙羊绒毛呢加厚短裙半身裙铅笔裙”，这么多字中间没有一个标点符号，虽然有利于加大被搜索到的概率，但是也会让买家看得很辛苦，甚至厌烦。所以，少量而精准的断句是必需的。

## 学习任务四　商品主图的优化

商品主图是网店的核心。一张具有视觉冲击力和个性的商品主图，不但能让该商品在众多竞争者中脱颖而出，而且能为网店获得更多的流量和点击率。因此，商品主图的优化是卖家的必修课程。

## 一、商品主图的优化原则

（1）严谨。在优化主图的时候一定要找到适合自己网店、自己商品的方法，不盲目从众。

（2）凸显卖点。把商品的卖点也就是商品的优点凸显出来，如折扣、包邮、价格低等。

（3）注重实际效果。图片做好之后，不要主观地认为自己做出来的图片一定就好，要客观对待，进行对比测试，通过流量变化来判断。没达到优化预期效果、不合格的图片要果断删除，然后继续优化。

## 二、商品主图的优化方法

商品主图可以将商品的外观、细节及卖点等以图片的形式呈现给买家。以淘宝网为例，发布商品时，可以上传 5 张商品主图，其中，第五张要求是商品正面图，系统会自动为其生成白底图。由于第一张商品主图将呈现在商品搜索页面，该主图的制作应当尽量将商品的卖点及促销信息充分展示，吸引买家点击，通常将其称为营销型主图。

商品主图一般由商品图、文字及背景构成。

商品主图格式为 JPG，尺寸一般为 800 像素 ×800 像素。

商品主图的核心是商品，商品图应为实物拍摄图。商品图一定清晰显眼，其中商品的面积占比至少为 30%。

商品主图可以添加 logo、促销文字等元素，这些元素的布局和色彩搭配是非常重要的。logo 一般放置在左上角。商品的卖点可以通过文字或者特效来体现，文字要简洁明确。

具体的商品主图优化方法如下。

### （一）突出重点

很多卖家在设计商品主图的时候，会忽略要突出商品重点这个细节，导致在体现商品效果的时候，分不清主次，容易造成视觉混乱。

### （二）保证图片的清晰度

想要图片吸引人，提高买家的购买欲，商品图片就一定要清晰。清晰的商品图片不仅能体现出商品的细节和各种相关的信息，而且极大地提高了商品的视觉冲击力。而模糊的商品图片只会降低买家的体验感和购买欲，甚至有些买家还会觉得是盗图，从而对商品也失去了信心。

### （三）注意美观度

商品主图的设计还要注意美观度。很多卖家为了突出商品的优势和特点，都会选择在商品主图上加上一些字词，如“真材实料”“正品甩卖”“爆款促销”等。需要注意的是，卖家在添加这些字词的时候，一定要选择最重要的，不要把所有的字词都加在图片上，否则就会造成图片混乱，缺乏美感，甚至给人本末倒置的感觉。优秀的商品主图设计如图 1–10 所示。

**图 1–10　商品主图**

## 学习任务五　商品详情页的优化

一个网店的商品详情页，除了能告知买家该商品的基本情况外，还能通过一些细节展示和文字描述来打消买家的购买疑虑、售后顾虑，从而促成购买。可以说，商品详情页优化的好坏直接影响着网店商品转化率的高低。

详情页优化

## 一、撰写商品描述

在网上购物，影响买家购买的一个重要因素就是商品描述，很多卖家都会花费大量的心思在商品描述上。下面是撰写商品描述的步骤。

### （一）做一个精美的商品描述模板

卖家最好有一个精美的商品描述模板。商品描述模板可以自己设计，也可以在淘宝网上购买，还可以从网上下载一些免费的商品描述模板。精美的商品描述模板除了让买家知道卖家在用心经营网店外，还可以对商品起到衬托作用，促进商品的销售。

### （二）设计吸引人的开头，快速激发买家的兴趣

商品描述开头的作用是吸引买家的注意，立刻唤起他们的兴趣，刺激他们继续看下去。

不管写什么样的商品描述，必须首先了解潜在买家的需求，了解他们在想什么，找到使他们感兴趣的关键，考虑如何把商品和他们的兴趣联系在一起。

### （三）突出卖点，为买家提供购买的理由

找到商品的卖点，加以放大。应挖掘并突出卖点，很多商品的卖点是需要挖掘的。每个卖点都是能增强商品说服力的砝码。商品描述能够吸引买家的卖点越多，就会越成功。图 1-11 为突出商品卖点的示例。

**图 1-11　突出卖点**

### （四）给买家购买推动力，让其尽快采取行动

当买家已经对商品产生了兴趣，但还在犹豫不决的时候，就需要给他一个推动力。不要让潜在买家有迟疑的机会。可以在商品描述中设置免费的赠品，并且告诉买家，赠送赠品的活动随时都有可能结束，让其尽快采取行动。

### （五）通过建立信任，打消买家疑虑

善用买家的好评，可将其附加在商品描述里，增加说服力。第三方的评价会让买家觉得可信度更高。

## 二、写好售后服务

不论是商品标题、商品主图还是商品描述，其实都是卖家和买家之间交易的条款和契约。例如，这是一件什么样的商品，是全新的还是二手的，它的具体商品信息有哪些，等等。所有这些买卖双方所关心的问题都应该真实、详细地体现在商品的描述里。

例如：一双鞋，是皮鞋还是布鞋，是棉鞋还是凉鞋，是什么面料、什么颜色、什么尺码、适合什么体型的人穿，出现质量问题应该怎么办以及退货要求和退货费用……关于这件商品的所有疑虑，买家都需要在商品描述中得到答案。所以，商品描述越详细，以后出现纠纷的可能性就越小，也越容易打动买家并促成交易。

一般除了商品的详细情况以外，买家还会关心商品的售后服务，如什么情况下可以退货、什么情况下可以换货，及发生退换货产生的邮费由谁承担等。不同地区及不同的物流方式会产生不同的邮费，对于邮费的说明，相信每一个买家都会很仔细地查看，这些详细的说明对商品的成功销售能起到积极的推动作用。图 1–12 为 7 天无理由退货规则节选。

**7 天无理由退货规则是什么**

**7 天无理由退货规则是指从快件被签收的那个时间算起，收货人只要不满意就可以选择退货，但前提条件是，如果不是商品质量原因，要在不影响商品二次销售的情况下才可以退货。除特殊商品外，网购商品在到货之日起 7 日内无理由退货。**

▲一、7 天无理由退货规则是什么

从快件被签收的那个时间算起，收货人只要不满意就可以选择退货，但前提条件是，如果不是商品质量原因，要在不影响商品二次销售的情况下才可以退货。

七天无理由退货指商品到货日起 7 日内无理由退货，2014 年 3 月 15 日正式实施新消费者权益保护法规定，除特殊商品外，网购商品在到货之日起 7 日内无理由退货。

▲二、法律依据

根据《中华人民共和国消费者权益保护法》第三章第二十五条，经营者采用网络、电视、电话、邮购等方式销售商品，消费者有权自收到商品之日起七日内退货，且无需说明理由，但下列商品除外：

（一）消费者定作的；

（二）鲜活易腐的；

（三）在线下载或者消费者拆封的音像制品、计算机软件

图 1–12　7 天无理由退货规则节选

## 三、附上商品权威证书

在商品详情页中放上商品权威证书，让买家感觉网店的专业性。如果是功能性的商品，需要展示能够证明技术实力的资料。提供能够证明不是虚假广告的文件，或者如实展

示人们所关心的商品制作过程，都是提高网店可信度的方法。如果所售的商品在电视、报纸等新闻媒体上曾有报道，那么收集这些资料展示给买家也是一种很好的方法。图 1–13 所示为商品详情页中展示的商品的相关证书和证明资料。

**图 1–13　商品的相关证书和证明**

## 四、准备商品图片

网上开店有别于日常的面对面交易，买家难以亲身感受商品的质地、做工、细节及商品的其他特点，在这种大环境下，商品图片就变得至关重要了。商品图片要吸引人，就需要注意以下内容。

（1）注意商品图片的整体效果和图片背景。通过整体效果图片，买家可以对商品有一个总体了解。在拍摄照片时，适当加入背景可以更好地展示商品。但背景千万不要喧宾夺主，要牢记图片是用来表现商品的，应主次分明。

（2）道具搭配拍摄。商品图片的道具不能太大，不然就可能喧宾夺主。

（3）最好使用真人模特。因为商品图片只是给买家一个商品的概念，如果有真人模特示范，就容易使买家安心。

（4）如果有外出拍摄，要配合四季的气息，给人一种自然的感觉。外景拍摄图片也是不错的选择，一张好的图片能起到事半功倍的效果，但前提是图片质量要过关。一张模糊的图片不仅影响买家对该商品的认知，还会影响买家浏览商品时的心情。

## 五、做好细节图

很多新手卖家都不注重细节图的拍摄，甚至在详情页面上没有细节图，这样是很难获得买家的信任的。要想提高商品的成交率，除了商品自身的独特性、商品本身的性价比外，细节图也起到了关键的作用。

因此，为了网店的生意，商品细节图的拍摄一定不能少。例如：女士箱包类的商品图片不仅仅是包体本身，还应该对细节进行拍摄，比如箱包的拉链、包体的配饰、logo、包体内饰等。细节图越多，买家看得越清楚，对商品产生好感及购买的可能性就越大，图1–14就是通过拍摄商品不同部分展示商品的细节。

**图1–14　细节图**

# 学习任务六　搜索引擎营销推广

## 一、搜索引擎营销推广基础

### （一）搜索引擎营销的定义

搜索引擎营销（Search Engine Marketing，SEM）是指基于搜索引擎平台的付费推广，平台提供资源，商家付费购买优质资源，并利用人们对搜索引擎的依赖和使用习惯，在人们检索信息的时候将推广信息传递给目标用户。

SEM 推广原理

## （二）搜索引擎营销分类

1. 信息类搜索广告系统

信息类搜索广告系统是指根据信息检索关键词提供广告展位的系统，例如百度搜索广告、360 点睛实效平台、搜狗智能营销平台等。

以百度搜索广告为例（见图 1–15）：百度推出多种搜索广告商品，如闪投、品牌专区、品牌起跑线、品牌华表，还有基于图片搜索的图片推广等。此外展现形式也更加丰富，比如使用更加丰富的创意图片、丰富文字链、主搜索区与主搜索区右侧强关联、植入短视频等，使用强样式抢占视觉第一体验。

**图 1–15　百度搜索**

2. 购物类搜索广告系统

购物类搜索广告系统是指根据电子商务平台商品检索关键词提供广告展位的系统，主要包括淘宝搜索、速卖通直通车、京东快车、敦煌流量快车等。

以淘宝搜索为例：淘宝搜索关键词后其展示位置主要分为三大部分，分别是主搜区，有 1～3 个展示位，有提示“掌柜热卖”；主搜区右侧，有 16 个展示位；主搜区底部，有 5 个横着的展位。每页右侧和底部共展示 21 个商品，其中右侧展示第 1～16 位，底部展示第 17～21 位，搜索页面可一页一页往后翻，展示位以此类推。如图 1–16 所示为部分淘宝搜索结果截图。

3. 垂直类搜索广告系统

垂直类搜索广告系统是指专注于特定行业领域内容的平台所提供广告展位的系统，这些平台如专注于个性化信息推广的今日头条、专注于团购的美团等。

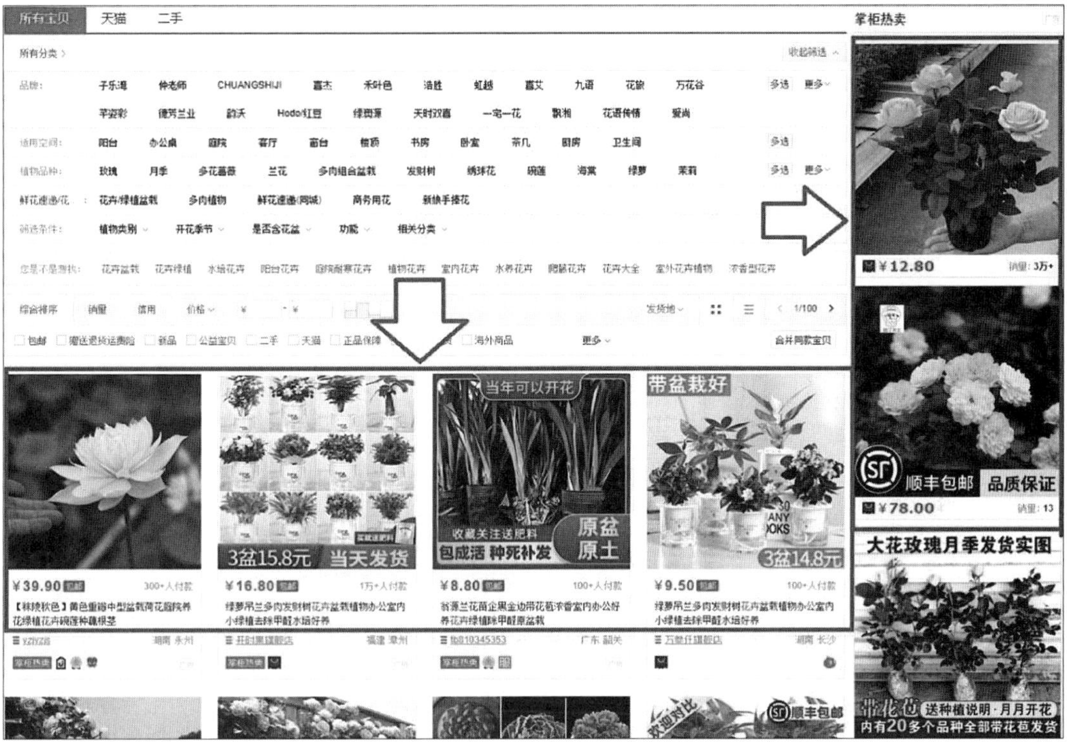


图 1–16　淘宝搜索

以美团为例（见图 1–17）：美团搜索推广是一个将店铺和主营菜品与顾客的搜索偏好精准匹配的营销推广工具，能够更快更直接地将推广店铺展示在搜索结果页面。美团 App 和美团外卖 App 的全站搜索结果页面中，商家列表的第 3、8、13 位为推广位。成功获得推广位后，店铺的左下角会自动出现“广告”字样。

图 1–17　美团

## （三）搜索引擎营销账户结构

SEM 账户是指网店在进行 SEM 推广前，需要向平台申请的账号。不同的平台有不同的准入门槛，审核通过后即可开通 SEM 账户，充值后进行 SEM 推广。也就是说 SEM 账户创建是开展 SEM 推广的前提。

SEM 账户结构可以理解为 SEM 推广的层级设置。SEM 账户结构大致分为四个层级：账户、推广计划、推广组、关键词与创意，如图 1–18 所示。

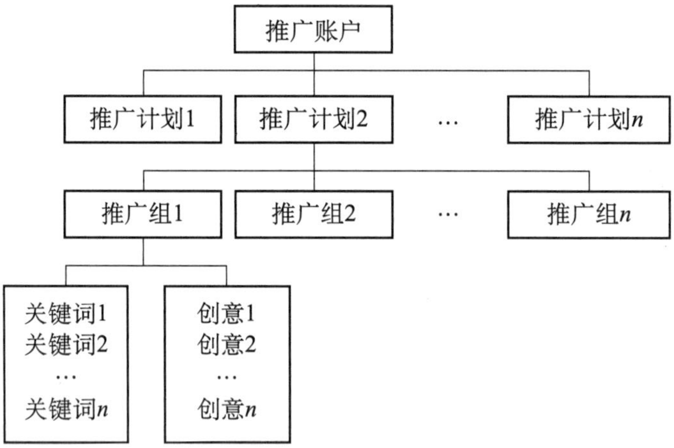


**图 1–18　推广账户**

（1）推广计划：对计划状态、预算、设备、推广地域、推广时段、否定关键词、创意展现方式、个性化推荐进行设置。

（2）推广组：对组状态、组出价、否定关键词、分匹配模式出价系数、移动出价比例、电话追踪进行设置。

（3）关键词：对关键词状态、出价、匹配模式、访问 URL、移动访问 URL、暂停、激活、监控、转移进行设置。

（4）创意：对创意结构、创意撰写、通配符、创意状态、默认 URL、移动 URL、设备偏好进行设置。

### （四）SEM 对 SEO 的影响

SEM 可以指导 SEO 的关键词策略，通过测试不同组别的关键词和对应的落地页，观察用户行为数据、订单转化，进而挑选出用户参与度高、转化率高的词作为 SEO 关键词策略的参考。

自然搜索结果排名的 SEO 推广效果有限的，尤其对于自然排名效果不好的网店，采用 SEM 可以很好弥补这种劣势，增加曝光量，提升排名权重，提高 SEO 排名。

SEO 工作需要较长的时间才能看到成效，SEM 可以通过竞价的方式快速获得流量，迅速占领优势位置，并通过投放时间与投放地域的设置，定位精准用户，快速带来收益。

## 二、搜索引擎营销推广策略

SEM 推广策略

### （一）推广分析

1. 推广目标分析

在进行 SEM 推广前，网店经营者要明确推广目标，而具体的推广人员更要领会推广的实际目标。而推广的目标主要是获得流量，要分清重点是提升曝光、提升点击，还是提升转化，并确定预期效果。

2. 推广预算分析

SEM 预算分析是指在推广前明确推广预算，这样有助于制定具体的推广策略，并进行合理有效的资金分配。很多卖家在刚开始做 SEM 推广的时候，一般会犯两种错误。其一，不舍得花钱，一次只推广一件商品；其二，觉得推广的商品数量越多，流量就越多。其实，在刚接触 SEM 推广时，推广的商品数量不要太多，但是也不能太少，两三个就最为恰当。在推广积累到一定流量时，再换商品进行推广，或者添加计划再推广。

3. 网店质量分析

（1）店铺评分：店铺评分是指在淘宝网交易成功后，买家可以对本次交易的网店进行如下三项评分：商品与描述相符、网店经营者的服务态度、物流服务的质量。每项店铺评分取连续六个月内所有买家给予评分的算术平均值。

（2）店铺层级：店铺层级是指同类目中店铺近 30 天成交金额排名，分为 1～7 个层级，这是个动态指标，衡量店铺在同类店铺中的成交水平。层级越高，排名越好，表明店铺基础越好。

4. 确定推广商品与推广策略

前期网店质量分析中明确了店内商品的交易转化能力、好评和差评率、客服响应速度等。根据商品所处的竞争阶段，将商品分为爆款、日常销售款、新品 / 滞销款 3 种类型。根据推广目标，需确定推广策略是要进行爆款打造、日常销售，还是新品 / 滞销品促活，另外，还需要确定对应推广策略所要推广的商品。

### （二）推广计划与推广组制定策略

1. 推广计划

搜索推广的推广计划类型可以分为：标准推广、批量推广、竞品 / 行业追踪推广、智能推广、品牌推广。

（1）标准推广：标准推广计划的优点是可以手动、全方位地管理推广计划，通过精细化管理，降低推广费用，提升推广效果；缺点是当推广目标较多时，人力成本较高。

（2）批量推广：批量推广主要利用网店提供的结构化商品信息，对同类商品或不同商品进行批量化推广，使投放更便捷，降低人力成本。其缺点是不能对推广计划内关键词、出价、创意等进行精细化管理，有可能会造成推广费用的增加。

（3）竞品 / 行业追踪推广：竞品 / 行业追踪推广是指通过追踪官网、竞品网站、行业知识网站等，快速获取竞品行业流量的推广方法，一般通过购买 URL 实现竞品行业的追踪。

（4）智能推广：智能推广是由网店经营者选择推广商品，设定出价上限，系统根据一定的机器算法与大数据积累，面向不同的人群，智能推广关键词，并调整出价、创意等，精准投放相对应的商品。

（5）品牌推广：品牌推广往往是通过购买品牌词或通用词的形式，在超大黄金展示位置，以文字、图片、视频等多种广告形式，全方位推广展示品牌信息。

2. 制定推广组策略

推广组的建立与关键词的选择息息相关，一个推广组里面可以设置很多关键词。之所以要建立推广组，是由于推广计划不能一次彻底地把关键词分得很明确，推广组的再一次归类就使关键词的分类更为明确，进而也使得账户层级更加清晰。制定推广组策略时应将意义相近、结构相同的关键词纳入同一个推广组，以便更有针对性地撰写创意。

### （三）关键词策略

关键词策略结构图如图 1–19 所示。

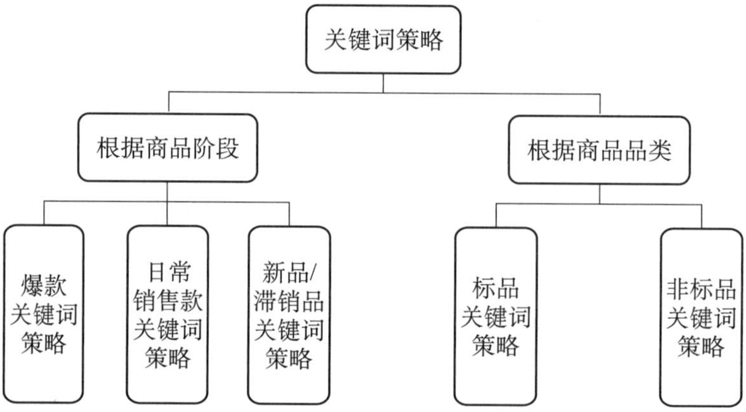


**图 1–19　关键词策略结构图**

1. 爆款关键词策略

爆款的展现量、点击量数据较好，且商品的品质有保证，具有较强的竞争力，其推广关键词可以添加核心词、品牌词等热门搜索词，抢占热门关键词的搜索流量，适当添加精准长尾词抢占精准流量。其核心是与同行业网店经营者竞争最大流量入口，使商品达到行业曝光热度最大化。因此，爆款推广关键词的选择应优先选择行业内的热搜词，以引入大量的流量。

2. 日常销售款关键词策略

日常销售款虽然没有达到爆款的量级，但每天都会有销量，在大部分店铺中，这类商品数量非常多。日常销售款不具备爆款那样的竞争力，所以在选择关键词时，应该以商品的属性词为基础进行关键词拓展，日常销售款应该去尽力争取和自己商品属性相关度高的流量，避开竞争热度最高的行业大词，让商品达到属性曝光最大化。

3. 新品 / 滞销品关键词策略

新品 / 滞销品的特点是商品基础销量较少，市场竞争力较弱。推广策略的核心是通过避开行业高竞争词，争取大批量低竞争精准关键词的方式实现商品的推广。但精准关键词的流量有限，可以通过适当添加热门关键词的方式抢占部分行业热门关键词流量，保证推广效果。新品或滞销品的市场竞争力较弱，在出价时可以适当提高精准关键词的出价，最大化地获取关键词流量。另外，还需适当地提高核心词、品牌词、属性词等热门短词的出价，保证推广效果。

4. 标品关键词策略

标品商品的关键词较少，大都是属性词或者品牌词等短词，且关键词的竞争度相对较大；精准度较高的长尾词虽竞争较小，但几乎没有流量。

5. 非标品关键词策略

非标品商品的款式多，卖点多，个性化标签比较分明，关键词的选择也更多，非关键词的竞争度相对较低，流量的获取渠道也更多。这种商品的买家更看重的是商品的款式。

### （四）人群定向策略

不同平台在 SEM 推广时提供的人群标签不同，根据人群搜索浏览行为以及兴趣爱好，将人群分为店铺行为人群、相似店铺行为人群、兴趣点人群、平台优质人群、属性人群等。人群定向策略是指如果网店经营者愿意为指定的流量（访客定向、兴趣点定向或群体定向）人群标签设置溢价比例，当相应的人群出现时，系统会在原来出价的基础上增加相应的溢价比例，使商品推广排名更加靠前，以便优先让目标买家看到。

### （五）创意策略

创意是指在 SEM 推广时设置的广告图片与广告语，买家在搜索关键词进入搜索结果页时，第一眼看到的就是网店设置的创意图片与创意标题。创意的好坏直接决定了能否吸引用户点击进入网店内部详情页，并促成转化。创意策略主要从以下几个方面考虑：创意类型、创意展示方式、创意编辑。

创意类型是指开展创意的着眼点，从而达到不同的创意效果。创意类型分为普通创意、附加创意、动态创意、高级创意等。不同的展现方式适用于不同的场景。可根据场景需求自主选择创意展示方式策略。

创意展示方式有优选、轮替两种模式。随着大数据的发展、技术的进步，部分平台开始对创意与关键词、买家兴趣点进行关联，当选择创意优选时，系统会在所有的创意中选择与搜索词、推广词最相关，且变现最优、用户更加喜欢的创意给予展现，从而吸引更多的潜在受众点击推广创意进入网店商品详情页。

创意编辑主要涉及创意标题和创意图片，是为了提升广告吸引力，引导用户点击，从而提升点击率的优化措施。

## 三、搜索引擎营销账户搭建

SEM 推广账户搭建

### （一）搜索引擎营销账户搭建流程

在推广账户内选择推广计划类型，确定推广计划名称，进行推广计划预算，选择创意展现方式，设置推广计划时间和地域。为准确完成不同类型推广计划的搭建，达到最优的投放效果，必须将推广计划、推广组进行分类，建立同一个组关键词和创意之间多对多的关系，形成有序的推广账户结构。

推广计划可以分为关键词推广和定向推广。关键词推广是指网店经营者购买买家在搜索商品时使用的搜索关键词，平台根据关键词质量分和出价，综合衡量商品排名，决定店铺、商品的展现机会和排名。定向推广是指利用平台庞大的数据库，通过创新的多维度人群定向技术，锁定目标客户，并将推广信息展现在目标客户浏览的网页上。

关于设定推广时间，需要在投放初期做充分测试，投放时间段的选择不能臆断。对每个推广计划都要进行时段观察和测试，找出转化较好的时间段；根据预算在投放时间上做严格数据分析，保留流量高、转化高的时间段，剔除或控制流量高但转化不佳的时间段；知己知彼，了解竞争对手的时间段投放策略。查看竞争对手某个时间段排名，结合自身实际情况做时间设置。

### （二）关键词添加与关键词出价

关键词添加是 SEM 推广的重要流程，不同的商品有不同的加词策略，可结合推广商品的实际情况从不同的角度添加关键词。关键词的质量分是 SEM 关键词排名与扣费的重要影响因素，质量分越高，越能实现以较小的花费获得较好的排名。可以从搜索人气角度、点击率角度、转化率角度、竞争指数角度考虑添加关键词。

不同的匹配方式有不同的特点，设置精准匹配，可以实现精准引流，降低推广成本；设置广泛匹配，可以实现大量的引流，圈定更多的潜在消费者，但推广费用相对较高。精准长尾词可以实现精准引流，类似推广核心词、属性词等可以实现大量的引流。例如品牌词或品牌词与商品词的组合，店铺从提高品牌知名度的角度考虑，可以进行推广。

关键词出价是指卖家愿意为关键词被点击一次所支付的最高价格，由卖家自己设定，而不是由搜索引擎设定。一般情况下，核心词和转化词的出价要适当高一些，流量词的价格要适当低一些。行业不同，转化词不同，服务类的行业的转化词多为核心词与地域词，商品销售类行业多为价格词。流量词的特性是高搜索、高曝光，低转化，可降低流量词的出价。可以根据时间出价，时间不同，竞争程度不同。一般情况下，早上 9:00—11:00、下午 4:00—6:00、晚上 8:00—10:00 为上网集中阶段，关键词竞争度也就相对较高。可以根据预算情况进行调整，预算充足时加大在以上时间段的投入，如果预算不足可缩减投放时段。

### （三）创意制作

创意是指买家搜索触发 SEM 账户设置的关键字时，展现在买家面前的推广内容，包括标题、描述，以及访问 URL、显示 URL。

#### 1. 按创意规范编辑创意

为保证网民搜索体验，并保证最终的推广效果，创意内容应符合一定的规范：标题长度、创意描述、默认访问 URL 等字符数符合平台要求；客观、真实，不要夸大或包含虚假信息；使用有意义的符号、数字、字母、空格符；避免在创意中使用特殊符号；避免在创意的标题、描述中使用网址或类似网址的形式；避免在创意中使用含有贬低其他企业或直接与其他企业进行比较的用语；不要在创意中使用非法内容或有悖公序良俗的词汇。

#### 2. 按推广商品编辑创意

创意的基本原则是关联性原则，即创意内容必须针对关键词撰写，突出推广商品的特色优势，且语句通顺、符合逻辑。比如在进行创意标题的编辑时，要保证创意标题描述的信息与商品信息一致，只有这样，才能保证买家看到的最终商品信息与最初的购买需求相同，进而才会有成交。而当创意的点击率与成交率得到提升时，创意的质量也会相应得到提升，质量分也会有一定的提升。

#### 3. 按推广关键词编辑创意

为了保证推广效果，需要重视关键词的创意。需要掌握创意优化技巧，不断优化吸引用户的卖点和表达风格，进而提升关键词的点击率和质量度，并最终提升投资回报率。

### （四）人群溢价

人群溢价是指卖家愿意为特定的流量（访客定向、兴趣点定向或群体定向）加价，也叫人群搜索溢价。通俗地讲，就是出价超出了原定价。人群溢价是建立在关键词的基础之上的，将网店人群细分一下，然后针对细分人群提出溢价，从而通过提高出价达到获取更多流量的目的。人群溢价不仅能带来更精准的流量，而且能提升转化率。电子商务平台通过大数据分析出搜索人群的特点并提供人群标签，网店经营者根据自己的需求与推广目的选择人群标签并设置溢价。人群定向越精准，购买率就会越高；溢价越高，商品排名越高，点击率越高。

在其他条件不变的情况下，人群溢价的实质是提高定向人群下的关键词出价，溢价后关键词的出价计算公式为：

人群溢价 = 关键词出价 ×（1+ 溢价比例）

例如：关键词出价 1 元，可以针对收藏店铺未购买过的访客设置加价，溢价比例设置 50%，那么针对收藏店铺未购买过的访客，最后实际出价 = 1 元 ×（1+50%）=1.5 元。

设定人群溢价：根据人群定向策略，先初步判定大致的消费者数量，然后根据店铺推广目标，选定溢价人群。例如，想要进行老客户召回，就要对老客户加大溢价比例；商品放入购物车的访客的溢价比例高于浏览未购买的访客。

## 四、搜索引擎营销账户优化

账户优化

### （一）账户分析思路

账户分析的思路主要是遵循从整体到局部、从局部到细节的原则，通过分析结果对推广账户进行调整。账户分析的维度可以分为整体维度、细节维度和相关维度。

（1）整体维度：渠道、设备、地域、时段等。

（2）细节维度：计划、单元、关键词、创意。

（3）相关维度：页面和客服。

### （二）账户分析指标

账户分析的指标主要有展现、点击、消费、转化、点击率、转化率和转化成本等，这些指标取值的高低与推广效果的好坏并没有直接联系。在分析时不能用单纯的结果指标。

转化成本 = 消费 / 转化量

转化率 = 转化量 / 点击量

点击率 = 点击量 / 展现量

### （三）账户分析方法

1. 四象限分析法

四象限分析法又称为矩阵分析方法，是指用两个参考指标，把数据分成四个区域，从而把杂乱无章的数据分成四种类型，然后对每种类型进行针对性分析，如图 1–20 所示。

2. 比重分析法

比重分析法就是将相同类型的事物归纳成若干项目，计算各个项目在总数中所占的比重，分析部分与整体的比例关系的一种方法。其公式为：

指标比重 =（部分 ÷ 总体）×100%

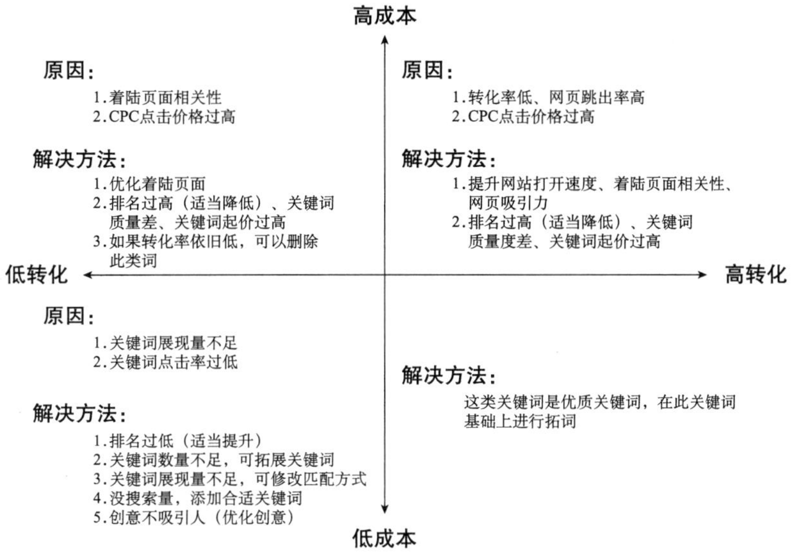


**图 1–20　四象限分析法**

该方法主要帮助 SEM 操作者分析主要推广业务、主要推广渠道、主要推广地域等，分析出来后对重点或非重点业务进行调整。

3. Top N 分析法

Top N分析法是指基于数据对数据汇总，找出前 *N* 名项目，拿前 *N* 名项目与其余汇总数据进行对比，得到所占比例和数据。

该方法对于分析关键词非常有用——卖家可以从后台导出关键词报告，进行汇总，从而分析出各类关键词消费占总消费的比重。如果发现不是转化率较高的关键词消费较高，那么就需要进行调整。

4. 趋势分析法

趋势分析法主要是依据连续的相同指标或比率进行定比或环比，得出业务的变动方向、数额、幅度等来感知整体的业务趋势。

趋势分析法的主要指标有：日趋势、月趋势、季度趋势、时段趋势等。这类趋势指标一般可以通过百度指数、百度统计等第三方统计工具获取。同时也可以根据往年的业务数据进行统计，从而分析出市场趋势。

### （四）搜索引擎营销展现量

SEM 账户影响展现量的因素主要有地域、账户预算、推广时段及账户结构等。地域设置范围越大，展现量越高。账户预算越高，展现量越高。推广时段设置越多，展现量越高。账户结构越合理，展现量越高。

## 同步案例分析

### 失业者淘宝开店变老板

如今小李对自己的生活和工作都很满意，她每天可以有很多时间上网关注自己的网店，而且网店经营得很不错，所以她不会再担心没有工作要怎么生活的问题了，同时也可以有时间做自己以前想做而没做的事情。这样的生活，让很多人都对小李羡慕不已。

但前几年，小李的生活和工作与现在真是截然相反。那时因为经济不景气，小李成了失业者。在没找到正式工作前，小李会抽些时间去做兼职来赚钱维持生活。在一次兼职结束后，一个朋友给她打了个电话说："有时间的话，可以在网上开店赚钱，而且网店很受年轻人的青睐，刚好可以解决找工作的难题。"小李也觉得这是个不错的建议，值得试试。

机会来了，就看你能不能抓住，成败也就在你的考量之间。小李抱着试试看的心态在淘宝网开起了网店。自从小李把网店开起来后，买家的浏览量很大。虽然成交率不是很高，但是小李一直在不断地推广宣传自己的网店，会通过写文章吸引买家，也让朋友帮忙在周围宣传。经过不断推广、宣传，小李的网店浏览量每天都在增加，成交的订单也逐渐从三天一笔到一天一笔，直到现在的一天 300 多笔，这让身为新手的小李更加兴奋，也对自己网店的盈利更加充满信心。

如今的小李对自己的生活很满意，在淘宝网开店也让小李找准了自己的发展方向。她坚信，只要不懈努力，就会让目标实现的期限提前。用不同的方式去工作、生活，结果也许会比预想的还要成功。

根据以上材料，分析如下问题：

1. 失业人员在淘宝网开店有什么优势和劣势？
2. 新手开店后，怎样不花钱去宣传推广自己的网店？

## 项目小结

网店搜索引擎优化技巧对提升网店的自然搜索流量起着至关重要的作用。本项目介绍了网店搜索引擎优化、营销的相关知识，旨在让学生掌握网店搜索引擎优化的方法和技巧，有效提升网店的流量和转化率。希望学生通过本项目的学习，可以有效地为网店引入流量，提升转化率，最终提升网店的销售额。

## 项目实训

**实训任务一：分析影响商品排名的因素**

在淘宝网搜索自己网店中的商品，然后回答以下问题：

1. 如果有的商品搜索不到，请分析其原因。

2. 如果有的商品能搜索到，但排名靠后，请分析其原因。

**实训任务二：商品标题的优化**

1. 为自己网店的某一商品编写有利于在淘宝网搜索的标题，并能灵活组合三种级别的关键词，并说明标题中每一个关键词的类型。

2. 用“生意参谋”或其他查找关键词的工具或方法，查找编写的商品标题中的每一个关键词，说明关键词选择是否合理，如果不合理应该如何优化。

# 项目二 网店引流推广技巧

## 学习目标

1. 了解微淘推广技巧；
2. 学会超级钻展推广方法；
3. 学会直通车推广方法；
4. 掌握淘宝客推广技巧；
5. 掌握淘金币推广技巧；
6. 掌握促销活动推广方法；
7. 了解超级推荐推广技巧。

## 素养目标

1. 引导学生具有精益求精的工匠精神、吃苦耐劳的劳动精神；
2. 培养学生的创新创业、灵活分析判断的能力；
3. 培养学生的团队合作精神。

## 项目导入

在电子商务发展初期，很多品牌依托早期的流量红利，获得了爆发式的增长。但是随着电子商务的发展以及消费者需求的升级，单纯依靠流量已经远远不够，淘宝卖家也要不断求新求变，适应最新的电商发展趋势。

# 学习任务一　微淘推广

## 一、认识微淘推广

微淘推广

淘宝平台入驻的卖家越来越多，为了更好地服务这些卖家，淘宝官方陆续推出很多辅助卖家推广的工具，比如微淘，接下来我们就一起认识微淘推广。

### （一）微淘的概念

微淘是卖家维护新老客户的一个重要渠道，卖家可以通过微淘进行品牌宣传和粉丝维护，包括新品预热、宝贝（即商品）介绍、活动策划、引流等。微淘的核心是回归以买家为中心的淘宝，而不是依赖小二推荐、流量分配。微淘是手机淘宝关系运营阵地，为账号提供确定性的粉丝触达能力，提升卖家粉丝进店量、宝贝成交能力、宝贝变现能力。

简单地说，就是卖家在微淘发布内容，已关注卖家的粉丝可以通过微淘频道查看。在微淘，卖家可以拥有众多活跃的忠实粉丝，买家可以及时收到卖家发布的内容。目前微淘已经升级为订阅，移动至手机淘宝顶部导航。买家如何查看微淘呢？一种方式是在手机淘宝首页，点击“订阅”，如图 2–1 所示，可以看到有“精选”“上新”“直播”“星标”等板块，通过筛选可以只看自己想看的内容，比如只看目前在直播的卖家就可以点击“直播”然后“确定”，如图 2–2 所示；还有一种方式是点击手机淘宝首页底部“逛逛”板块然后点击“关注”就可以看到关注的商家发布的微淘，通过“发现”可以查看达人的种草信息，如图 2–3 所示；还可以通过店铺进入，点击店铺底部“店铺动态”即可，如图 2–4 所示。

每一个买家都有自己关注的账户、感兴趣的领域，通过订阅的方式，观看卖家、达人的种草内容，发现想要购买的宝贝，并且卖家和粉丝之间能够围绕账户进行互动。

### （二）微淘号的类型

（1）商家号，即在淘宝或天猫开通店铺的卖家的账号。

（2）达人号，即达人，比如明星、红人、自媒体、淘宝主播、普通达人等在阿里·创作平台开通的账号。

（3）官方微淘号，即阿里巴巴的官方账号，比如聚划算、天天特价等。

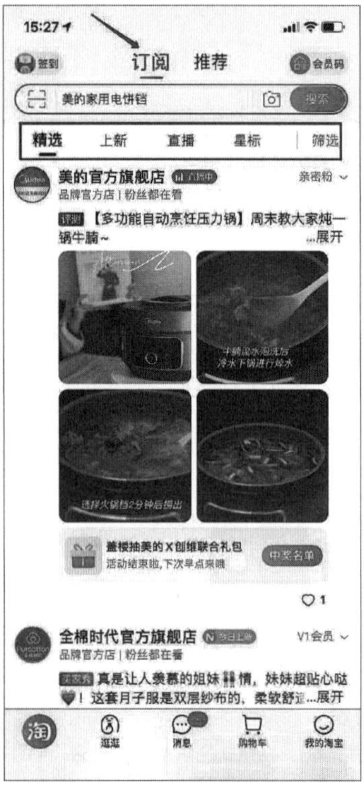


图 2-1 “订阅”页面

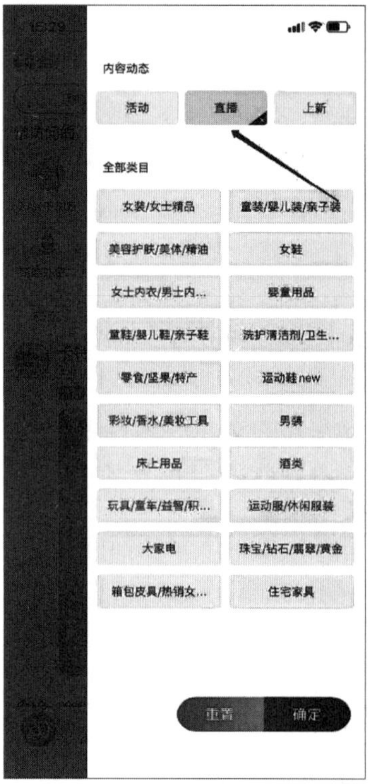


图 2-2 筛选页面

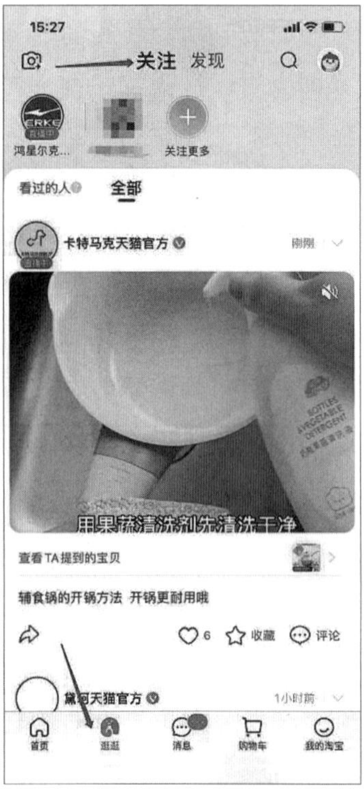


图 2-3 “逛逛”页面

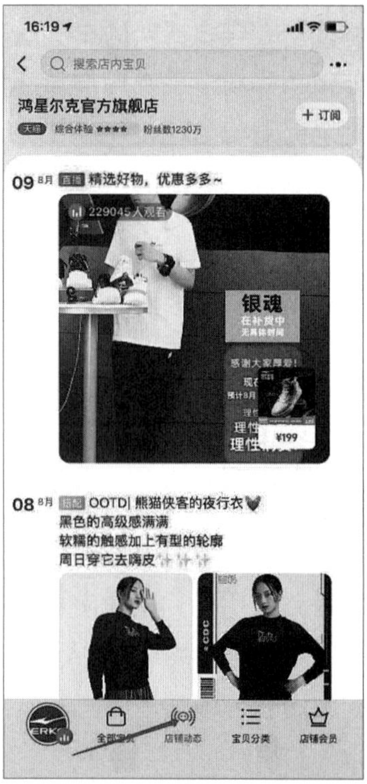


图 2-4 “店铺动态”页面

## 二、微淘发布的内容类型

### （一）店铺上新

店铺上新是最常用的一种类型，是卖家将自己的新品进行有效推广的一种形式，粉丝可以在第一时间看到上新的宝贝信息以及折扣促销信息，是综合起来吸引流量最多的内容类型。粉丝通过查看上新信息，对于喜欢的商品可以点击“想买”，如图 2–5 所示，让卖家更好地了解粉丝的喜好。目前，店铺上新有预上新、上新和单品上新三种类型。预上新是指将预上架宝贝以内容化形式通知粉丝，完成推广；上新是指将 30 天内商家的宝贝卖点等信息告知粉丝，同时可通过添加互动，比如“想要”，帮助提升新品转化；单品上新是围绕 30 天内上架的单个新品进行推广。

图 2–5　店铺上新

### （二）好货种草

好货种草带来的流量仅次于店铺上新。好货种草要求对宝贝采用真人实拍或使用场景呈现，能够带来更高的点击量，特别是对店铺主打或有特色的宝贝，是一种非常好的推广方式。好货种草有多品种草和单品种草两种方式。多品种草是真实分享多张宝贝的使用实拍图（可以从评价中找图），描述宝贝特色以及宝贝的使用感受，给粉丝种草，如图 2–6 所示；单品种草是重点分享单张宝贝图，如图 2–7 所示。

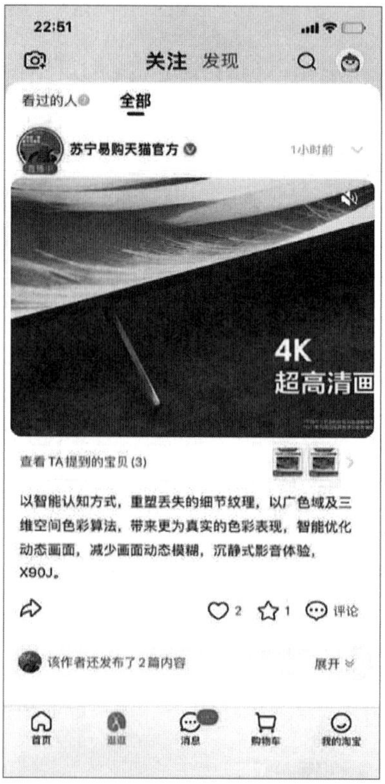


图 2–6　多品种草

图 2–7　单品种草

## （三）主题清单

主题清单是卖家发布同种类型或主题的宝贝集合，让粉丝集中获得宝贝的相关信息，适用于品类较多的店铺，可以根据宝贝材质、风格、销量排行等设置主题，如图 2–8 所示。

## （四）短视频

短视频是通过分享趣味好玩的视频内容获得粉丝的关注，有深度评测、开箱体验、生活记录、线下探店、产地溯源、主题清单、技能教程、情景剧场、单品展示、直播精简等形式，如图 2–9 所示。

## （五）图文

图文是卖家以图文内容形式对宝贝进行深度评测展现，让粉丝更深入了解宝贝相关信息。

图 2–8　主题清单

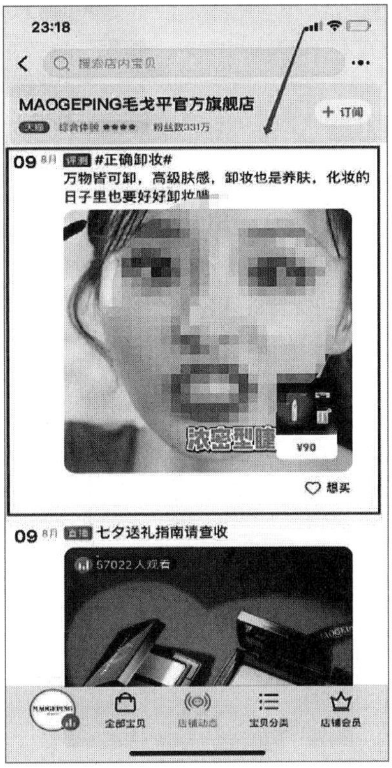


图 2–9　短视频

### （六）店铺动态

店铺动态是卖家与粉丝进行情感沟通的一种渠道，卖家通过分享店铺的日常、活动信息以及与粉丝互动交流，让粉丝更深入地了解店铺的日常，增加粉丝黏性。

## 三、微淘发布的步骤

卖家发布微淘，可以增加粉丝的黏性，还可以帮助卖家测款测图等，所以作为卖家一定要发布微淘。接下来我们一起学习如何发布微淘，步骤如下。

第一步：登录千牛卖家中心，点击页面左侧“自运营中心”，然后点击“发微淘”，如图 2–10 所示。

第二步：进入发微淘页面即阿里 · 创作平台，在右侧可以看到微淘的热门类型，下侧可以选择更多类型，根据自己的需求选择需要发布的微淘类型。接下来我们以好货种草为例进行讲解，点击“立即创作”，如图 2–11 所示。

第三步：点击“立即创作”进入好货种草编辑页面，如图 2–12 所示，其中添加种草图片和种草信息是必填选项，填写完内容后可以点击“预览”，如图 2–13 所示。预览无误后可以选择“定时发布”或者“发布”。

图 2–10　自运营中心

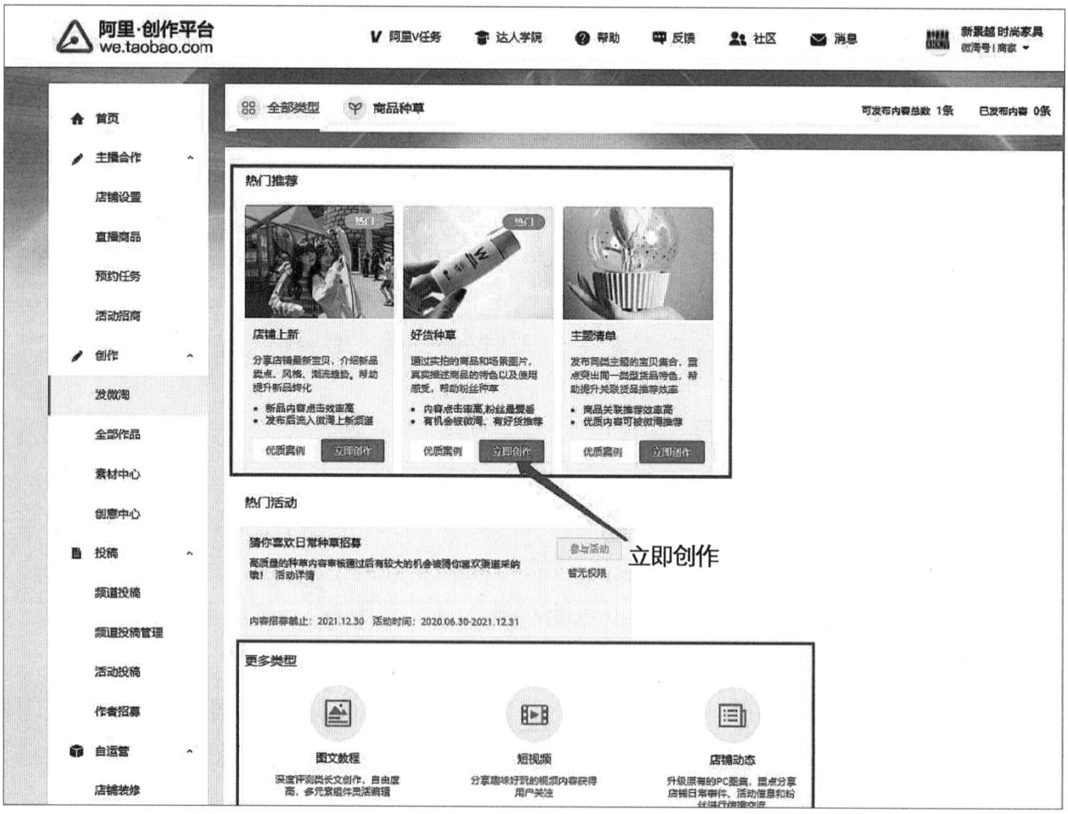


图 2–11　阿里 · 创作平台

图 2–12　好货种草页面

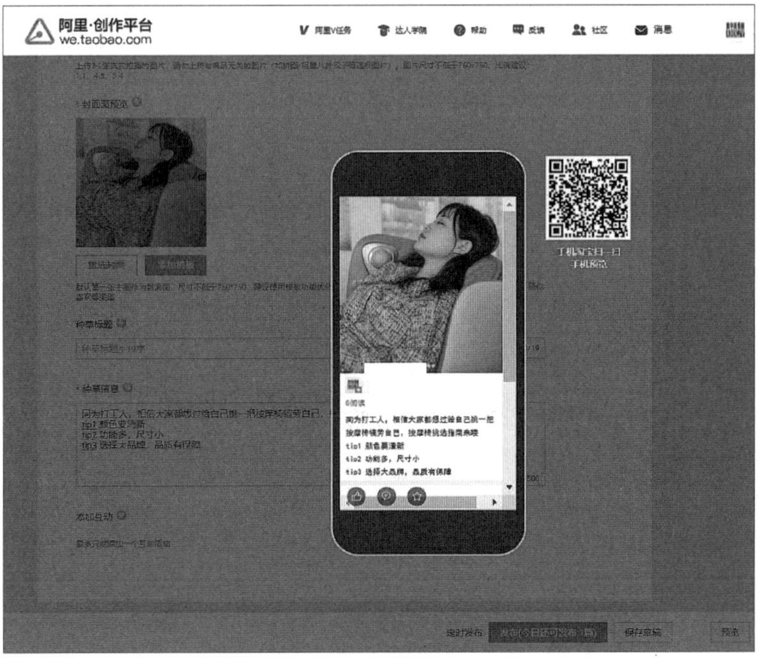


图 2–13　好货种草预览页面

第四步：发布成功后，粉丝即可在订阅页面查看卖家发布的微淘。

## 四、微淘推广的注意事项

### （一）定位准确

首先要明确自己店铺宝贝品类适不适合做微淘，然后针对店铺的粉丝做系统的分析，分析粉丝人群画像，了解他们的特征以及需求。

### （二）内容注重图文并茂

通过文字可以向粉丝传递具体的信息，图片往往可以起到吸引粉丝的目的，同时给内容增加了色彩。比如卖的是美食，美食诱不诱人，可以通过图片一眼就看到，当粉丝被图片吸引后，才有继续看下去的兴趣。

### （三）注意发送时段

发布微淘要选择合适的时间点，比如早高峰、午休、晚饭后等时段都是粉丝经常玩手机的时间，发布的微淘内容被看到的可能性更大。

### （四）注重内容质量

人气旺的微淘内容一般都有好的文案。在发布微淘之前，卖家要准备很多与商品有关的文案，如商品知识、商品特征、商品使用技巧等，发布的内容一定要让粉丝觉得有价值。

### （五）注重手机店铺装修

开通微淘后，要对手机店铺进行特色装修，要符合粉丝喜好，最终达到转化的目标。

一个成功的微淘，说到底就是用心，从粉丝的角度出发，挖掘他们关心的资讯，发起他们乐于参与的活动，最终实现粉丝转化。在这个过程中，销售的目标其实被隐藏起来，最终是靠营销的力量促成转化。

# 学习任务二　超级钻展推广

## 一、认识超级钻展

2020 年 5 月 22 日，阿里巴巴集团旗下的营销工具“钻石展位”正式升级成为“超级钻展”，钻石展位步入 3.0 时代。

钻石展位引流

### （一）超级钻展的概念

超级钻展是阿里妈妈旗下竞价展示广告产品，可以根据不同的营销目标，采用展现、点击、加购、关注、成交等多种方式出价，并按照 CPM 进行计费。超级钻展的核心资源位是手机淘宝竖版钻石位，在手机淘宝首页焦点图位置（如图 2-14 所示），同时超级钻展还覆盖了高德、今日头条、优酷、UC 浏览器等，可以全方位触达消费者生活的方方面面。

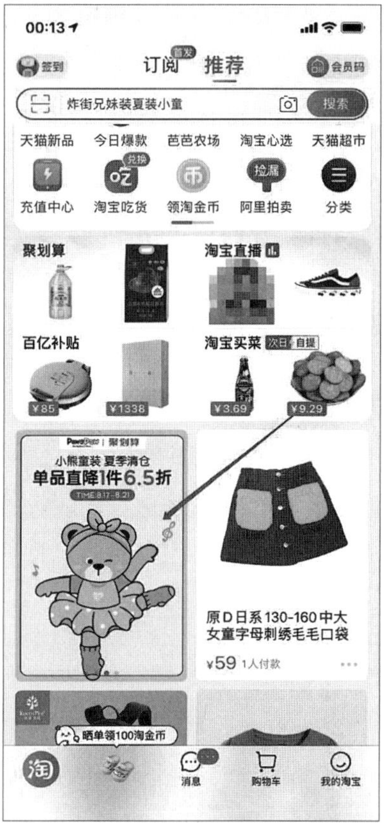

图 2-14 手机淘宝首页超级钻展展位

### （二）超级钻展的发展历程

1. 第一阶段（2009—2015 年）

钻石展位诞生，首创淘宝内展示广告，将创意和商品展现给适合的消费者，满足品牌和商家的展现需求。

2. 第二阶段（2016—2019 年）

全面拥抱移动化的同时，钻石展位在该阶段实现了两大升级，一是定向能力，与达摩盘结合，实现强大的智能定向能力；二是竞价能力，在纯粹的 CPM 竞价排名中引入包括 CPC 在内的更多模型，提升预估能力。

3. 第三阶段（2020 年至今）

超级钻展上线，破圈获取新客，引入手机淘宝之外的场景和位置。

全新升级后的超级钻展将帮助卖家实现破圈、拓展新用户，通过对全网行为数据进行挖掘，根据买家与卖家的远近关系，将是否与主营类目和是否与店铺本身发生过互动行为作为判断标准，区分三个圈层人群，对未知人群探索，对泛兴趣人群拉新，对兴趣人群收割，可以针对不同人群指定不同的投放策略和创意，实现差异化营销。

### （三）超级钻展消费者圈层

超级钻展主要针对三个圈层人群进行营销，分别是未知人群、泛兴趣人群和兴趣人群。

（1）未知人群是指过去 30 天未在店铺主营类目下发生过点击、回搜、回访、收藏、加购行为，且过去 180 天未在店铺主营类目下发生过购买行为的消费者。

（2）泛兴趣人群是指过去 30 天在店铺主营类目下发生了点击、回搜、回访、收藏、加购行为或过去 180 天在店铺主营类目下发生了购买行为，且过去 30 天未在本店发生点击、回搜、回访、收藏、加购行为，且过去 180 天未在本店发生购买行为的消费者。

（3）兴趣人群是指过去 30 天在本店铺发生了点击、回搜、回访、收藏、加购行为，或过去 180 天在本店铺发生了购买行为的消费者。

## 二、开通超级钻展

如何开通超级钻展呢？具体步骤如下：

第一步：进入千牛卖家中心，点击左侧“营销中心”—“超级钻展”，如图 2–15 所示；点击进入后台，进入超级钻展页面，如图 2–16 所示。

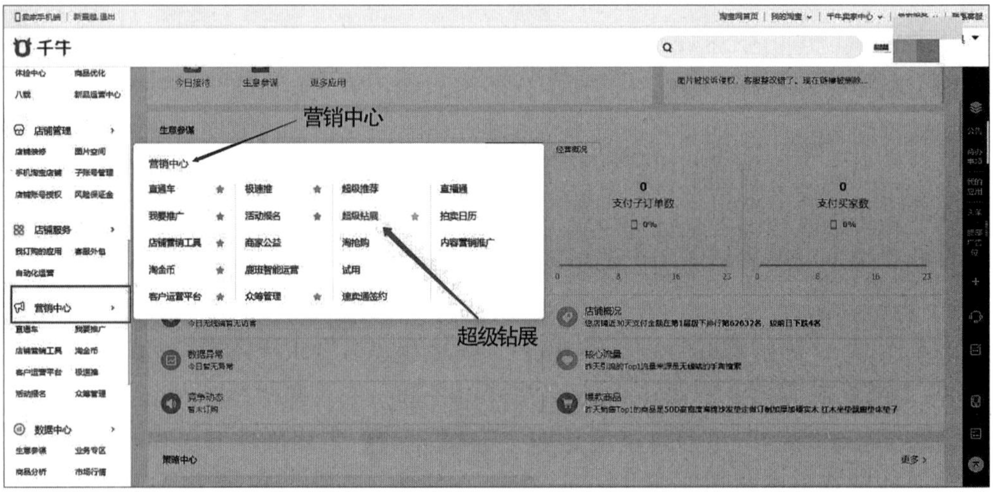


**图 2–15　营销中心**

**图 2–16　超级钻展**

第二步：创建超级钻展计划组，点击“计划”—“新建计划组”，如图 2–17 所示。选择计划组类型——按照消费者圈层分为“未知人群探索”“泛兴趣人群拉新”“兴趣人群收割”，以及“自定义计划组”，如图 2–18 所示。接下来我们就以“兴趣人群收割”为例进行讲解，设置计划组名称。

图 2–17　新建计划组

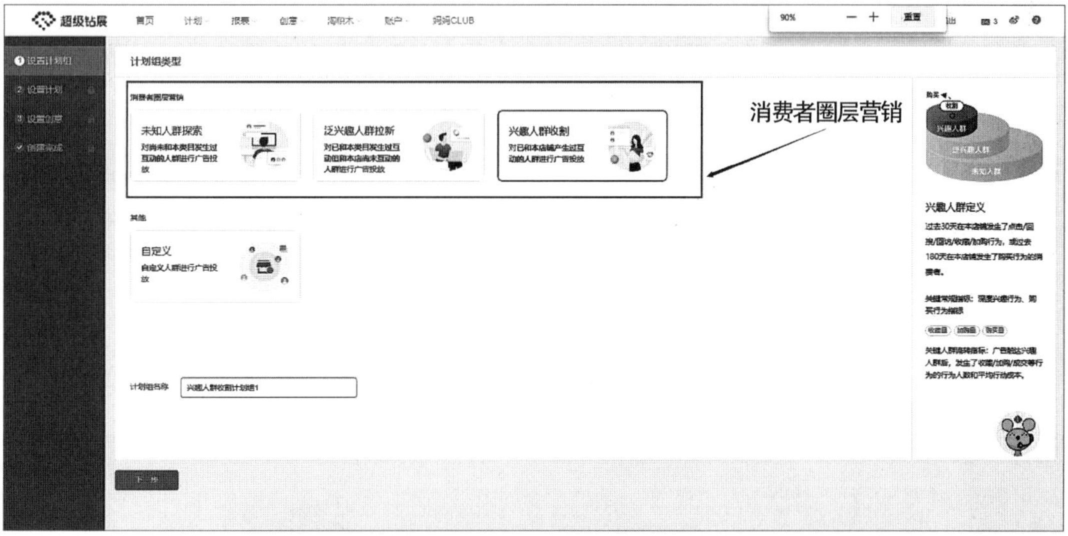


图 2–18　选择计划组类型

第三步：设置计划。

（1）设置计划基本信息：设置计划名称、投放日期（可根据预算和营销目标选择相应的投放时长），同时可以进行高级设置，选择投放时段和投放地域，比如考虑到上午 0—7

时打开淘宝的人数较少，可以选择这个时间段不投放，如图 2–19 所示。

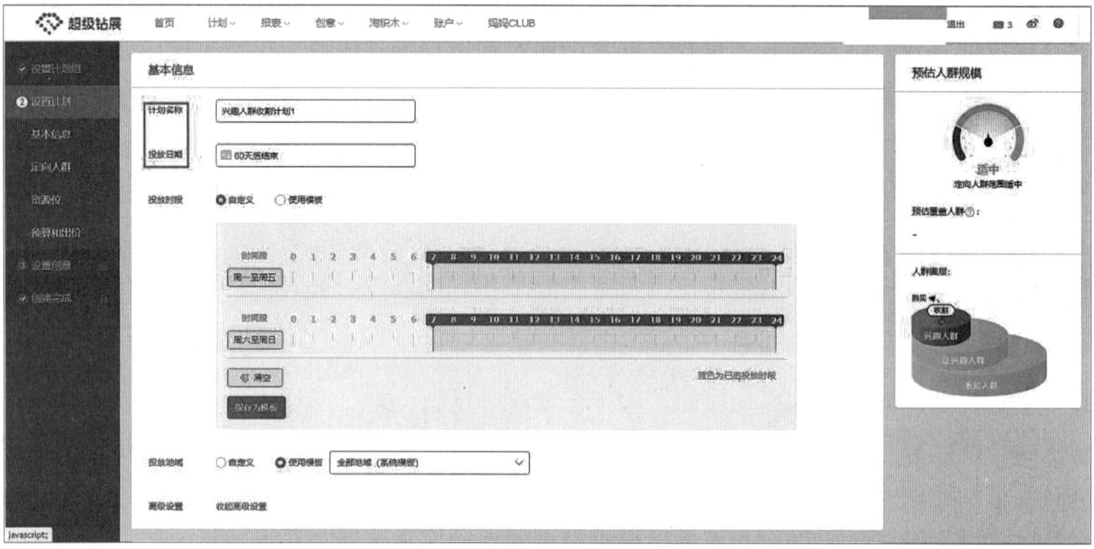


图 2–19　设置计划基本信息

（2）设置定向人群：定向方式有 AI 优选和自定义人群两种方式。AI 优选是系统结合平台的大数据系统，智能圈选优质人群，系统还会根据投放效果动态调整圈人，如图 2–20 所示；也可根据自己的推广目标选择自定义人群，如图 2–21 所示。自定义人群需要添加常用人群，可根据关键词兴趣、店铺相关、宝贝相关、小二推荐进行添加，如图 2–22 所示；也可根据推广目标添加更多人群，如图 2–23 所示；也可以添加屏蔽人群，如图 2–24 所示，屏蔽人群可以将有限的预算更好地用到目标人群中。

图 2–20　AI 优选

图 2-21　自定义人群

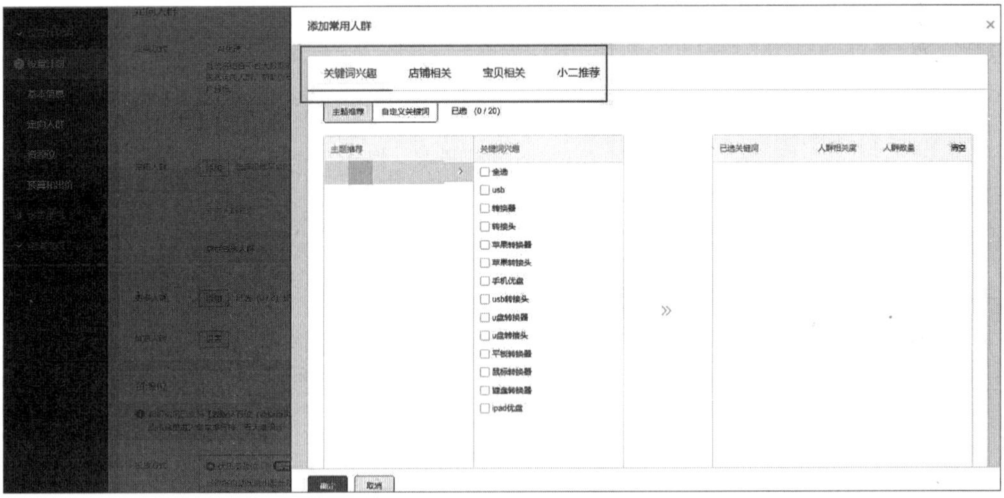


图 2-22　添加常用人群

图 2-23　添加更多人群

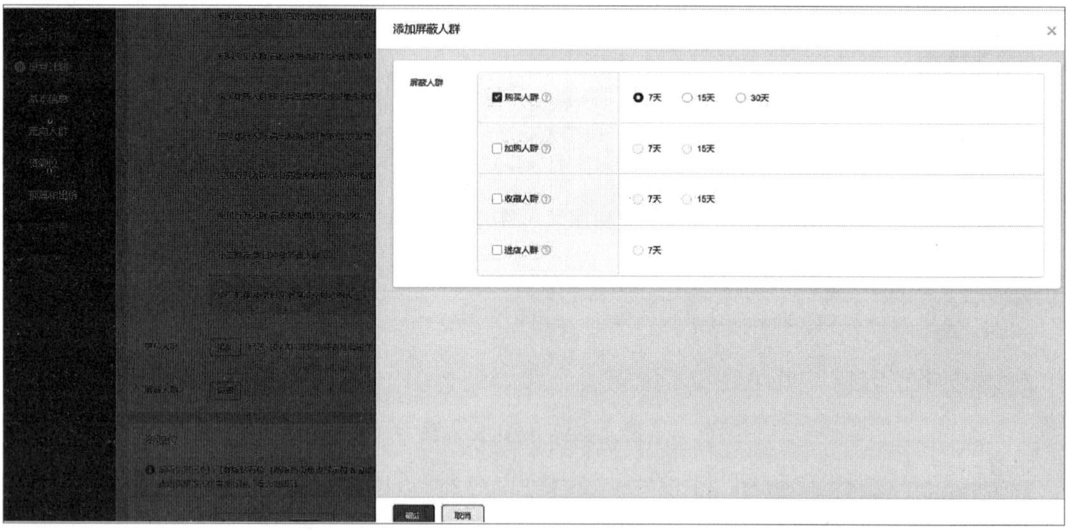


图 2–24　添加屏蔽人群

（3）设置投放资源位：资源位投放方式分为优质资源位和自定义资源位，优质资源位是系统自动优选出覆盖及预估效果好的资源位进行投放；自定义资源位可以投放站内资源位和站外资源位，如图 2–25 所示。

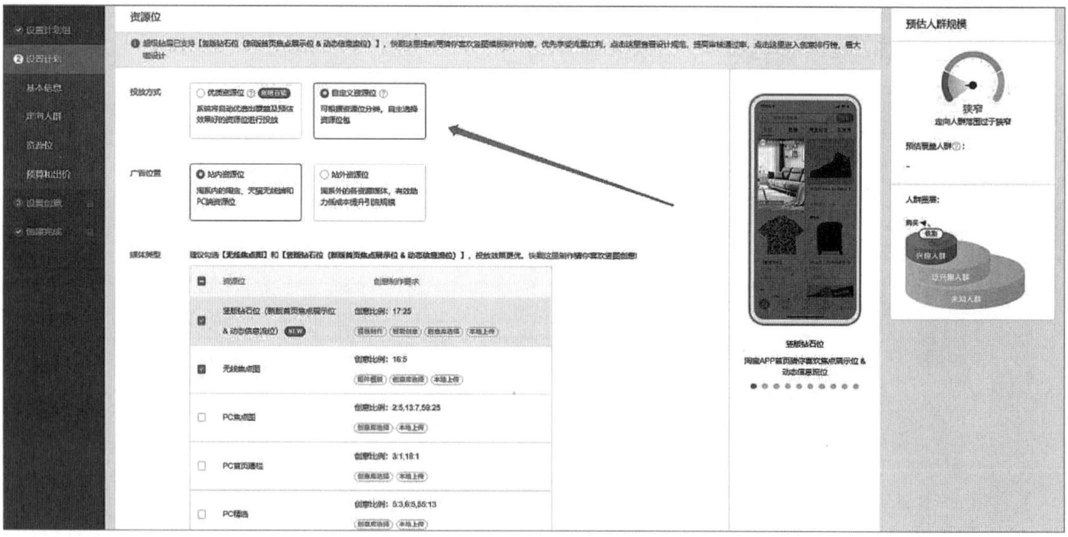


图 2–25　资源位

（4）设置预算和出价，如图 2–26 所示。①营销目标，可选择成交量、加购量、曝光量、点击量和关注量，兴趣人群收割营销目标一般选择成交量。②竞价方式：分为成本控制、预算控制和出价控制三种方式。选择成本控制则系统会对商家选定的营销目标进行智能出价，并控制平均投放成本尽量不小于商家设置的期望控制金额。③期望控制价格：一般设置高于市场均价，可以获得更多流量。④预算类型：分为每日预算和周期预算，金额不能少于 50 元。

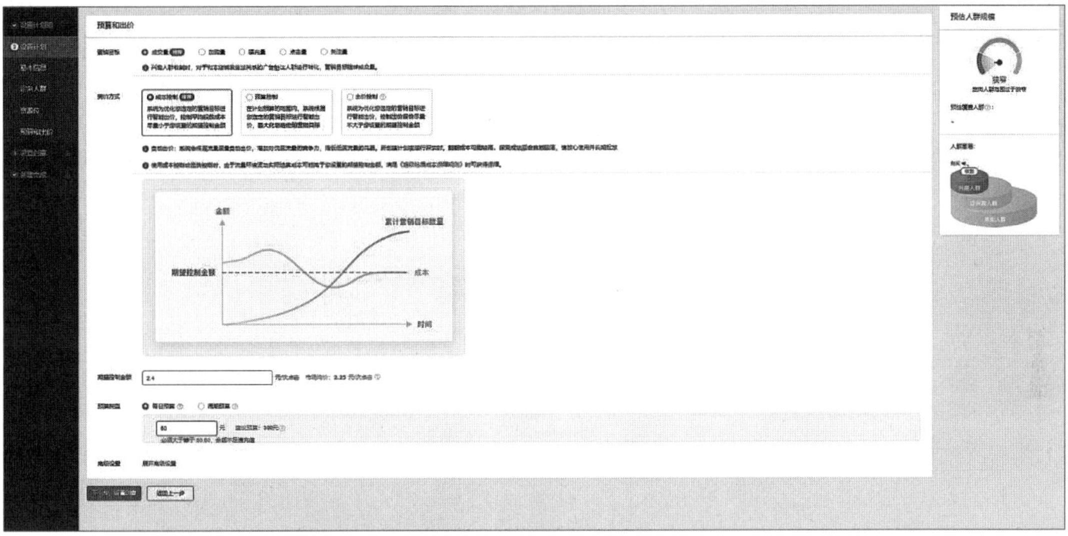


**图 2-26　预算和出价**

第四步：设置创意，如图 2-27 所示。整体素材由店铺信息组件、标签组件、图片三部分内容组成。添加创意时，首先需要根据之前所选择的资源位的相应尺寸来制作创意图片，因此在制作创意图片前，商家应该仔细查看与该资源位对应的创意要求。

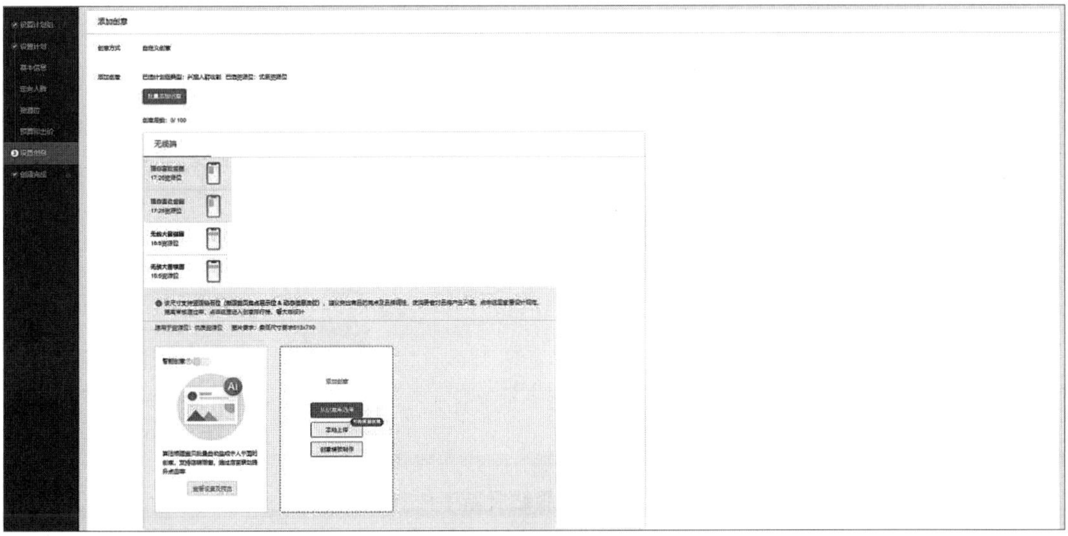


**图 2-27　设置创意**

第五步：创建完成，如图 2-28 所示。

图 2–28　创建完成

## 三、超级钻展的投放技巧

### （一）完成新手任务，领取新手权益

进入超级钻展首页，就可以看到新手任务（如图 2–29 所示），完成新手任务后，可以领取新客成本保障权益和流量扶持权益。相比普通用户，触发新手保障条件的成效数量要求几乎减半，并且相同消耗下可额外获取平均超过 10% 的流量提升。

图 2–29　超级钻展新手任务

### （二）选择合适的资源位

在预算充足的情况下，尽可能选择优质资源位，可以获得更多的展示计划。其中自定义资源位的站内竖版钻石位（图 2–14 所示位置）必选，其他资源位可结合自身情况选择。

### （三）控制出价和预算

营销目标和竞价方式建议按照系统推荐勾选，即勾选“拉新圈层加购量成本控制”和“收割圈层成交量成本控制”。初始出价可参考市场均价稍微设置高一些，预算可按日和周，根据自己承受能力选填，出价和预算后期都可根据流量需求和消耗情况实时调整。

### （四）注意投放时长

超级钻展的客户都是被动地接收信息，不像直通车那样主动搜索获取信息，因此投入产出比不能作为唯一的考核标准。品牌商家可能只会在大促期间使用超级钻展，一次性进行较多的投入，但是大部分的中小商家没有这么高的知名度，一下子投入太多的费用也不会有很好的效果，建议广大的中小商家要坚持做长期投放。

# 学习任务三　直通车推广

## 一、认识直通车推广

直通车引流

### （一）直通车的概念

淘宝直通车（简称直通车）是阿里巴巴集团旗下的一款专门为淘宝、天猫卖家量身定制的全新的搜索竞价模式，是比较受卖家欢迎的一种付费推广方式，能够给卖家带来可观的流量。

淘宝直通车是一款帮助卖家推广商品或者店铺的付费营销推广工具，它通过对买家搜索的关键词出价，从而将卖家推广的宝贝展现在高流量的直通车展现位上，买家通过点击商品进入卖家店铺，可以产生一次甚至多次店铺内的跳转流量，可以实现以点带面的关联效应，以降低整个店铺的推广成本和提高整店关联营销的效果。卖家还可以设置买家类型，让宝贝脱颖而出，找到合适的买家，实现精准推广。

### （二）直通车的推广原理

直通车的推广原理是根据推广宝贝设置的关键词进行排名展示，按点击扣费。具体原理如下：

（1）卖家在直通车后台设置与推广宝贝相关的关键词与出价。

（2）当买家通过搜索框搜索相关关键词或通过宝贝类目进行搜索时，卖家推广的宝贝就会被展现，买家通过直通车展现位点击推广的宝贝，实现精准营销。

### （三）直通车展现位

直通车推广在给宝贝带来曝光量的同时，精准的搜索匹配也给宝贝带来了精准的潜在买家。当买家在搜索框输入关键词进行检索后，PC 端搜索结果页面带“掌柜热卖”标识、无线端带“HOT”标识的即为直通车展现位。

1. PC 端

PC 端直通车展现位一般在搜索结果页左侧 3 个、右侧 16 个，页码底部每页 5 个，如图 2–30 所示。比如在搜索框中搜索“连衣裙”后，直通车展现位如图 2–31 和图 2–32 所示。

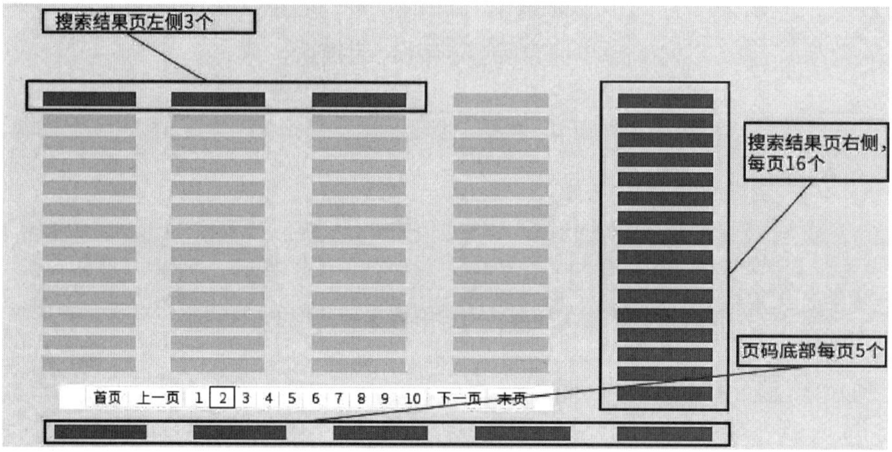


**图 2–30　PC 端直通车展现位**

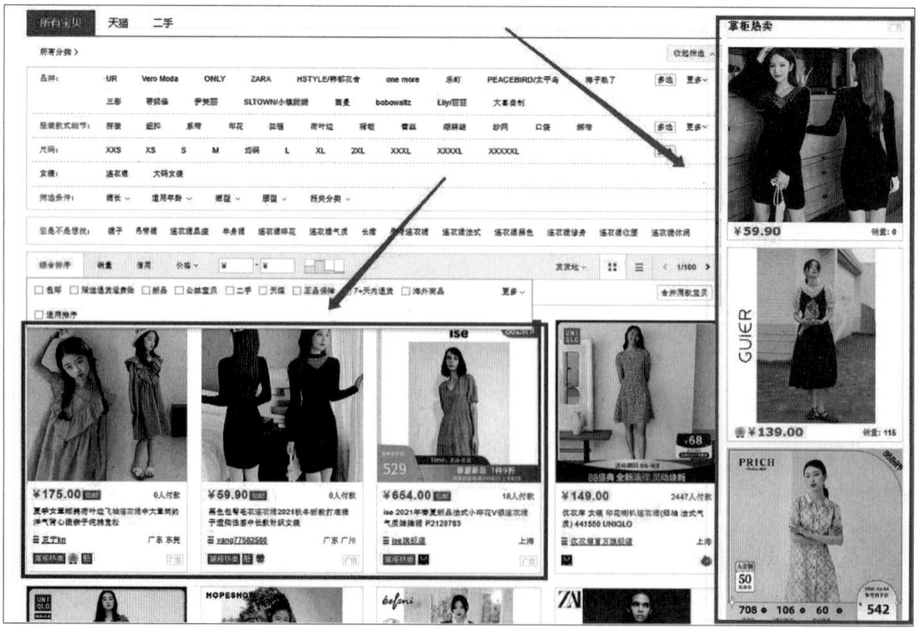


**图 2–31　搜索结果页左侧和右侧的直通车展现位**

图 2–32　搜索结果页底部直通车展现位

2. 无线端

无线端直通车展现位和自然搜索结果是混排在一起的，不同类型的移动设备展现位置也会有区别，一般来说搜索结果第一款产品就带有“HOT”标识。如搜索“连衣裙”后，直通车展现位如图 2–33 所示。

## （四）直通车的计费方式

淘宝直通车是按点击付费（CPC），只有买家点击了卖家的推广信息才会扣费，并且单次点击产生的费用小于等于卖家的出价，不会超过卖家设置的出价。关键词的排名先后是由关键词的质量分和卖家的出价决定的，两者的乘积越大，排名越靠前，如表 2–1 所示。

单次点击扣费 = 下一名的关键词质量分 × 下一名的关键词出价 / 本人的关键词质量分 +0.01 元

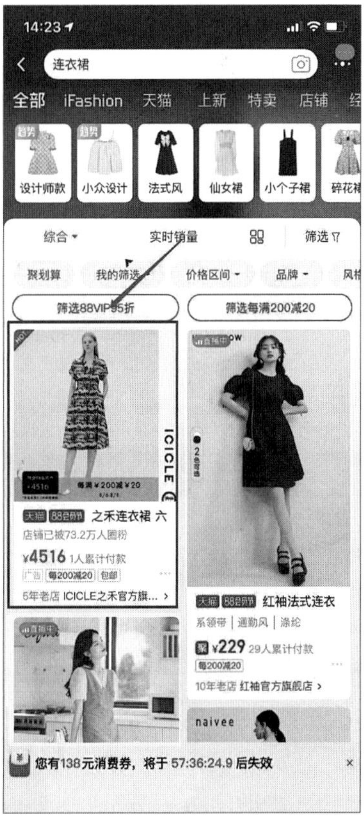


图 2–33　无线端直通车展现位

表2-1 关键词排名及单次点击扣费

| 宝贝 | 关键词 | 关键词出价 | 关键词质量分 | 排名公式 | 排名 | 单次点击扣费 |
|---|---|---|---|---|---|---|
| a | 连衣裙 | 3 | 10 | 3×10=30 | 1 | 3×9/10+0.01=2.71 |
| b | 连衣裙 | 3 | 9 | 3×9=27 | 2 | 2×9/9+0.01=2.01 |
| c | 连衣裙 | 2 | 9 | 2×9=18 | 3 | 1.5×8/9+0.01=1.34 |
| d | 连衣裙 | 1.5 | 8 | 1.5×8=12 | 4 | |

为了避免卖家之间的恶意竞争，淘宝平台有24小时的无效点击过滤机制，平台会结合多项综合参数（比如：IT地址、物理地址、cookies、点击时段等）来判断点击是否有效，会对无效点击进行过滤且不产生费用，平台过滤的时间大约为1小时，准确的扣费以第二天直通车报表为准。比如24小时内同一个IP连续多次点击直通车推广的商品，系统只会扣一次费用。

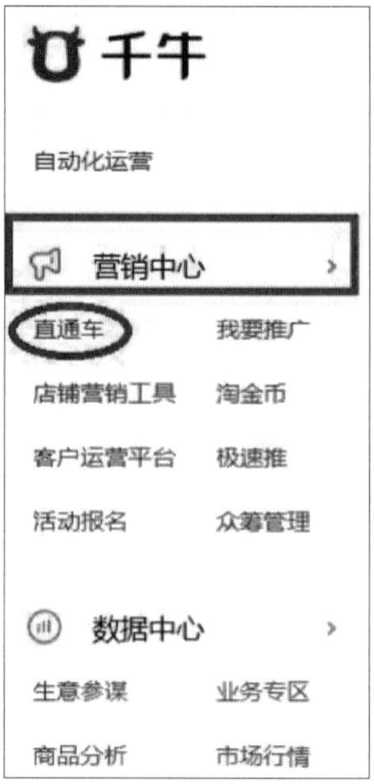


图2-34 营销中心

## 二、开通直通车

直通车能够为卖家带来流量，实现宝贝的精准推广，很多卖家进行付费推广时，首选直通车。接下来我们就一起来学习一下如何开通直通车。

第一步：登录千牛卖家中心，然后找到左侧列表中的“营销中心”，如图2-34所示，再点击“直通车”按钮；也可以先点击进入“营销中心”再点击“直通车”按钮，如图2-35所示。

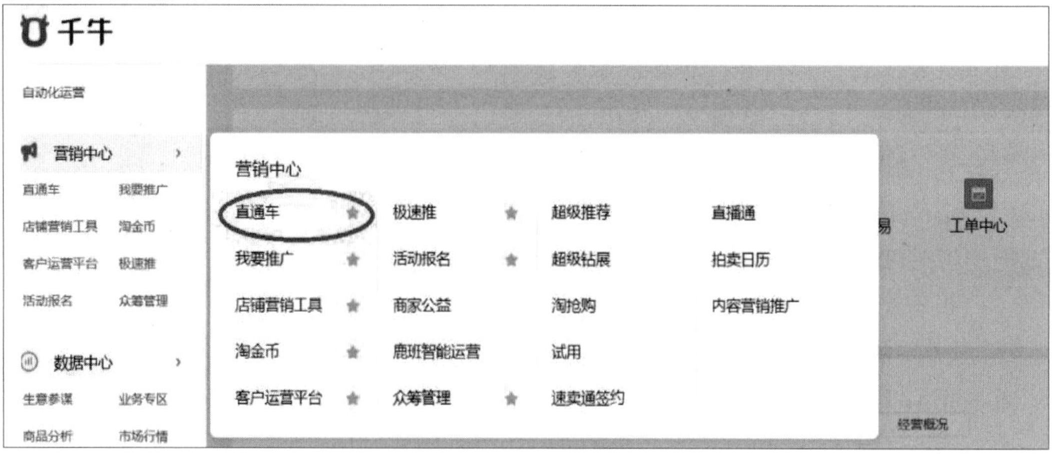


图2-35 点击“直通车”

第二步：点击“进入直通车”按钮，如图 2–36 所示。直通车首页如图 2–37 所示，可以看到账户余额。点击“充值”可以进入充值页面，如图 2–38 所示，首次充值金额最低 500 元，之后每次充值最低 200 元，如果不想继续投放直通车可以在后台申请退款。

**图 2–36　点击“进入直通车”按钮**

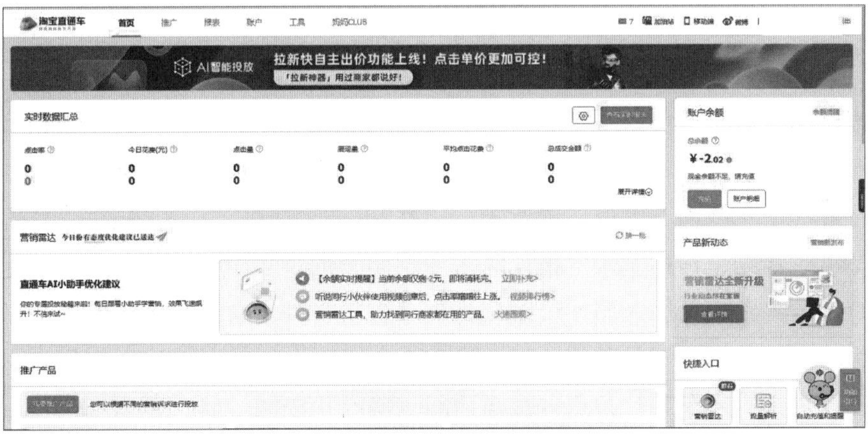


**图 2–37　直通车首页**

**图 2–38　直通车充值页面**

## 三、新建直通车推广计划

卖家在新建直通车推广计划之前，一般会根据推广目标、推广预算以及店铺质量进行分析，以确定宝贝和店铺的推广策略。目前，卖家通过直通车推广宝贝有智能推广、标准推广、趋势明星、周期精准投、直播推广等，如图 2–39 所示。本书主要讲解智能推广和标准推广。

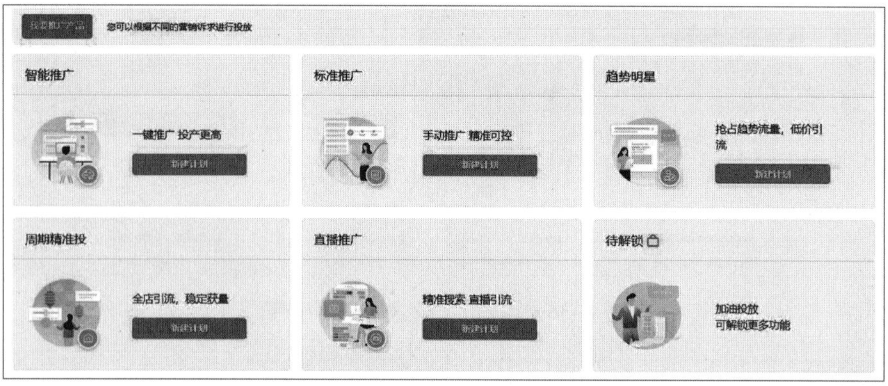


**图 2–39　直通车推广方式**

智能推广是由卖家选择推广宝贝，系统根据一定的机器算法与大数据积累，智能推广关键词。而标准推广是一种基础的搜索推广方式，需要卖家手动选择推广宝贝，并对推广宝贝逐一设置推广关键词、出价、创意等。

直通车推广计划是根据卖家的推广需求专门研发的“多个推广计划”的功能，可以把相同推广策略的一组宝贝加入同一个推广计划下进行管理。新建直通车推广计划（以标准推广为例）的具体操作步骤如下。

第一步：进入直通车后台，点击页面顶部“推广”按钮，如图 2–40 所示。

**图 2–40　进入直通车后台**

第二步：点击“新建推广计划”。

第三步：选择推广方式，点击“标准推广”，如图 2–41 所示。

图 2–41　新建“标准推广”计划

第四步：进行投放设置，填写计划名称（计划名称仅为方便记忆及区分不同计划）、日限额（分为无日限额和有日限额，如图 2–42、图 2–43 所示）；同时，可以根据卖家自己的需求进行高级设置，具体设置投放平台（见图 2–44）、投放地域（见图 2–45）、投放时间（见图 2–46）。

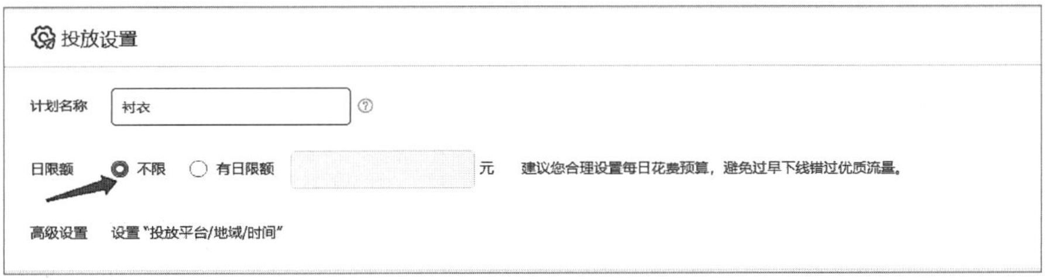


图 2–42　标准计划无日限额

图 2–43　标准计划有日限额

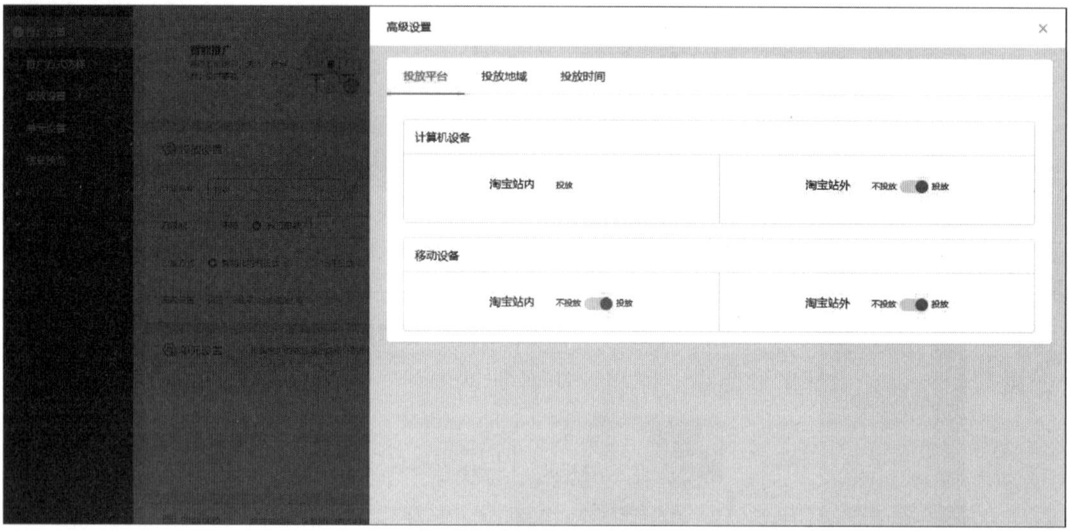


图 2–44 投放平台设置

图 2–45 投放地域设置

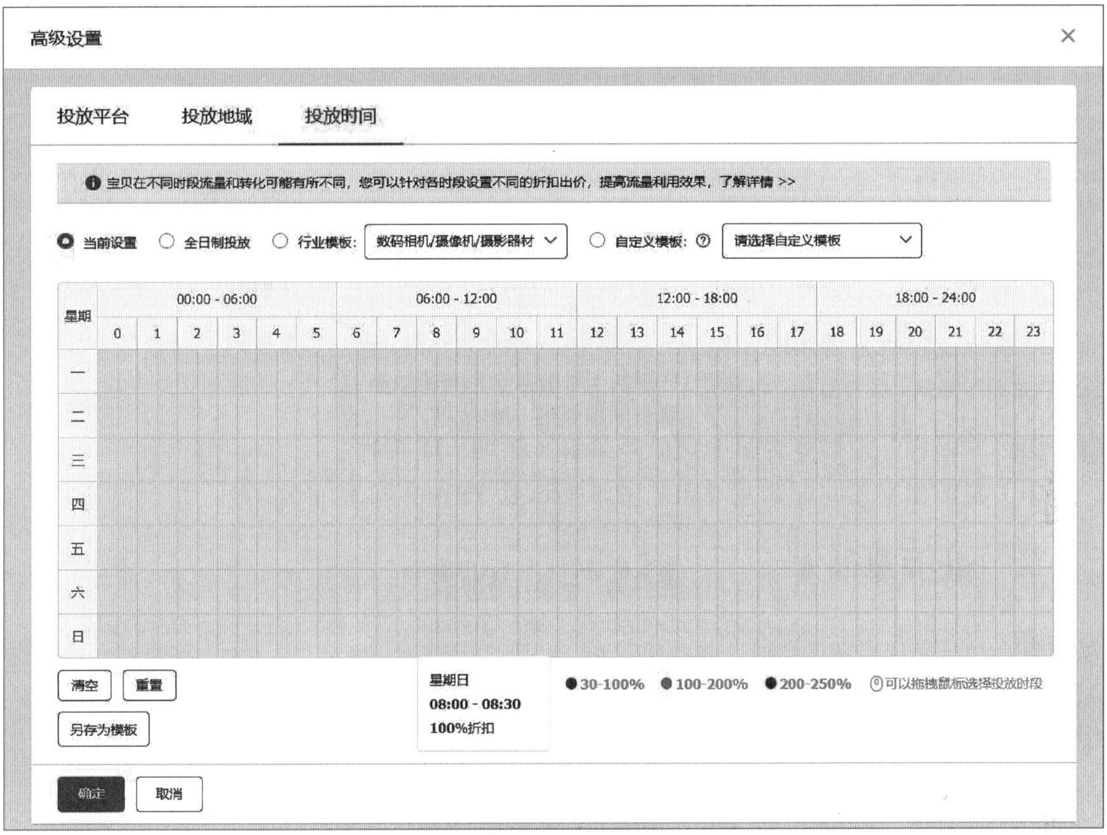


图 2-46　投放时间设置

第五步：进行单元设置，单击“添加宝贝”按钮，如图 2-47 所示。进入添加宝贝页面后，选择要推广的宝贝，点击“确定”，如图 2-48 所示。

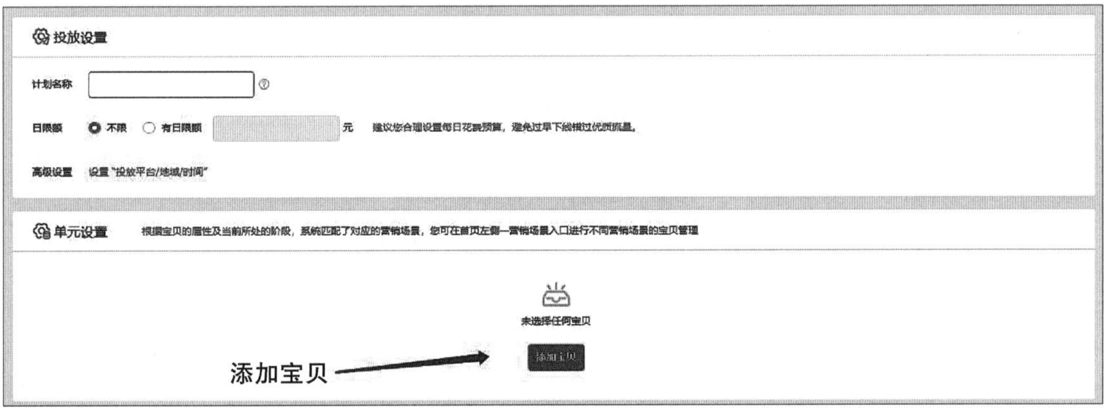


图 2-47　进行单元设置

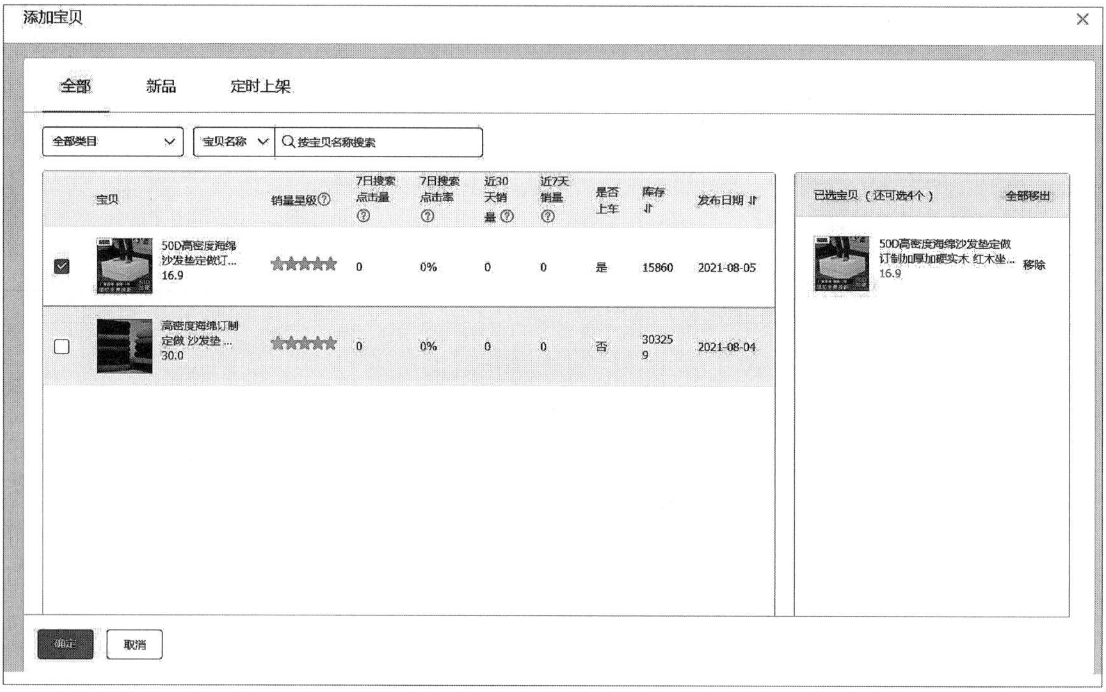


图 2–48　添加宝贝

第六步：进入创意预览环节，如图 2–49 所示。

图 2–49　创意预览

第七步：进入编辑推广方案环节，如图 2–50 所示。然后设置推荐关键词，在这个环节最多可以设置 200 个关键词，同时设置关键词的出价，选择相应的关键词匹配方式——精准匹配或广泛匹配，如图 2–51 所示。然后添加精选人群，根据自己的推广需求选择合适的人群并设置溢价比例，如图 2–52 所示。根据需求，选择是否开通智能出价，如图 2–53 所示。最后点击“完成推广”按钮，完成整个推广计划，如图 2–54 所示。

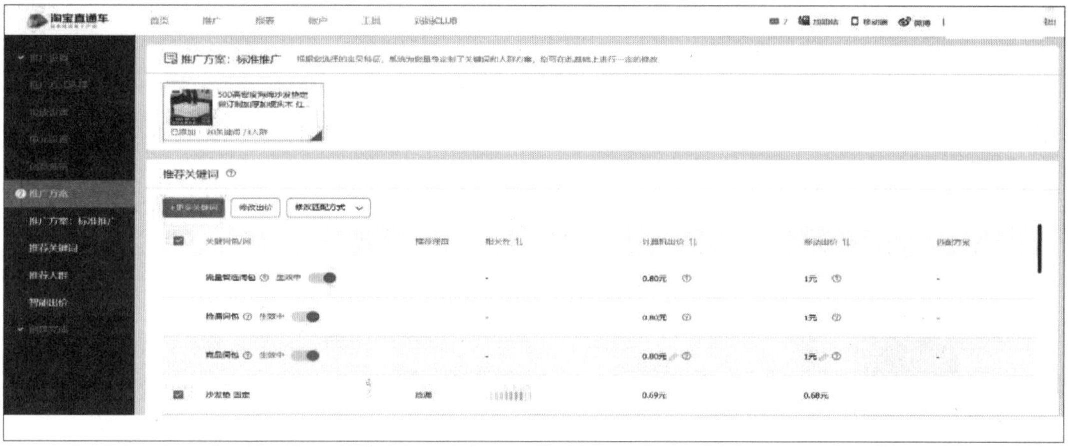


图 2-50　编辑推广方案

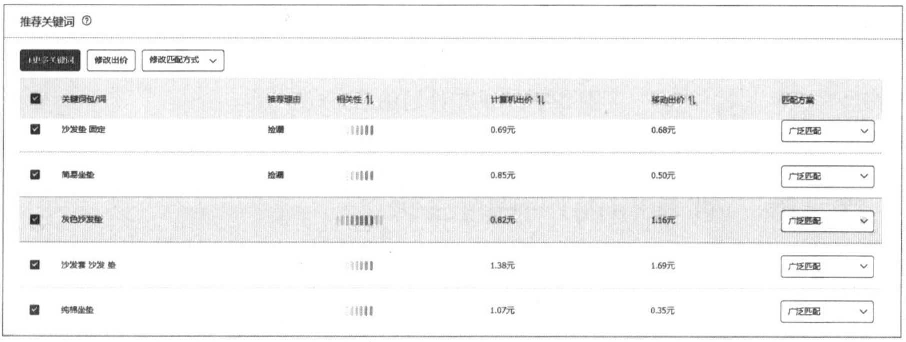


图 2-51　推荐关键词

图 2-52　添加精选人群

图 2–53　智能出价

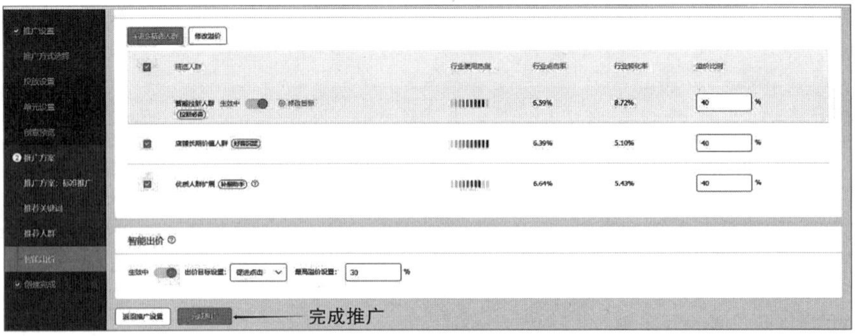


图 2–54　推广计划创建完成

# 四、管理推广计划和推广中的宝贝

## （一）管理推广计划

进入直通车推广页面后，点击左侧“我的计划组”，可以查看设置的所有的推广计划，如图 2–55 所示。选择相应的推广计划（见图 2–56），可以暂停推广和参与推广，还可以把某个推广计划置顶；同时可以查看某一推广的数据报表，如展现量、点击量、点击率、花费、平均点击花费、投入产出比以及直接成交笔数，卖家通过查看报表，可以得出推广计划的推广效果。

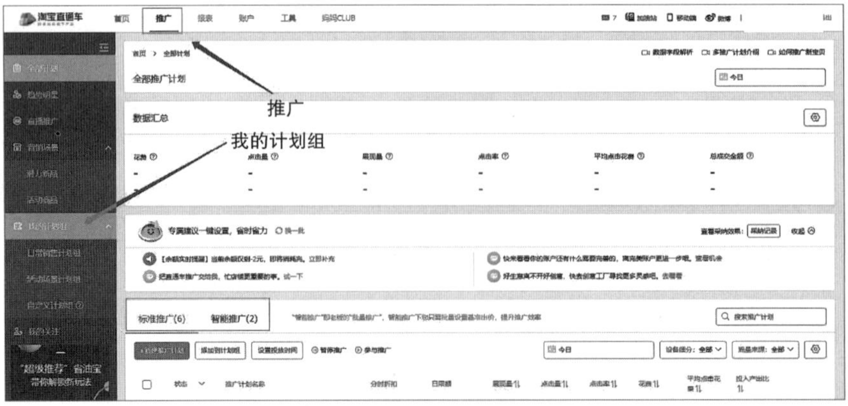


图 2–55　我的计划组

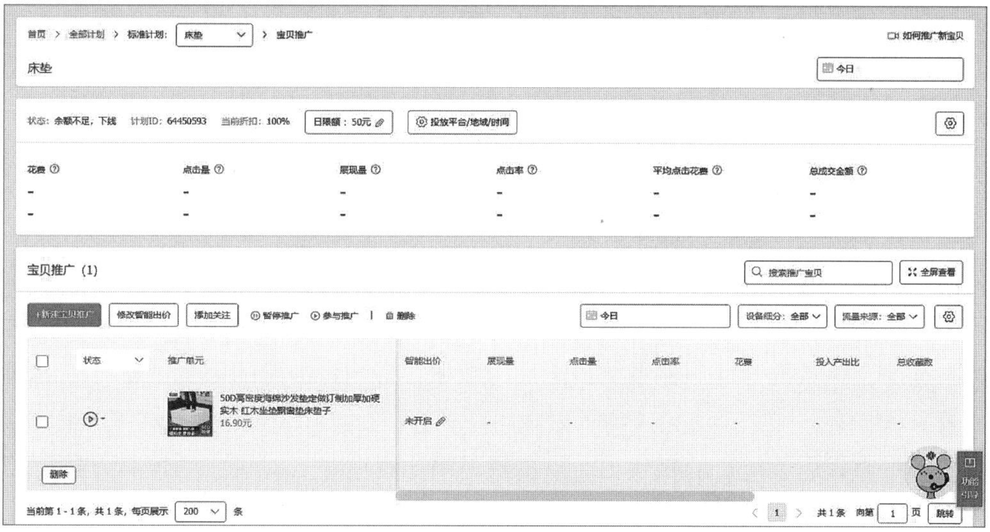

图 2-56 选择相应的推广计划

### （二）管理推广中的宝贝

点击相应的推广计划名称，还可以进入管理推广中的宝贝页面，如图 2-57 所示，每个商品都有修改智能出价、暂停推广、参与推广、删除等操作，还可以查看数据报表，操作完成后，系统立即生效。

图 2-57 管理推广中的宝贝

## 五、直通车数据分析

通过直通车数据分析出直通车推广中存在的问题，从而进行优化，以提高投入产出比，也就是花最少的钱达到最好的推广效果。淘宝直通车的数据众多，卖家经常关注的数据主要有展现量、点击量、点击率、点击转化率、平均点击花费等核心数据，这些数据直接关系到 ROI。

### （一）直通车数据

展现量是指推广计划在直通车展现位上被买家看到的次数。影响展现量的因素主要有关键词搜索量、关键词匹配方式、关键词排名、账户预算和推广时长等。

点击量是指推广计划在直通车展现位上被点击的次数。注意，虚假点击会被直通车反作弊体系过滤，该数据为反作弊系统过滤后的数据。影响点击量的因素主要有关键词排名以及创意。

点击率可直观表示宝贝的吸引力，点击率越高，说明宝贝对买家的吸引力越大。其计算公式为：

点击率 = 点击量 / 展现量

花费是指推广计划在直通车展现位上被买家点击所消耗的费用。

平均点击花费即推广计划每一次点击产生的平均花费金额，其计算公式为：

平均点击花费 = 花费 / 点击量

点击转化率反应直通车点击在所选转化周期内转化支付成交的比例，其计算公式为：

点击转化率 = 总成交笔数 / 点击量

投入产出比反映直通车点击花费在所选转化周期内带来支付成交金额的比例，其计算公式为：

投入产出比 = 总成交金额 / 花费

总成交笔数为推广计划在直通车展现位被点击后，买家在所选转化周期内，所有交易的成交笔数。其计算公式为：

总成交笔数 = 直接成交笔数 + 间接成交笔数

### （二）直通车数据分析处理方案

通过对直通车数据进行分析后，针对不同的情况有不同的处理方案。

（1）关键词高花费、高转化。需要重点关注关键词的排名，如果关键词均价没有高到离谱，转化成本没有超过预期金额，卖家就不要轻易降价。

（2）关键词低花费、高转化。如果花费低是因为点击均价太低，则需要查看排名，排名低可提高出价；如果排名较高，则看创意是否具有吸引力，优化创意，提高创意质量。

（3）关键词低花费、低转化。花费低说明展现少或被点击的次数少，转化低即为流量不精准，可以把关键词的精准匹配改为广泛匹配。

（4）关键词高花费、低转化。花费高说明点击多或点击均价太高，但转化低则说明流量不精准，需要重点关注这类关键词。先打开搜索词报告，查看是否是关键词匹配太广，若匹配太广，则修改匹配方式，若匹配正常，则关注创意、对话是否足够吸引人，或客服人员的话术是否有问题。

# 学习任务四 淘宝客推广

## 一、认识淘宝客

淘宝客引流

淘宝客是很多淘宝卖家比较热衷的一种推广方式，与其他付费推广相比，淘宝客推广具有很高的投入产出比，不成交不付费，真正实现了把钱花在刀刃上。

### （一）淘宝客的概念

淘宝客是卖家通过佣金邀请中间人帮其把宝贝推广给买家，完成订单卖家支付对应比例佣金，属于后付费推广模式。淘宝客只要从淘宝客推广专区获取宝贝代码，任何买家（包括淘宝客自己）经过淘宝客的推广（链接、个人网站、微博、微信群、朋友圈、QQ 群等）进入淘宝卖家店铺完成购买后，就可获得由卖家支付的佣金；简单地说，淘宝客就是指帮助卖家推广商品并获得佣金的人。图 2–58 是卖家、买家与淘宝客的关系图。

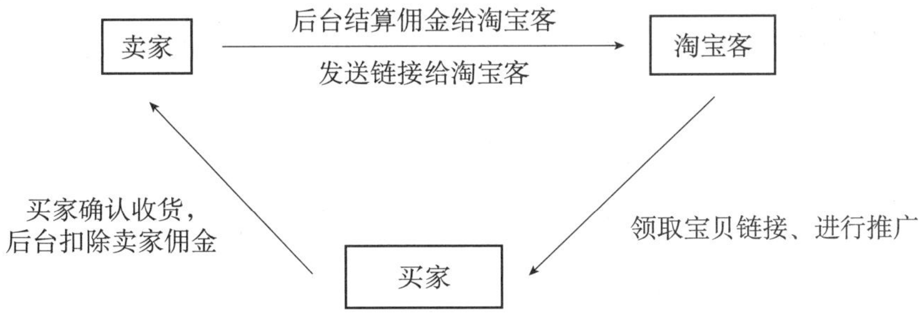


**图 2–58 卖家、买家与淘宝客的关系图**

淘宝客是按效果付费的（CPS 模式），如果没有成交的话，卖家不需要支付费用，是性价比比较高的付费推广模式。

淘宝客推广分为商品推广和全店推广两种。淘宝客全店推广又分为定向计划、自选计划、淘花计划、通用计划等方式。其中定向计划是卖家与指定淘宝客合作的计划；自选计划是店铺中设置为公开自动审核定向计划的升级计划，自选计划有且仅有一个，卖家可自行选择是否参与该计划推广；淘花计划是基于淘花渠道店铺中针对原村淘商家的定向计划，可以帮助卖家吸引优质的下沉区域推广者推广自己的商品，协助卖家占领下沉市场，获取更多的终端消费者；通用计划是最基础的计划。

## （二）淘宝客的类型

### 1. 阿里巴巴官方淘宝客

一是爱淘宝（见图 2–59），只要开通了淘宝客，都会自动被爱淘宝上架；二是一淘（见图 2–60），效果比较好，但是佣金比例相对较高。

图 2–59　爱淘宝首页

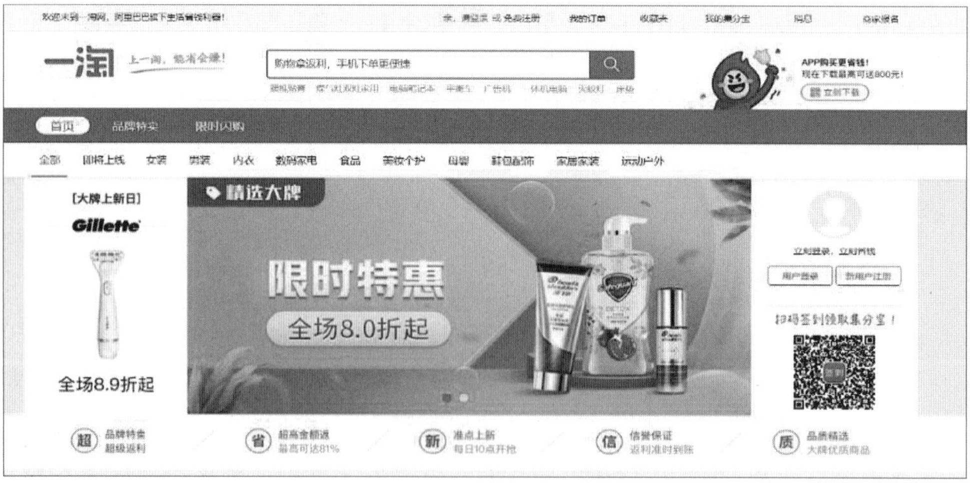


图 2–60　一淘首页

### 2. 网站导航类

网站导航类如图 2–61 所示。该类推广会篡改买家的需求，例如买家本来想进入淘宝网，却进入了爱淘宝平台。

图 2–61 网站导航类

3. 达人带货和社群带货形式

比如大淘客采用的就是达人带货和社群带货形式，如图 2–62 所示。

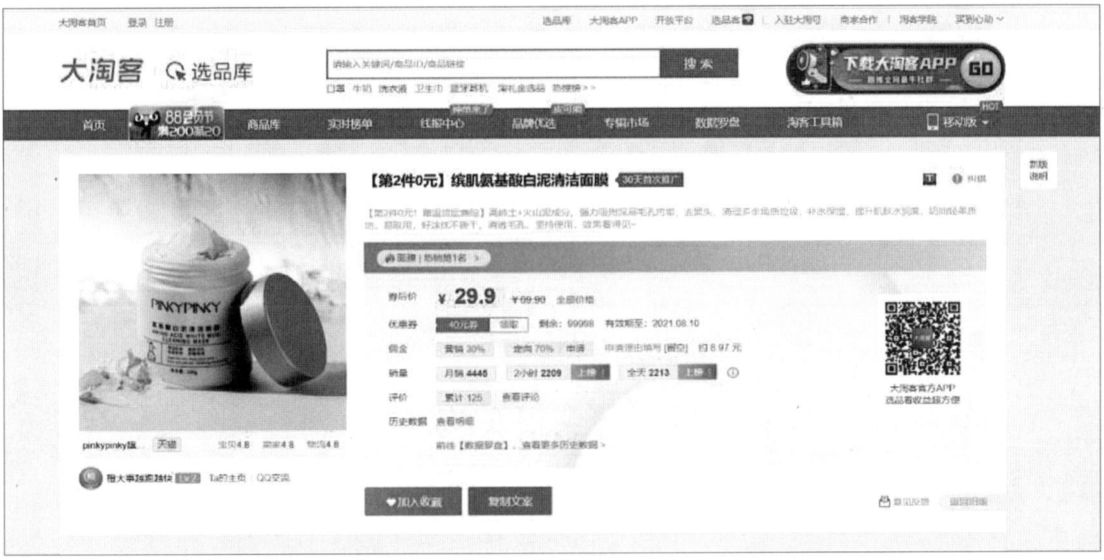


图 2–62 大淘客

## 二、设置淘宝客推广

卖家要进行淘宝客推广，主要需要设置推广商品、佣金比例等内容，具体操作步骤如下。

第一步：登录千牛卖家中心，点击“营销中心”—“我要推广”按键（见图 2–63），进入“我要推广”页面（见图 2–64），选择淘宝客。

第二步：进入淘宝客页面（见图 2–65），点击“计划管理”，进入淘宝客计划管理页面（见图 2–66）。

第三步：点击“营销计划”，进入营销计划设置页面，点击“添加主推商品”按键（见图 2–67）。

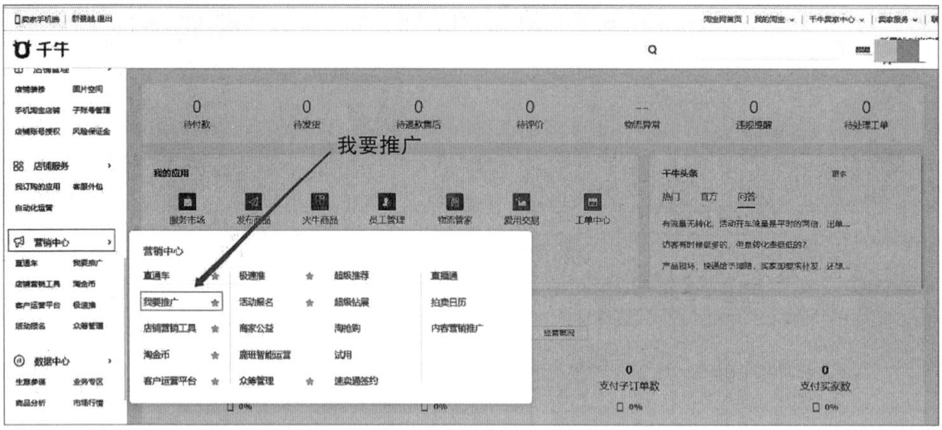


图 2-63 “我要推广”按键

图 2-64 “我要推广”页面

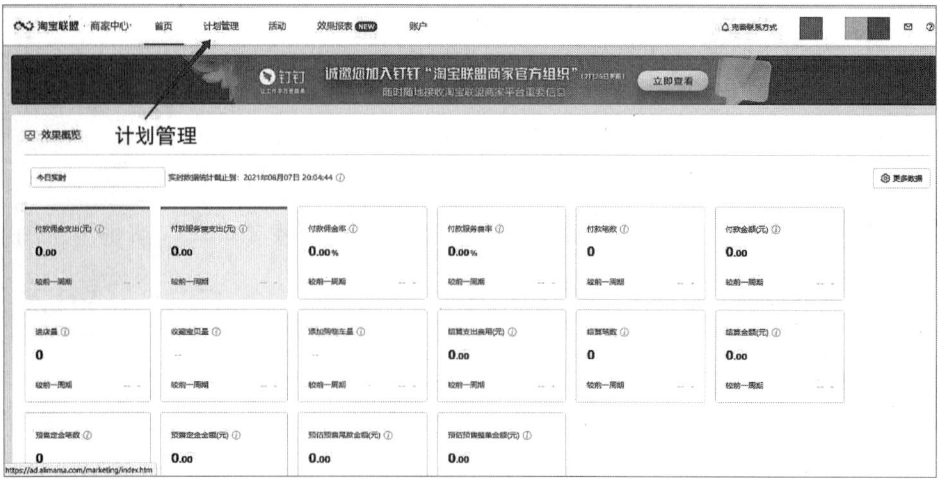


图 2-65 淘宝客页面

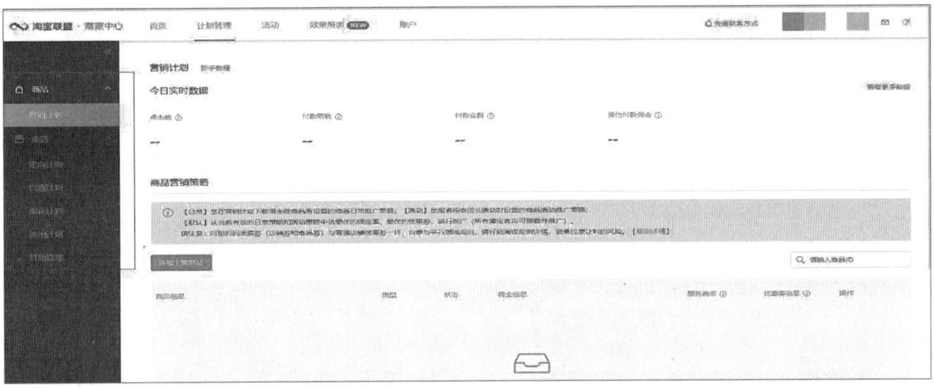


图 2–66　淘宝客计划管理页面

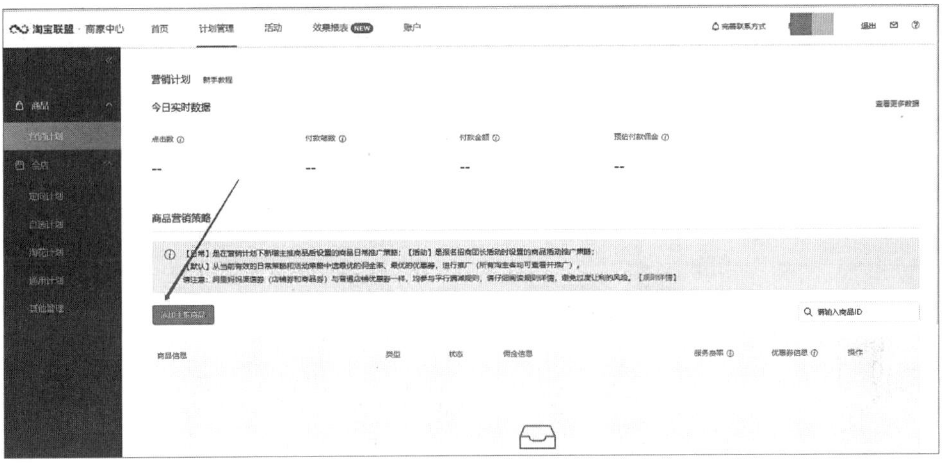


图 2–67　“添加主推商品”按键

第四步：添加主推商品，选择要主推的商品，然后点击“确定”，如图 2–68 所示。营销计划最多可为 12 000 款商品设置推广策略。

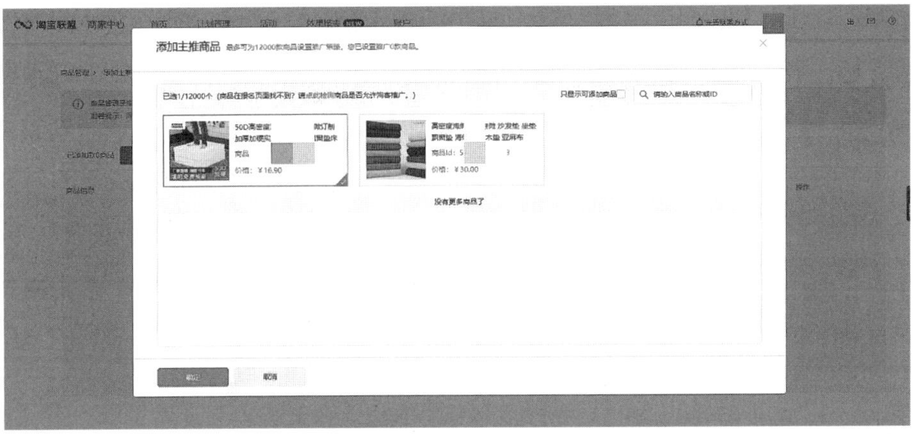


图 2–68　添加主推商品

第五步：添加主推商品后，设置佣金率，佣金率范围为 5%～90%，如图 2-69 所示。

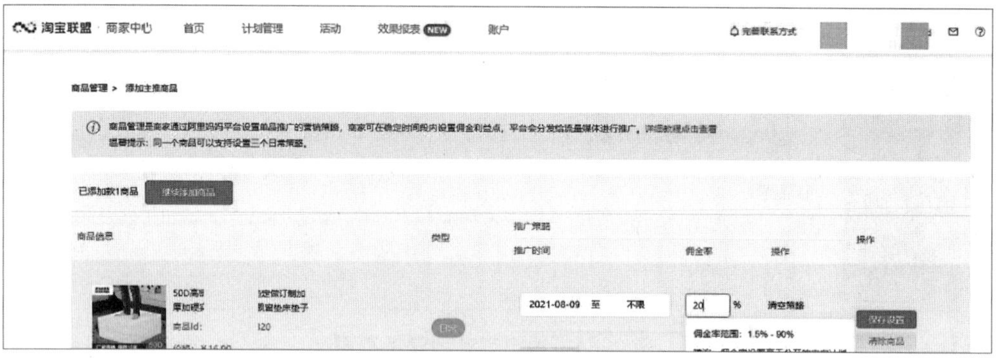


图 2-69　设置佣金率

第六步：点击“保存设置”，成功设置淘宝客推广，如图 2-70 所示，设置完成后次日零点生效。

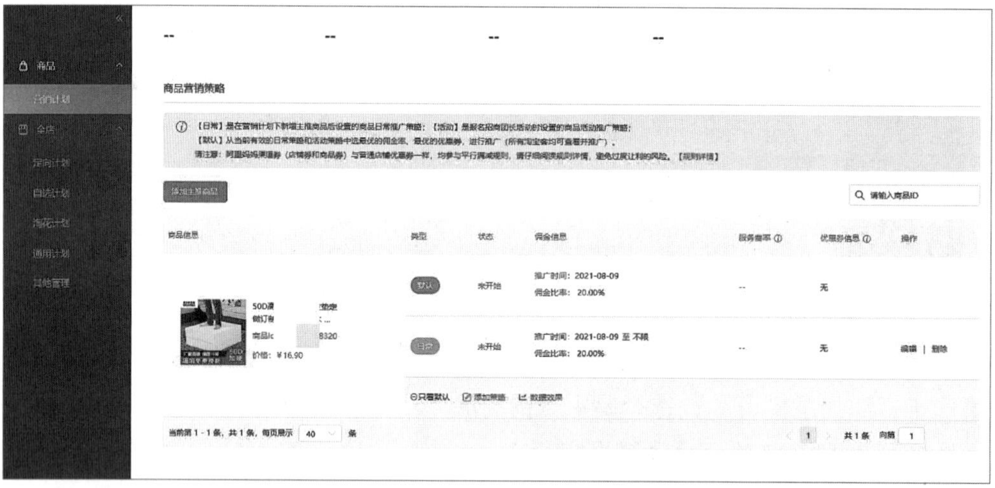


图 2-70　成功设置淘宝客推广

## 三、淘宝客推广的技巧

### （一）店铺方面

图 2-71　店铺信誉

店铺需要提升店铺信誉，如图 2-71 所示。淘宝店铺的信誉就是买家衡量店铺的标准，也是淘宝客衡量店铺的标准。一般来说，店铺的信誉越高，买家对店铺越信任，就越能吸引淘宝客推广，推广的效果就越好。

## （二）推广宝贝方面

### 1. 提供高质量的宝贝图片

特别是宝贝的主图，要突出其属性，并能突出买家人群的特点；同时主图要美观，很多淘宝客通过图片直接推广，所以图片要美观清晰，如图 2–72 所示。

图 2–72　高质量的宝贝图片

### 2. 主推优质宝贝，打造爆款

在店铺运营中，可集中力量重点推广几款优质的宝贝，打造爆款，利用其高人气的特点，带动店内其他宝贝的销售。同理，在淘宝客推广中也存在同样的现象，通过几款拥有大量淘宝客关注的主推宝贝，可以带动店内其他宝贝推广量的上升。图 2–73 所示为淘宝客主推的爆款宝贝。

图 2–73　淘宝客主推的爆款宝贝

3. 推广高销量和高评价的宝贝

在同类宝贝中，物美价廉、性价比高的宝贝更具有竞争力。淘宝客在推广时，也会以买家的角度来考量宝贝，如果宝贝销量高、评价好，可以增加淘宝客推广的信心，如图 2–74 所示。

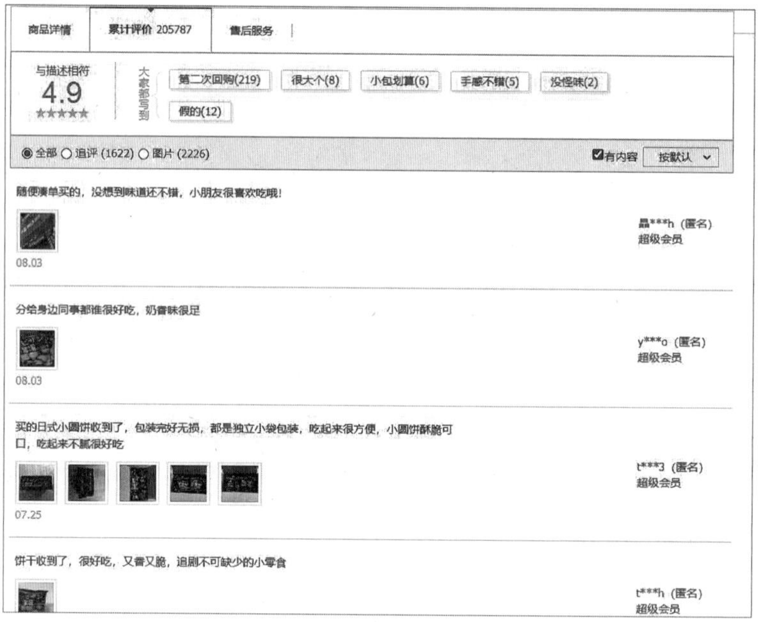


图 2–74　高销量和高评价的宝贝

4. 推广低单价的宝贝

买家在网购时，一般会货比三家，选择质优价廉的宝贝。作为卖家，在推广时，可以选择单价较低的宝贝，价格设置在买家容易接受的范围，可以获得更多流量，如图 2–75 所示。

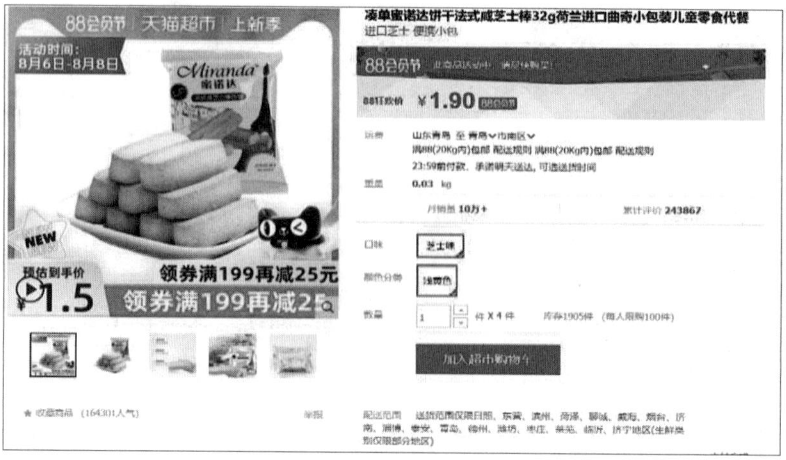


图 2–75　单价低的宝贝

#### 5. 经常更新主推宝贝

作为卖家，要注意热销节点的正确选品，配合新流量增长点。假如马上母亲节，则可以主推母亲节礼物，如图 2–76 所示。

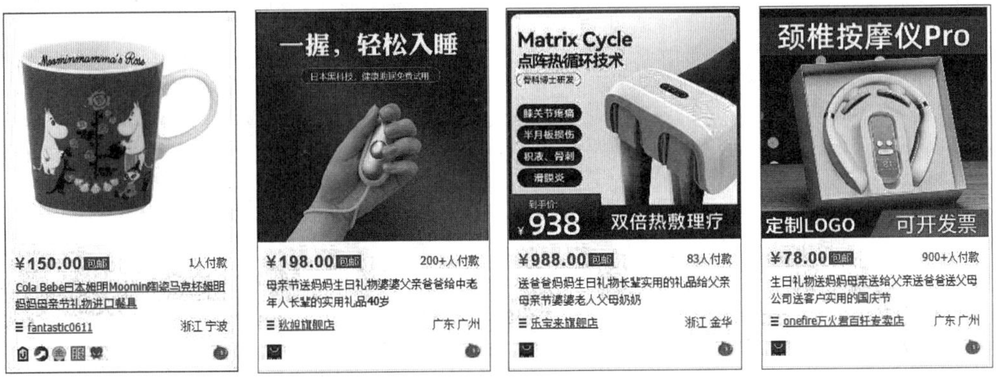


**图 2–76　母亲节礼物**

# 学习任务五　淘金币推广

## 一、认识淘金币

### （一）淘金币的概念

淘金币是淘宝网的虚拟积分，是淘宝用户的激励系统和通用虚拟积分系统。买家通过登录、购物、互动游戏等行为获得淘金币，然后能够用淘金币兑换、竞拍到全网品牌折扣商品；也可以兑换、抽奖得到免费的商品或者现金红包。淘金币可以让买家参与互动，享受乐趣。

据淘宝网官方统计，持有淘金币的买家众多，女性占比略高于男性，核心用户群体是 18～35 岁的买家，用户自发互动性较强，黏性更高。

### （二）进入淘金币频道的方式

买家获得淘金币后，在淘宝网购物可以获得折扣，100 个淘金币抵 1 元。那如何获得淘金币呢？下面列举几种通过手机淘宝进入淘金币频道领取淘金币的方式。

（1）点击手机淘宝首页“领淘宝币”，如图 2–77 所示，即可进入淘金币频道，如图 2–78 所示。

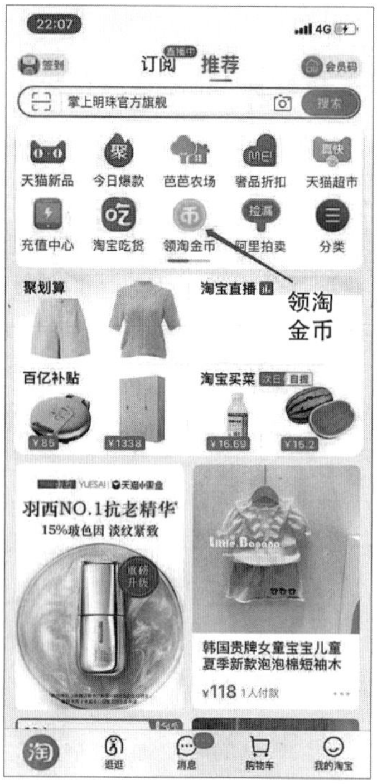


图 2–77　手淘首页“领淘金币”

图 2–78　淘金币频道

（2）点击手机淘宝首页右下角“我的淘宝”，然后点击“领淘金币”，如图 2–79 所示。

（3）宝贝确认收货后，可以领取淘金币，如图 2–80 所示。

图 2–79　“我的淘宝”—“领淘金币”

图 2–80　确认收货后交易成功页面

（4）宝贝评价成功后，可以领取淘金币，如图 2–81 所示，点击领取进入淘金币频道。

**图 2–81　宝贝评价成功页面**

## （三）淘金币金主的概念

“金主”是淘金币活跃用户的称号，经常逛淘金币频道、用淘金币购物，同时淘气值比较好的买家，将有机会成为淘金币金主用户，享受淘金币的“金主特权”。

淘金币金主需要符合以下条件：上个自然月内，到淘金币频道打卡的次数不少于 25 次；上个自然月内，在淘金币频道至少购买 1 笔金额不小于 5 元的带有“购物返金币”标识的宝贝，并确认收货；截至次月 8 日淘气值不小于 400 分。淘金币金主身份在每月 8 日生效，有效期为当月 8 日—次月 7 日。

例：淘宝买家“小叮当”9 月的淘金币金主身份在 9 月 8 日更新，有效期为 9 月 8 日—10 月 7 日。该身份更新的依据为：8 月“小叮当”到淘金币频道签到的次数不少于 25 次，8 月在淘金币频道购买了至少 1 笔支付金额不小于 5 元的带有“购物返金币”标识的宝贝，并且确认了收货；到 9 月 8 日淘气值不小于 400 分。

## 二、开通淘金币推广

目前，淘宝网淘金币的用户众多，用户忠诚度高，淘金币推广也受到越来越多卖家的欢迎，接下来我们一起学习如何开通淘金币推广。

第一步：登录淘宝进入千牛卖家中心，点击左侧“营销中心”—“淘金币”，如图 2–82 所示。

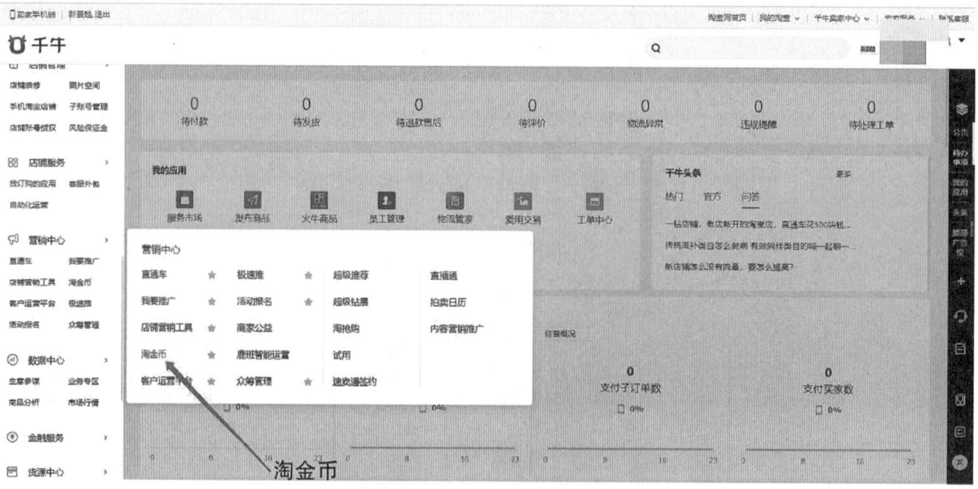


图 2–82　营销中心页面

第二步：进入淘金币卖家服务中心后，如果想要开通“手淘 App 免费营销工具”，需要点击“立即开通”，如图 2–83 所示；如果不需要开通，直接点击下方金币工具推荐页面中的“查看全部工具详情”，如图 2–84 所示，进入金币工具页面。

图 2–83　淘金币卖家服务中心

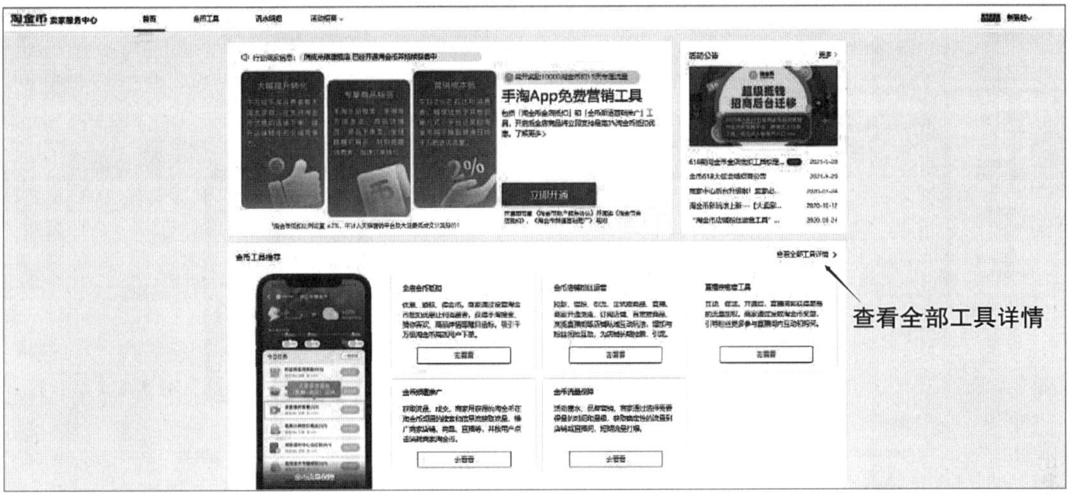


图 2-84　金币工具推荐页面

第三步：进入金币工具页面后，首先开通淘金币折扣，如图 2-85 所示，根据店铺情况设置全店折扣比例，也可设置高比例的宝贝以及不参与折扣的宝贝。然后选择需要的推广工具（见图 2-86），一共有淘金币频道基础推广、淘金币店铺粉丝运营、直播间亲密度兑淘金币、淘金币流量保障等，可以根据自己的需求选择其中一种或多种开通。

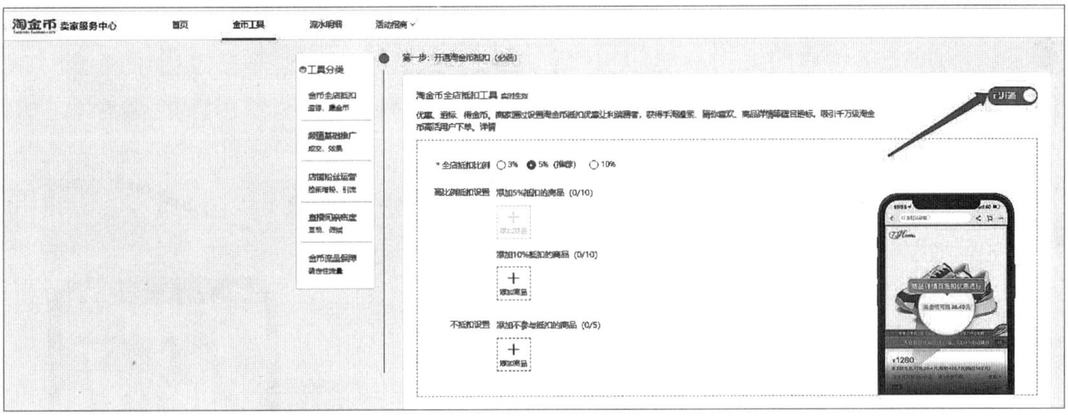


图 2-85　金币工具页面

（1）淘金币频道基础推广。开通此功能后，店铺参与折扣的宝贝可以在淘金币频道展现，并按买家点击消耗卖家淘金币，实现流量精准匹配，开通后 72 小时内生效，如图 2-87 所示。卖家开通该功能后，买家可以在如图 2-88 所示的淘金币推广页面看到卖家淘金币推广的宝贝。

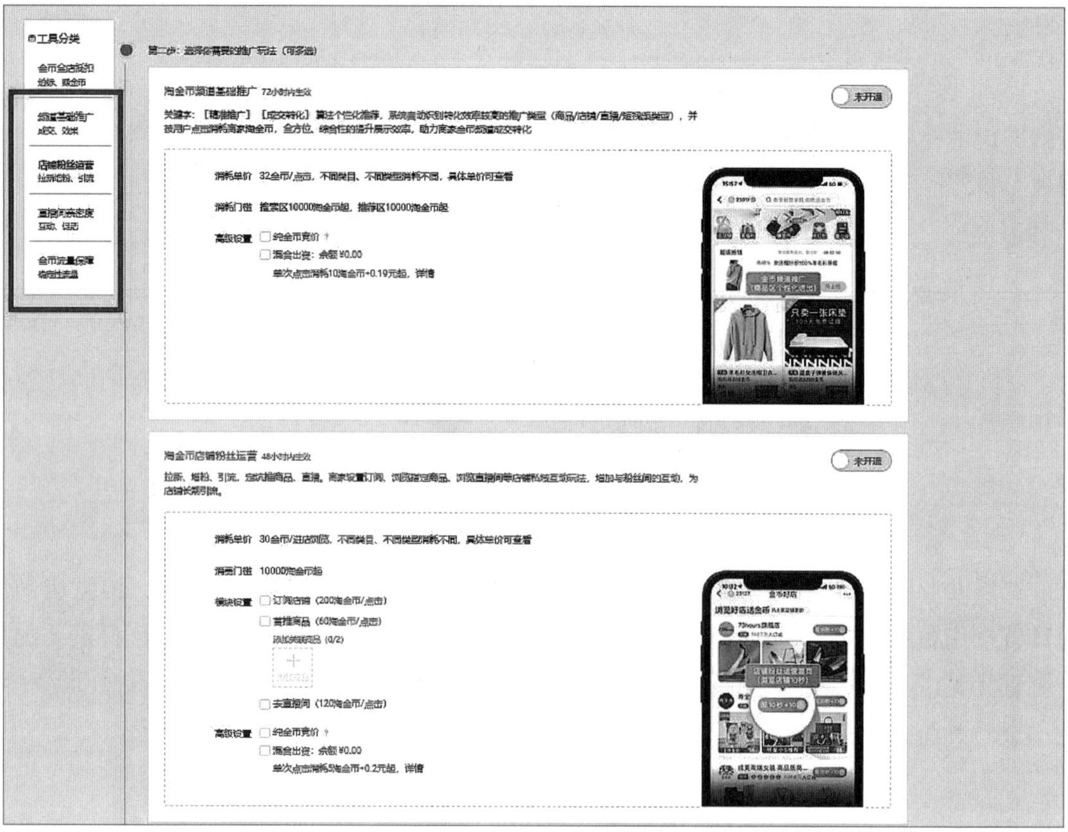


图 2–86　淘金币推广页面

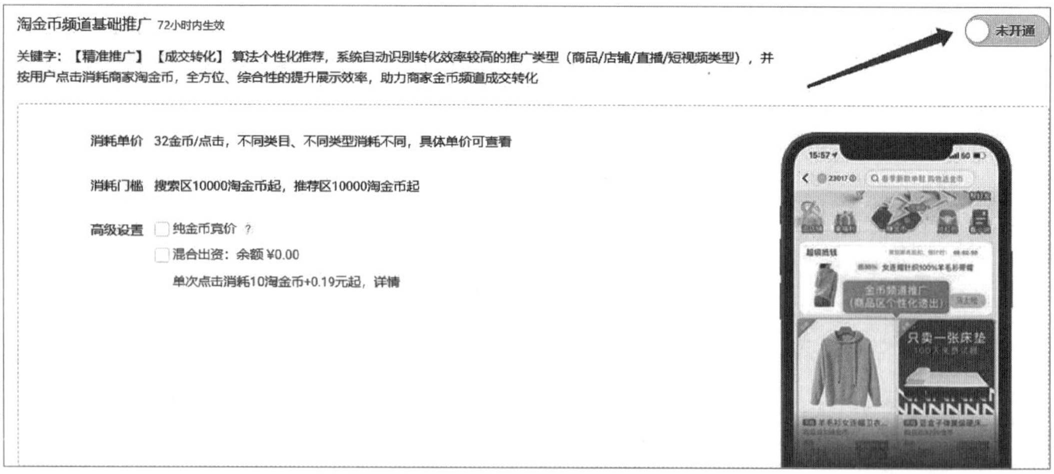


图 2–87　淘金币频道基础推广设置

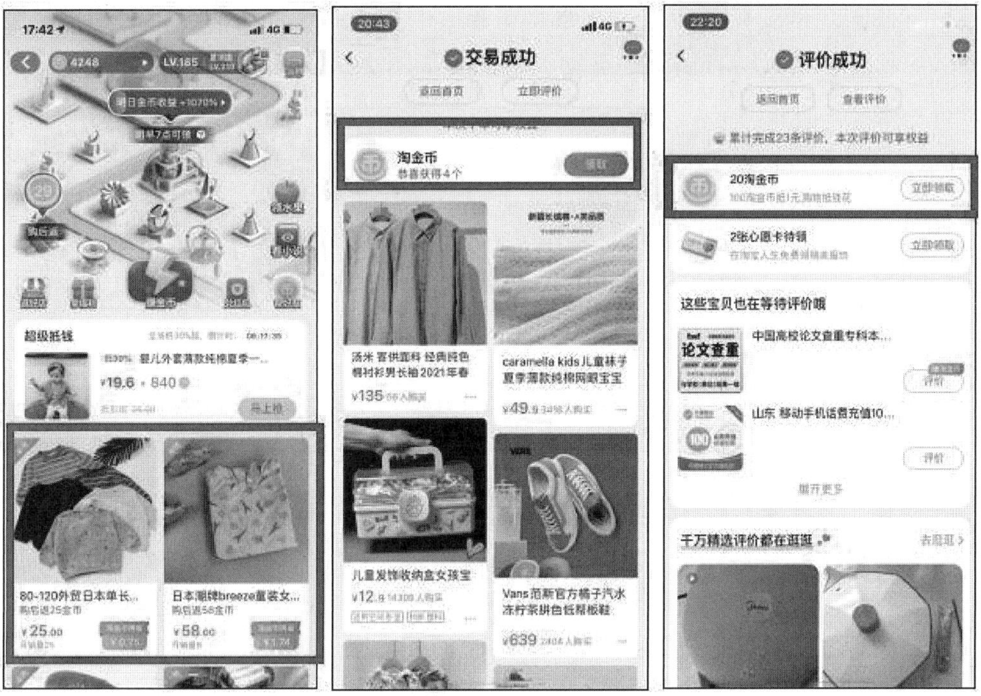


图 2–88　淘金币推广的宝贝

（2）淘金币店铺粉丝运营。开通此功能可以帮助卖家拉新、增粉、引流，卖家可以通过设置订阅店铺、首推商品、浏览直播间等私域互动玩法，增加与粉丝的互动，给店铺引流，如图 2–89 所示，开通后 48 小时内生效。买家可以通过淘金币频道逛好店、赚金币等页面查看到推广店铺，如图 2–90 所示。

图 2–89　淘金币店铺粉丝运营设置

（3）直播间亲密度兑淘金币。开通此功能后，卖家通过发送淘金币激励粉丝完成任务，并引导粉丝积极参与直播间的互动和购买，如图 2-91 所示。粉丝可以用亲密度兑换淘金币，开通后实时生效。

图 2-90　淘金币推广店铺

图 2-91　直播间亲密度兑淘金币

（4）淘金币流量保障。此功能需要提前 4 天报名，可以帮助卖家在短期内流量暴涨，适用于大促前蓄水或大促当日流量爆发。

# 学习任务六　促销活动推广

## 一、天天特卖

促销活动引流

### （一）天天特卖的概念

天天特卖是淘宝专门为中小型店铺或新店铺设计的帮扶活

动，可以帮助卖家开辟专门的渠道宣传参加活动的商品，能在短时间内给商品和店铺带来可观的浏览量，并以超低价吸引买家购买。

### （二）卖家如何报名天天特卖活动

第一步：登录千牛卖家中心，点击左侧“营销中心”—“活动报名”，如图 2–92 所示。随后进入淘宝商家营销活动中心，然后点击左侧“活动报名”，如图 2–93 所示。

第二步：点击“营销活动”，找到天天特卖，然后点击“去报名”。

第三步：选择活动类型，天天特卖的活动类型分为爆款商品推荐、日常活动和大促活动三种。接下来我们以日常活动为例进行讲解，即根据自己的推广目标选择“日常活动”类型，如图 2–94 所示。

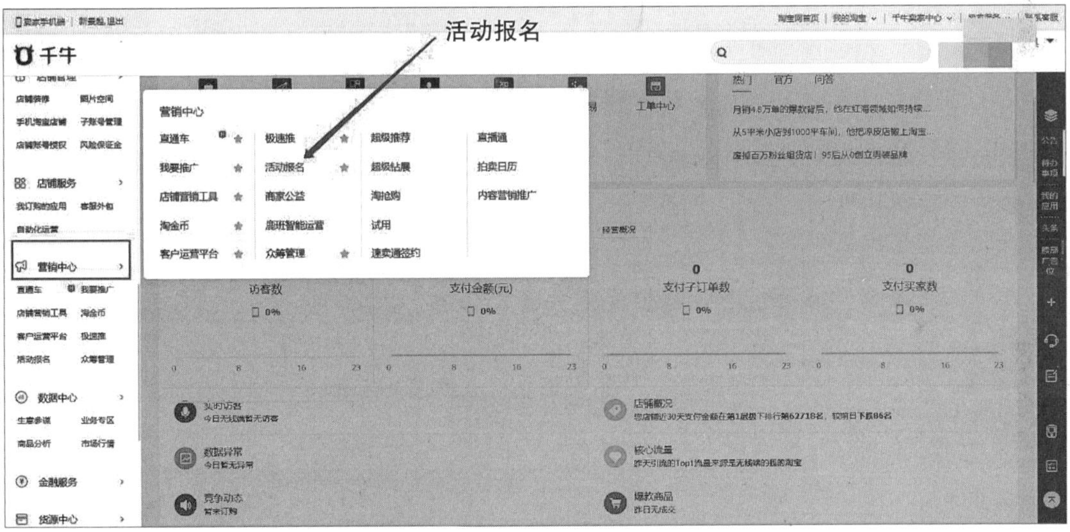


图 2–92　千牛卖家中心—“营销中心”—“活动报名”

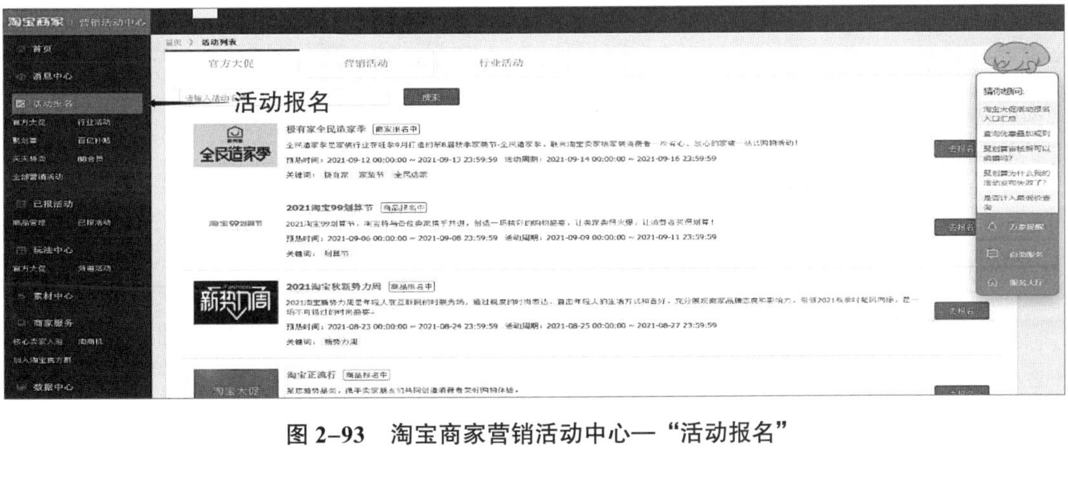


图 2–93　淘宝商家营销活动中心—“活动报名”

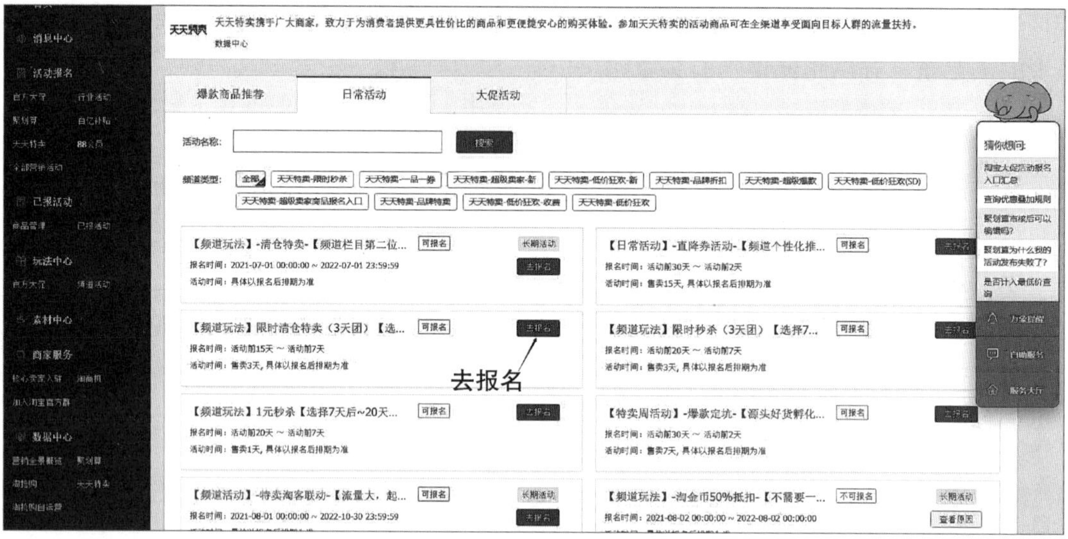


**图 2–94　天天特卖日常活动**

第四步：按照流程填写相关信息，完成报名，如图 2–95 所示。报名活动时注意店铺商品要符合报名条件。

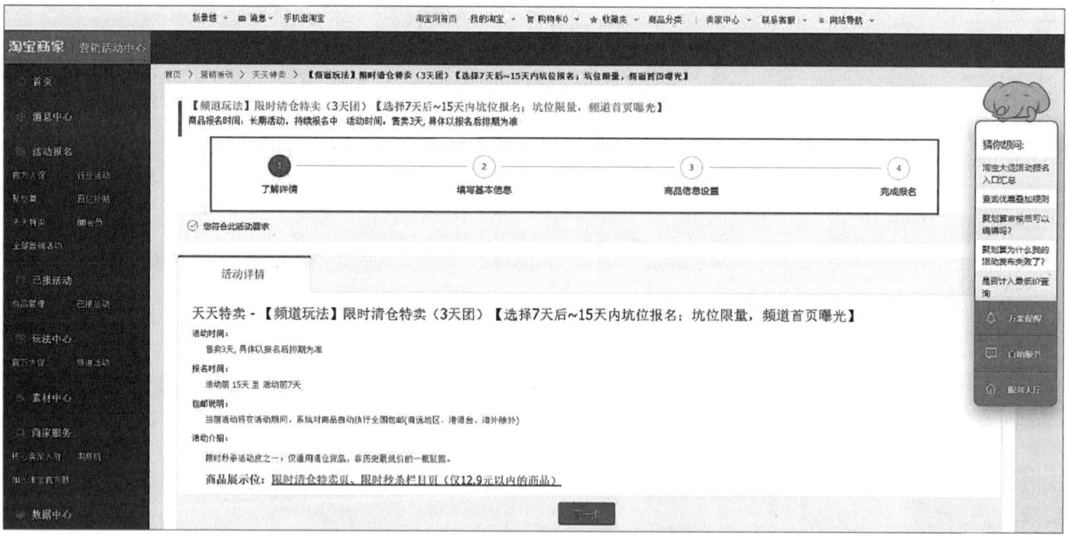


**图 2–95　天天特卖日常活动报名流程**

## （三）买家如何进入天天特卖频道

天天特卖频道的商品优惠力度大，价格实惠，作为买家可以从以下渠道进入天天特卖频道：进入手机淘宝后在搜索框输入“天天特卖”，如图 2–96 所示；点击“天天特卖”栏的“进入”链接，即可进入天天特卖频道，如图 2–97 所示。

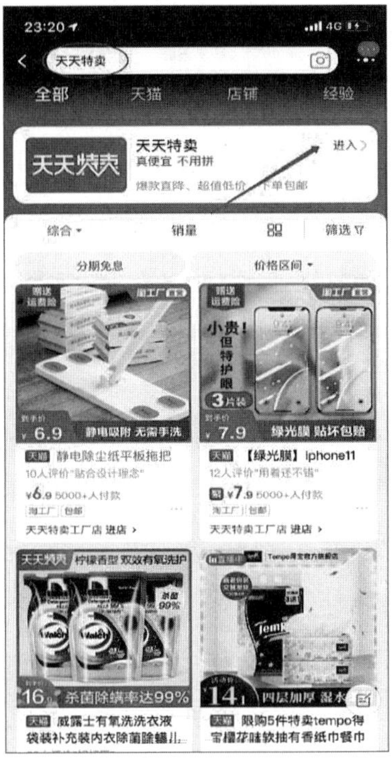


图 2–96　搜索“天天特卖”

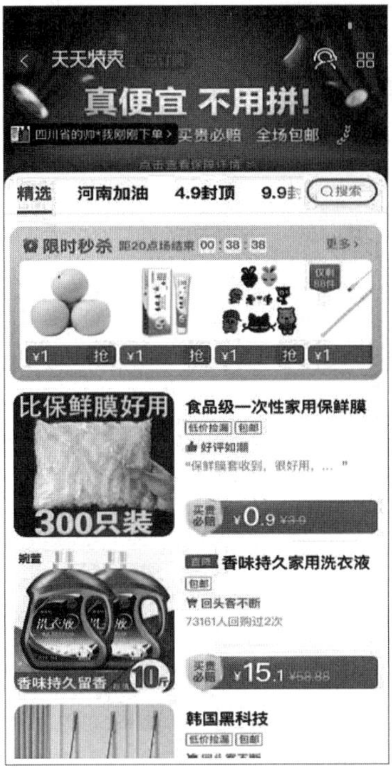


图 2–97　天天特卖频道

## 二、百亿补贴

### （一）百亿补贴的概念

百亿补贴是在卖家供货价格基础上给买家一定比例的让利金额，为买家优选品牌低价让利的商品，为品牌提供全域营销解决方案。买家越来越追求高品质和高性价比的生活，百亿补贴通过高频、强力的大牌、爆款补贴等活动，不断激活消费端、拉动供给端。百亿补贴能精准捕捉到买家的情绪和购物心理，落到实处的低价和丰富的场景，深受买家青睐。

### （二）卖家如何报名百亿补贴活动

第一步：登录千牛卖家中心，点击左侧“营销中心”—“活动报名”，进入淘宝卖家营销活动中心，然后点击左侧“活动报名”。

第二步：点击“营销活动”，找到百亿补贴，然后点击“去报名”，如图 2–98 所示。

第三步：选择活动类型，百亿补贴的活动类型分为爆款商品推荐、日常活动和大促活动，以日常互动的报名步骤为例，如图 2–99 所示。

第四步：按照流程填写相关信息，完成报名，如图 2–100 所示。报名活动时注意店铺商品要符合报名条件。

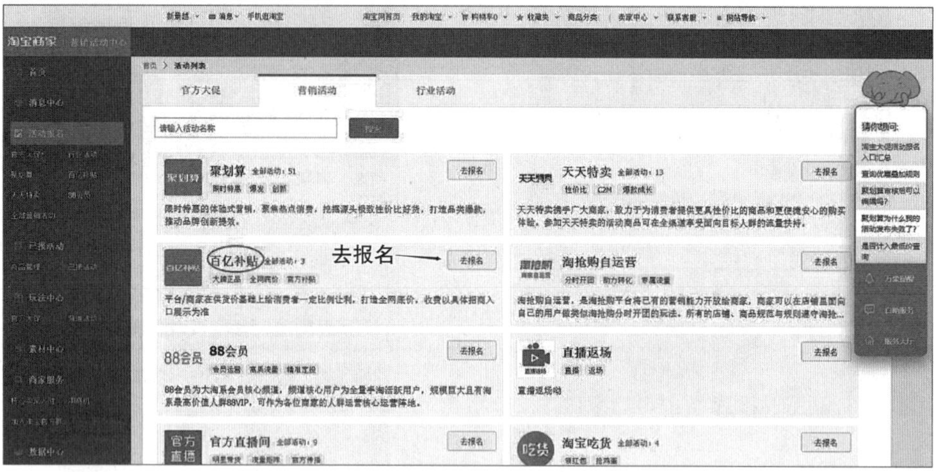

图 2-98　百亿补贴报名

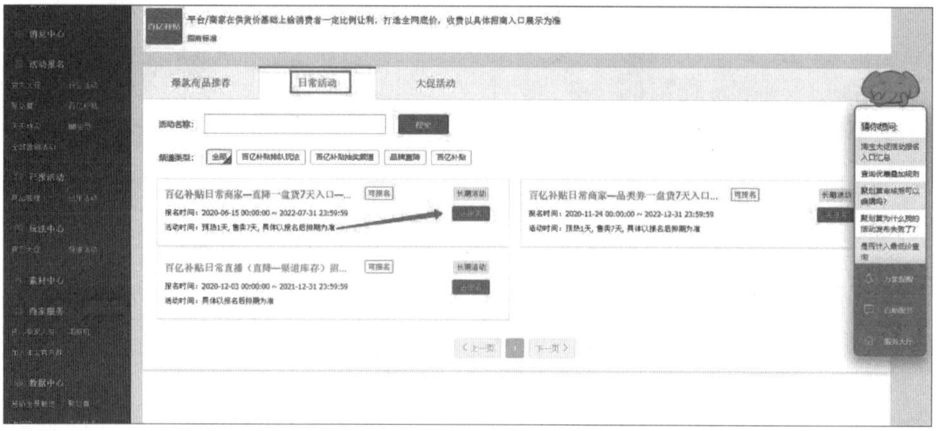

图 2-99　百亿补贴日常活动

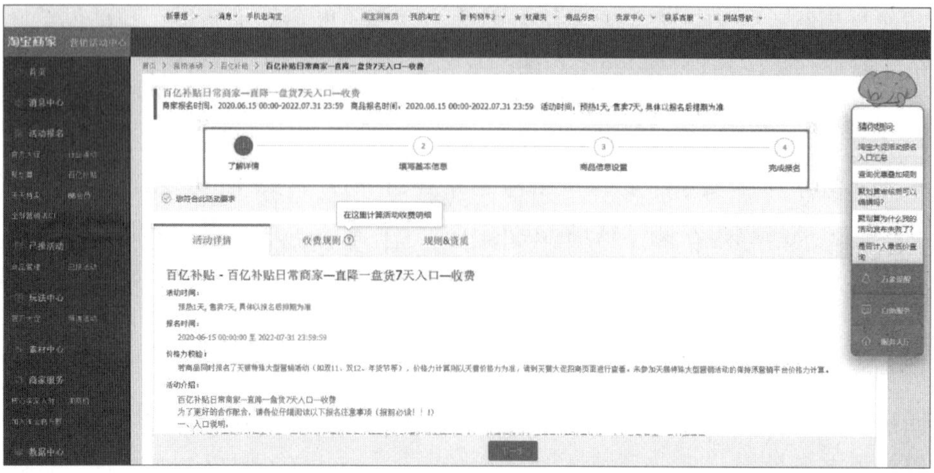

图 2-100　百亿补贴日常活动报名流程

### （三）买家如何进入百亿补贴频道

目前，打开手机淘宝在首页就可以看到百亿补贴，如图 2–101 所示；也可以通过搜索框搜索进入百亿补贴频道，如图 2–102 所示。

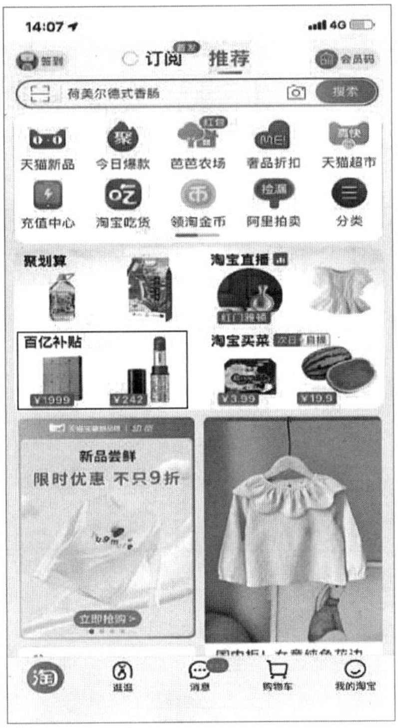


图 2–101　手机淘宝首页的百亿补贴

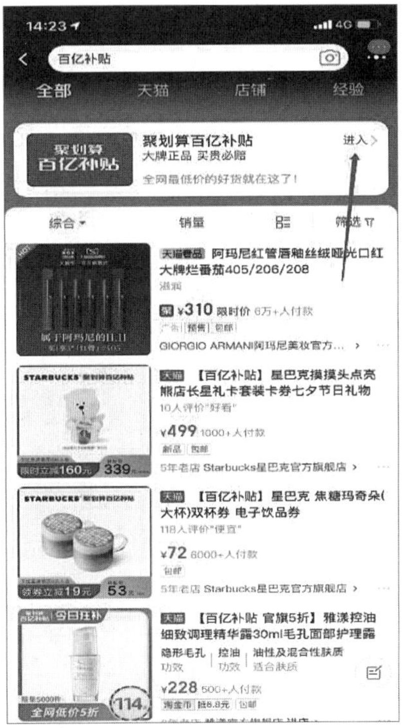


图 2–102　百亿补贴入口

## 三、淘宝省钱卡

### （一）认识淘宝省钱卡

2019 年 6 月，淘宝为了吸引买家多多购物，推出了淘宝省钱卡。最初淘宝省钱卡是邀约制，仅限通过手机淘宝端获得邀请的用户参与，但随着使用淘宝省钱卡的买家越来越多，淘宝允许买家自行在后台开通。

### （二）买家如何开通淘宝省钱卡

买家开通淘宝省钱卡首先要满足以下条件：淘宝会员账号须绑定支付宝，并且该支付宝账号已通过实名认证及绑定有效手机号码，并已开启支付宝余额支付功能。开通步骤如下。

第一步：登录手机淘宝，点击“我的淘宝”—“淘宝省钱卡”，如图 2–103 所示。

第二步：进入淘宝省钱卡频道后，可以选择连续包月和单月开卡两种方式。连续包月到次月自动扣费，单月开卡有效期 30 天，点击“立即开通”即可，如图 2–104 所示。淘宝省钱卡有两种套餐可以选择，如图 2–105 所示，可以选择每月 91 元、18 个红包，或者每月 101 元、20 个红包。

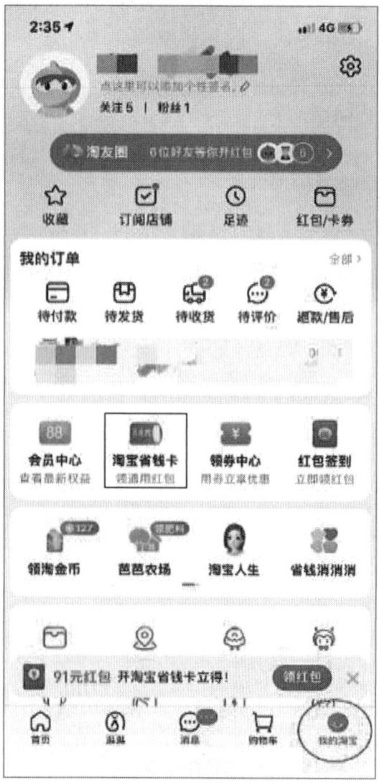


图 2–103　我的淘宝

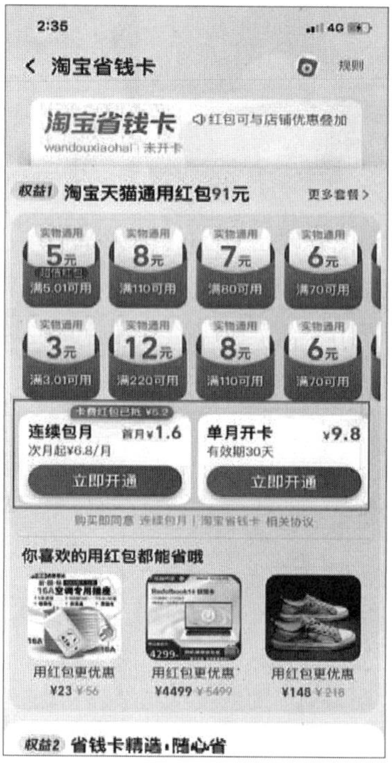


图 2–104　淘宝省钱卡开通

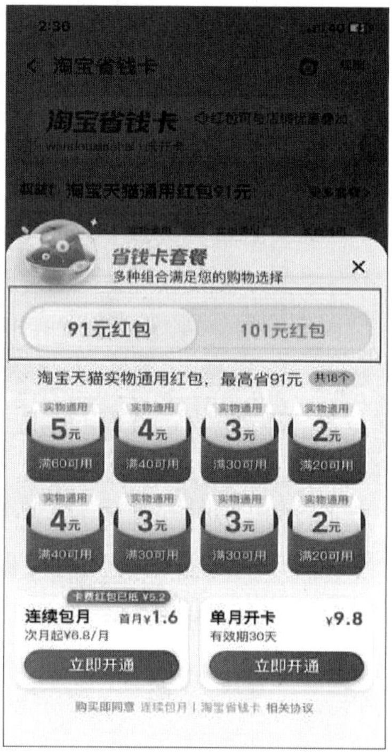


图 2–105　淘宝省钱卡套餐

买家开通淘宝省钱卡后，可以到淘宝省钱卡频道领取红包，领取后有效期 3 天，每天只能使用 1 个，满足使用门槛后可以使用。

## （三）卖家如何报名淘宝省钱卡活动

第一步：登录千牛卖家中心，点击左侧“营销中心”—“活动报名”，进入淘宝卖家营销活动中心，然后点击左侧“活动报名”。

第二步：点击“营销活动”，找到淘宝省钱卡，然后点击“去报名”，如图 2–106 所示。

第三步：进入淘宝省钱卡活动报名页面，点击“立即报名”，如图 2–107 所示。然后按照报名流程填写相关内容完成报名，如图 2–108 所示，在报名之前注意查看报名规则。

卖家报名淘宝省钱卡活动后，买家可以在淘宝省钱卡页面看到活动商品，如图 2–109 所示；或者在二级页面红包翻倍购查看，如图 2–110 所示。通过淘宝省钱卡频道引导成交的活动商品订单，淘宝所有类目统一按成交金额 20% 扣点。

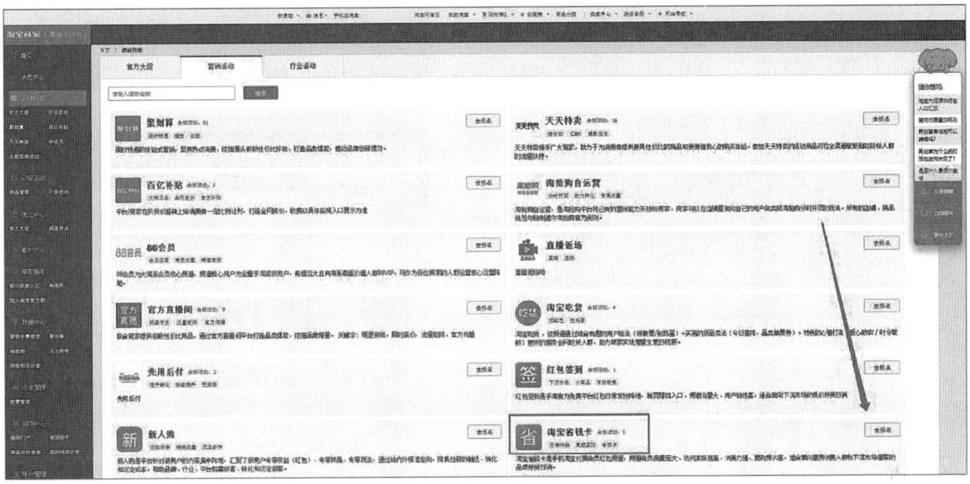


图 2–106　淘宝省钱卡报名

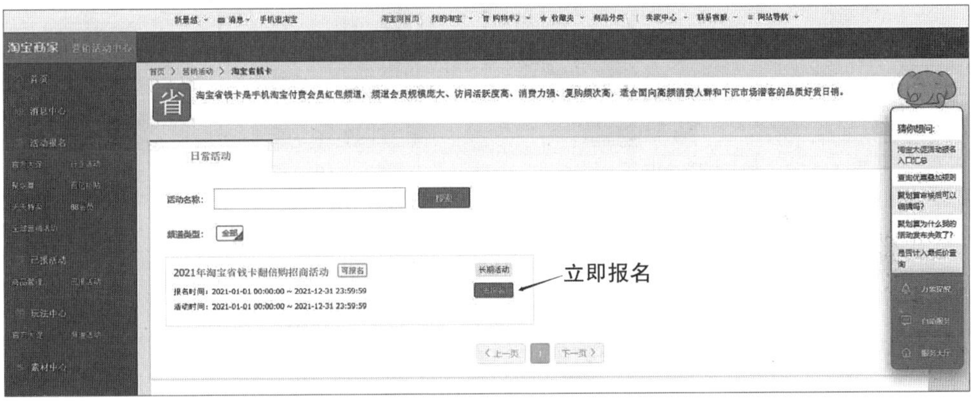


图 2–107　淘宝省钱卡活动报名

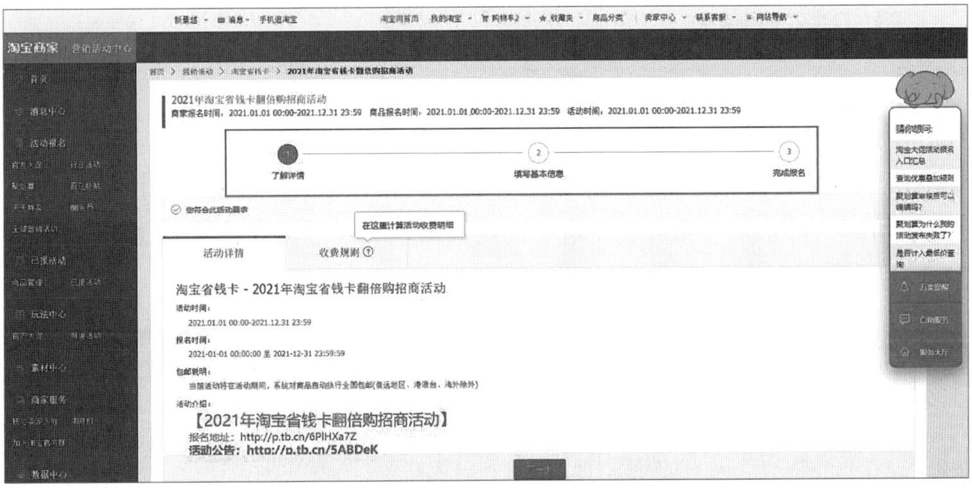


图 2–108　淘宝省钱卡活动报名流程

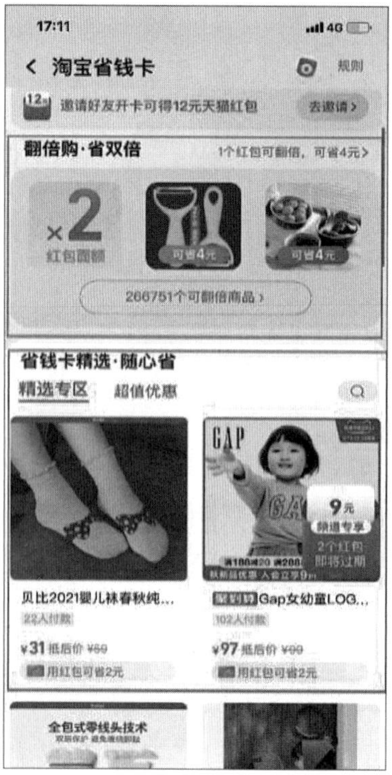


图 2-109　淘宝省钱卡页面

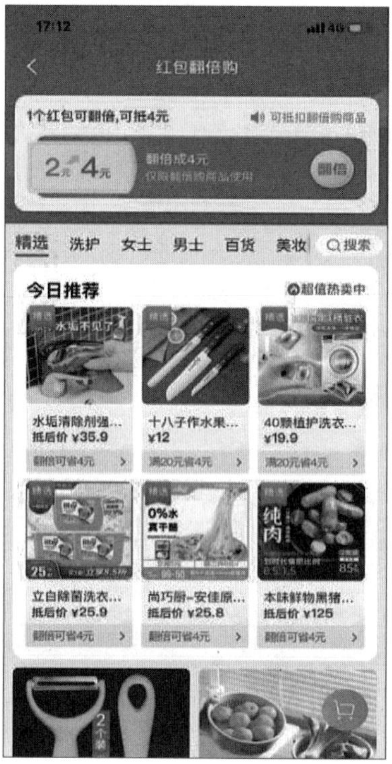


图 2-110　红包翻倍购二级页面

# 学习任务七　超级推荐推广

## 一、认识超级推荐

### （一）超级推荐的概念

超级推荐，是在手机淘宝、猜你喜欢、淘宝直播等推荐场景中穿插原生形式广告的推广产品，可以帮助卖家与品牌在“逛”的场景触达买家，实现从“人找货”被动营销到“货找人”主动营销的升级。

### （二）超级推荐的特征

1. 全场景覆盖

超级推荐覆盖超过 7 亿的活跃用户，涵盖手机淘宝核心推荐渠道，资源位丰富，比如猜你喜欢（手机淘宝首页 7、11、15 位置，购物车页面偶数位，支付成功页面偶数位，见

图 2–111），覆盖购物全过程。加之有好货（见图 2–112）、淘宝直播（见图 2–113）等，超级推荐可以“引爆”卖家在推荐场景中的流量。

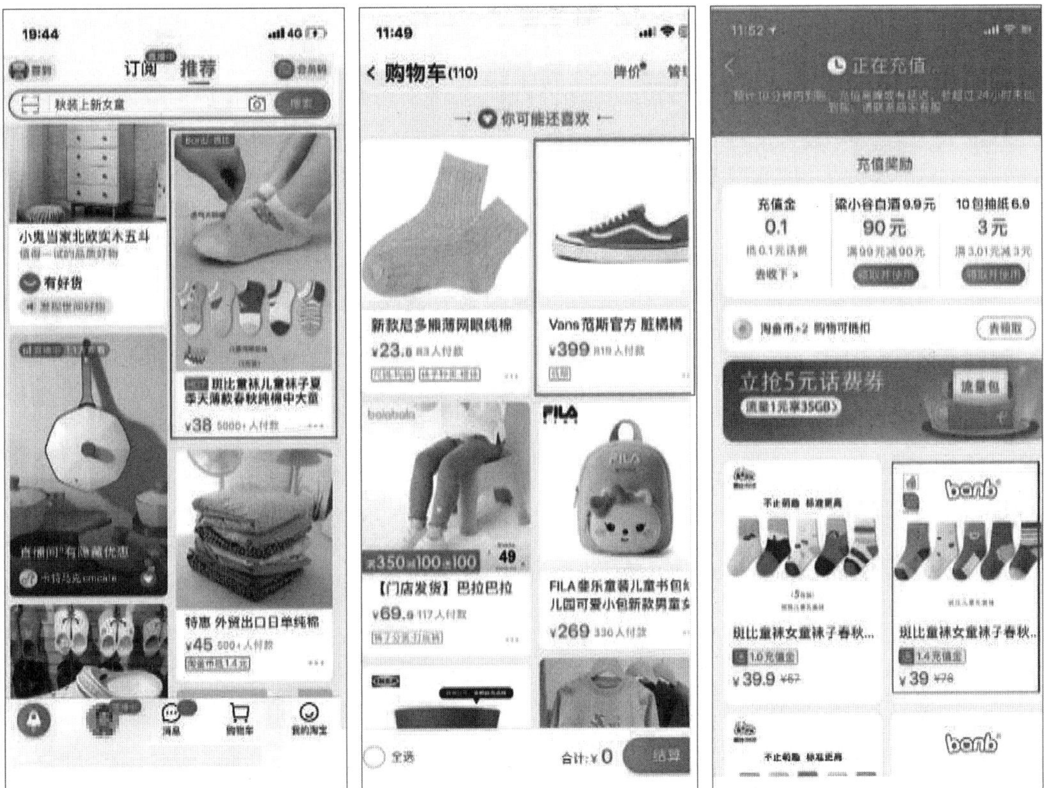


手机淘宝首页　　购物车　　支付成功页面

**图 2–111　猜你喜欢页面**

2. 多创意方式

支持图文、短视频、直播间、淘积木等多种创意方式，让卖家以更丰富的方式与买家进行全方位沟通。

3. 官方数据技术支撑

超级推荐基于阿里巴巴大数据推荐算法，赋能全新定向体系，从宝贝、店铺、行业等多角度，帮助卖家精准找到潜在买家，实现最优人群的实时触达。

4. 多维度价值

超级推荐从单一成交价值体系升级为多维度价值体系，从消费者运营视角出发，提供消费者流转、粉丝流转价值，突出消费者生命周期价值（LTV），全面呈现推广价值，帮助卖家实现品牌人群增长。

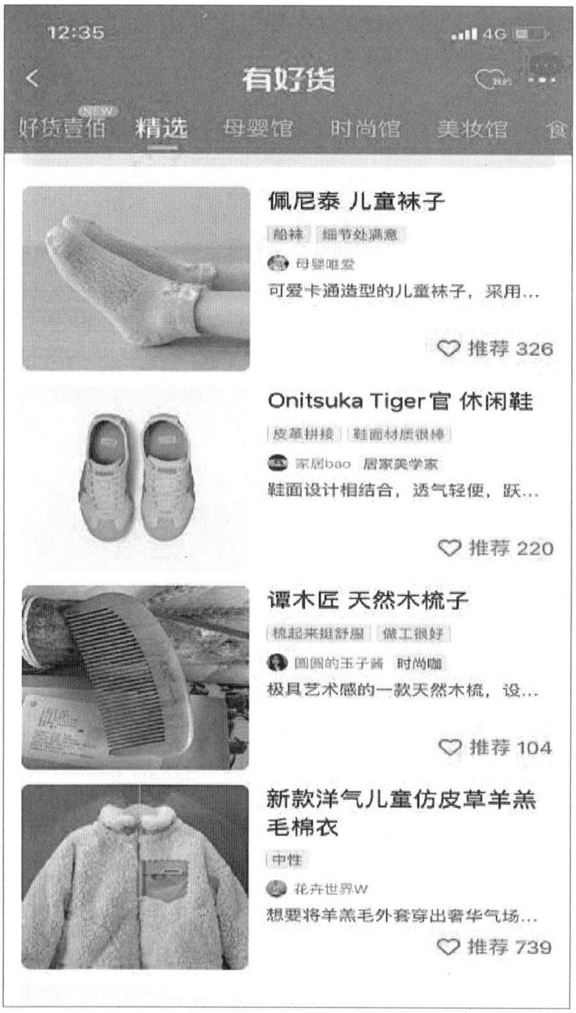


图 2–112 有好货

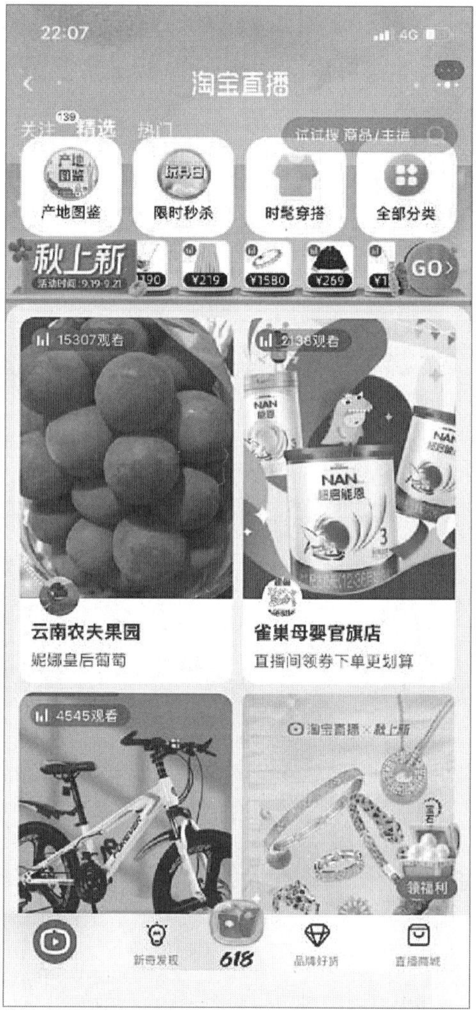


图 2–113 淘宝直播

## （三）超级推荐的扣费方式

超级推荐是按点击互动扣费，展现不付费，也就是 CPC 计费模式，而 CPC 只是一种计费方式，实际扣费时系统会用 CPM 转换。超级推荐推广方式中首页猜你喜欢是点击即扣费，微详情页面是产生互动了才可能扣费。互动模式是指，买家通过首页猜你喜欢免费资源位点击进入微详情页面后，上下滑动查看宝贝是不扣费的，但是点击某个宝贝后产生查看宝贝详情页、进入店铺、查看评论、观看直播、滑动浏览主图、收藏宝贝、宝贝加购物车以及购买宝贝等行为后，会进行扣费。互动模式举例如图 2–114 所示。

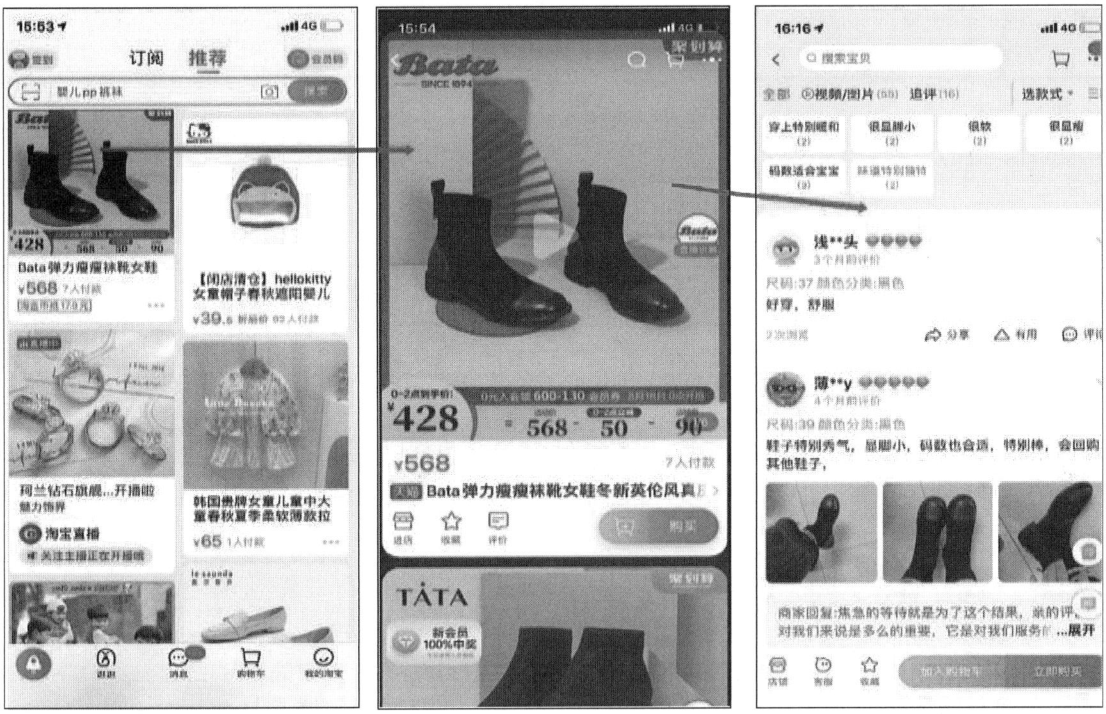


首页猜你喜欢　　　　微详情页面　　　　评论页面

**图 2–114　互动模式**

## 二、开通超级推荐推广

超级推荐可以帮助卖家多渠道触达目标买家，为新品获得更多的精准客户，提升店铺整体流量……超级推荐有这么多优势，作为卖家应该如何开通超级推荐呢?

第一步：登录千牛卖家中心，点击左侧“营销中心”—“我要推广”，如图 2–115 所示；进入“我要推广”页面，然后点击超级推荐的“立即行动”，如图 2–116 所示；点击“进入后台”，进入超级推荐首页，如图 2–117 所示。

第二步：首次登录“超级推荐”页面，会弹出账户充值页面，如图 2–118 所示，充值金额不能少于 30 元。如果已经建立超级推广计划，在首页可以看到单日以及历史投放数据（如消耗、展现量、点击量、点击率、平均展现成本、点击成本等）、不同推广计划的今日实时数据等。另外，在首页还有超级推荐消费者流转、超级推荐粉丝流转等栏目。

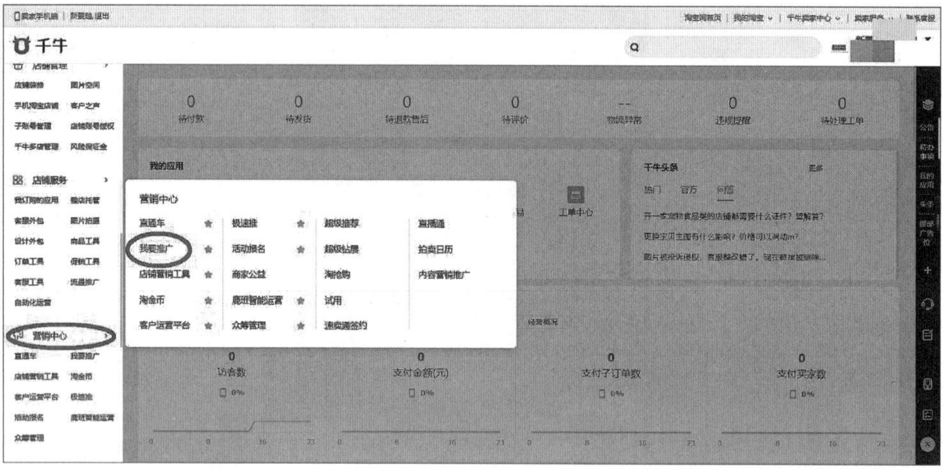


图 2-115 卖家中心

图 2-116 “我要推广”页面

图 2-117 点击“进入后台”

图 2–118　“超级推荐”首页

第三步：新建超级推荐计划。点击“新建推广计划”，如图 2–119 所示。推广计划包括商品推广、图文推广、超级直播、超级短视频 4 种类型，如图 2–120 所示。

（1）商品推广是以商品为推广主体，包括新品推广、爆款拉新、自定义等计划；

（2）图文推广是以图文内容为主题的推广方式，可以将内容推广到猜你喜欢页面，按照点击付费，分为智能投放和自定义两个营销场景；

（3）超级直播是以直播为推广主体，将直播推广到直播场景的相关资源下，按观看次数付费，分为消费者运营、货品运营、活动场景、内容场景等；

（4）超级短视频是以短视频为推广主体，将短视频推广至淘宝短视频。

图 2–119　新建超级推广计划

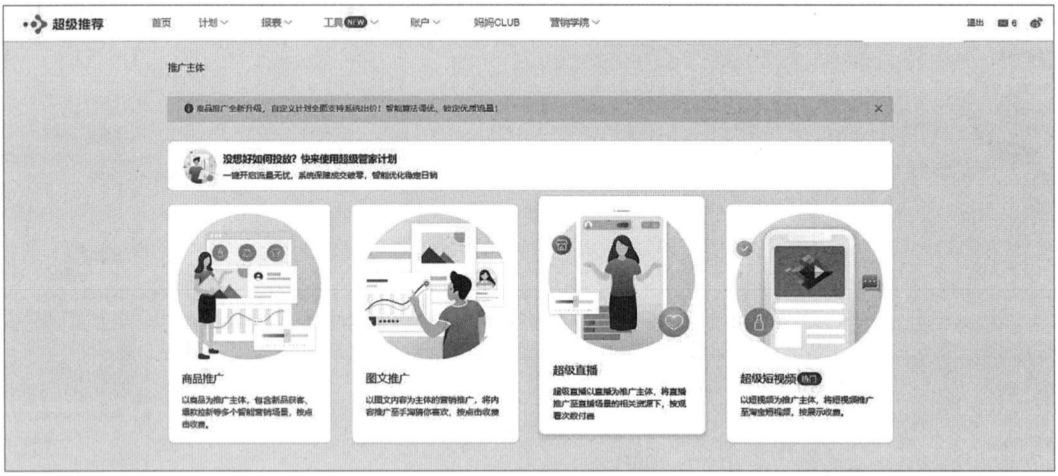


**图 2–120　推广计划类型**

第四步：假设计划推广爆品，点击“商品推广”—“爆款拉新”，如图 2–121 所示，进入爆款拉新页面，进行营销目标设置，如图 2–122 所示。

（1）优化目标，根据需求选择“促进点击”“促进加购收藏”“促进成交”中的一项；

（2）侧重人群，可以按照系统配置的只投放基础人群，也可以自己添加侧重人群；

（3）人群过滤，可以过滤掉 7 天或 15 天内的购买人群；

（4）选择宝贝，每次最多添加 20 个宝贝。

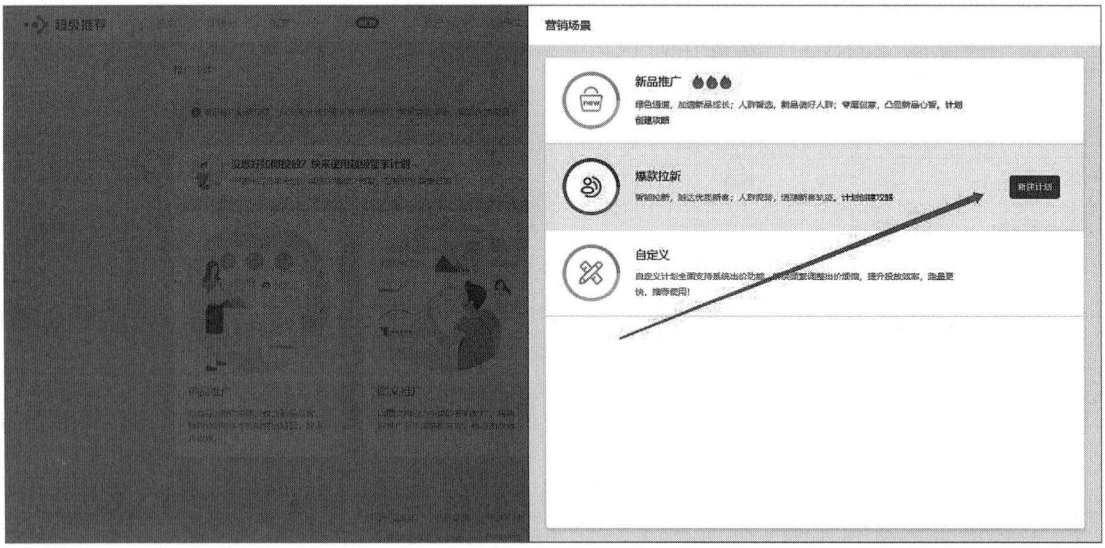


**图 2–121　选择商品推广计划**

图 2–122　设置营销目标

第五步：设置出价和预算。依次设置投放方式、预算设置、投放日期等，如图 2–123 所示。其中在投放方式中可以选择系统出价和手动出价，如果选择手动出价可以对侧重人群进行溢价，并可选择投放地域和投放时段，更有针对性。

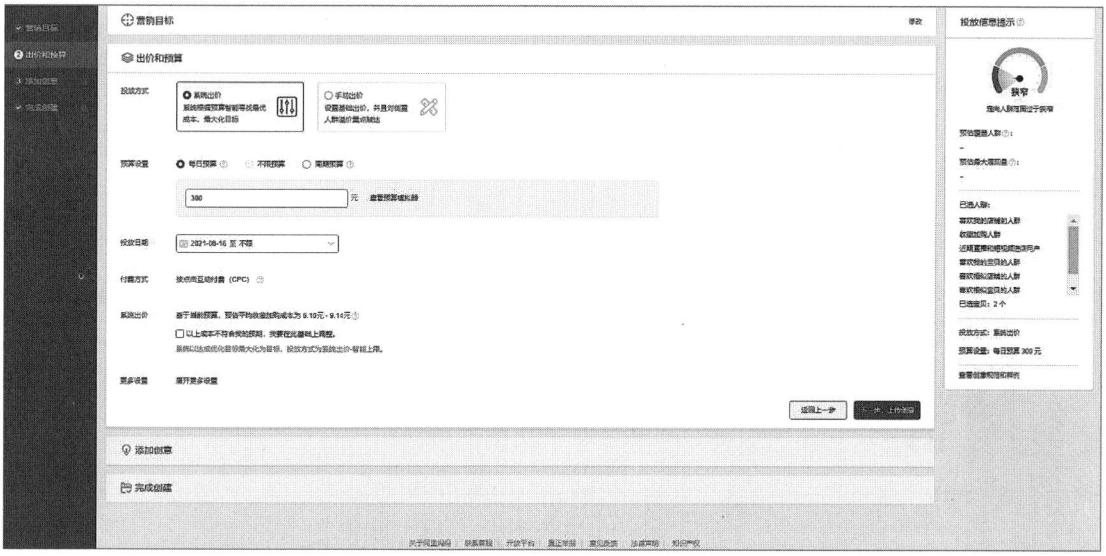


图 2–123　设置出价和预算

第六步：添加创意，如图 2–124 所示；最后完成创建，如图 2–125 所示；点击查看推广计划列表，可以查看目前所有的超级推荐推广计划，如图 2–126 所示。

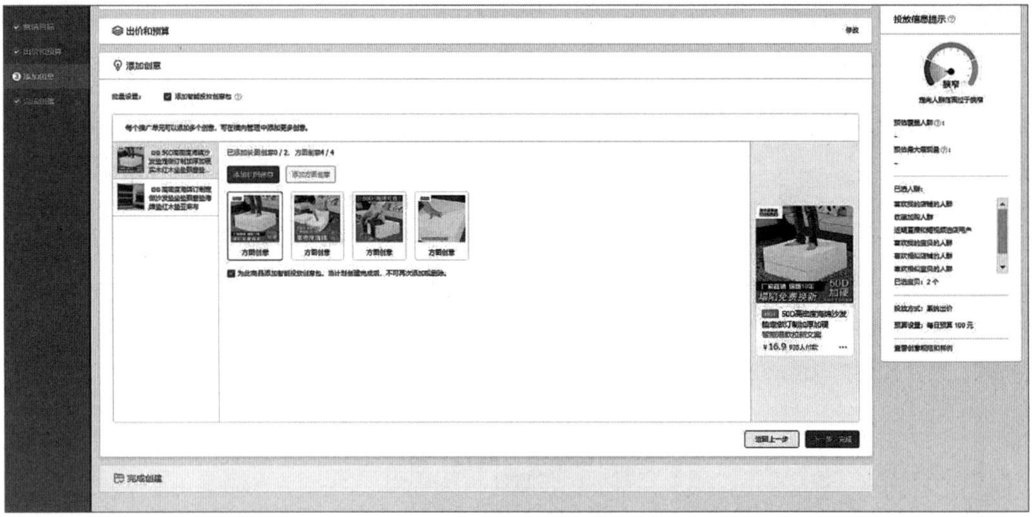

图 2–124　添加创意

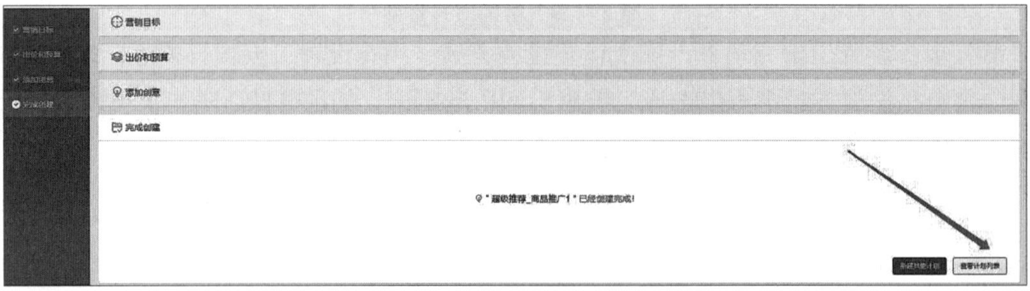

图 2–125　完成创建

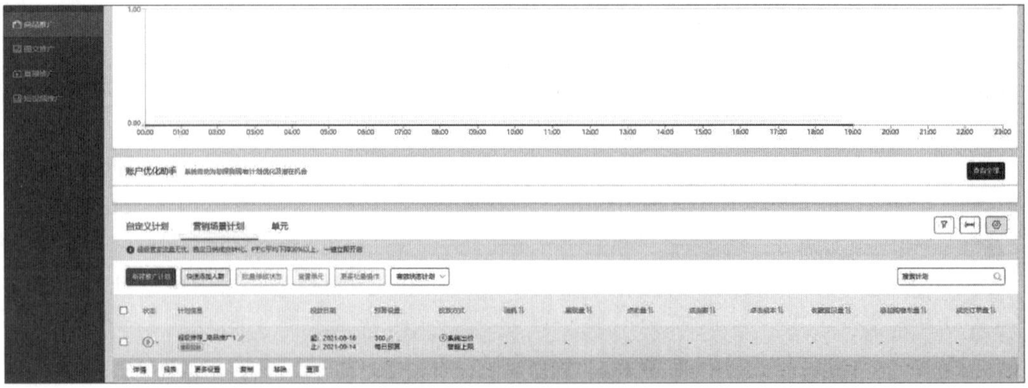

图 2–126　推广计划列表

## 三、查看投放数据

投放推广计划后，卖家要关注相关投放计划的数据。在超级推荐后台报表页面可以查看账户概览以及具体推广计划数据汇总，如图 2–127 所示。在账户概览中有整体账户的数据汇总、人群分层效果以及商品推广效果。人群分层效果中有触达潜客人数、新客人数和老客人数。潜客是指 15 天内无推广点击、内容渠道浏览互动、进店、搜索、点击等行为，且 90 天内无收藏、加购物车行为，且 365 天内无店铺下单、购买行为的用户。新客是指 15 天内有过品牌意向搜索、微淘互动、聚划算曝光、进店浏览未跳失，或过去 90 天有过宝贝收藏、加购物车、店铺收藏，或者过去 365 天有过下单未支付的用户。老客是指过去 365 天在店铺有过成交的消费者。

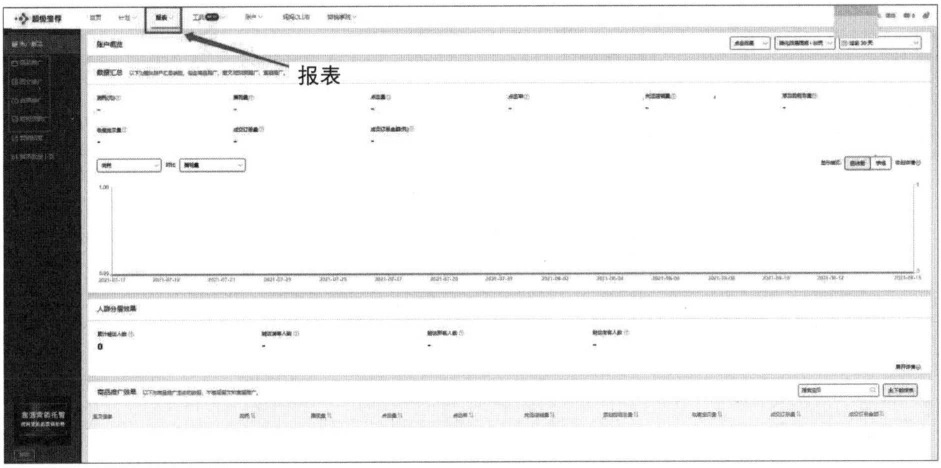


**图 2–127　超级推荐后台报表页面**

点击具体的计划类型，可以查看本计划类型的数据汇总以及具体某个推广计划、单元、定向、资源位、创意的数据，如图 2–128 所示。在数据汇总模块可以选择数据字段，如图 2–129 所示。

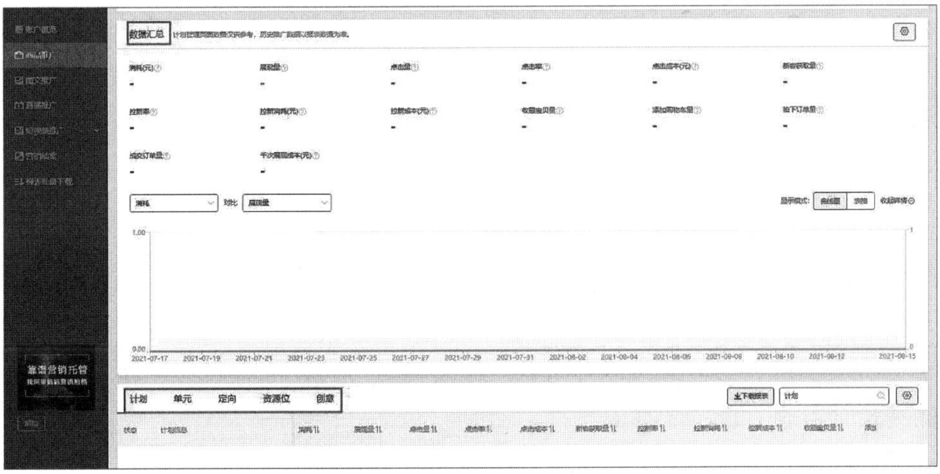


**图 2–128　数据汇总页面**

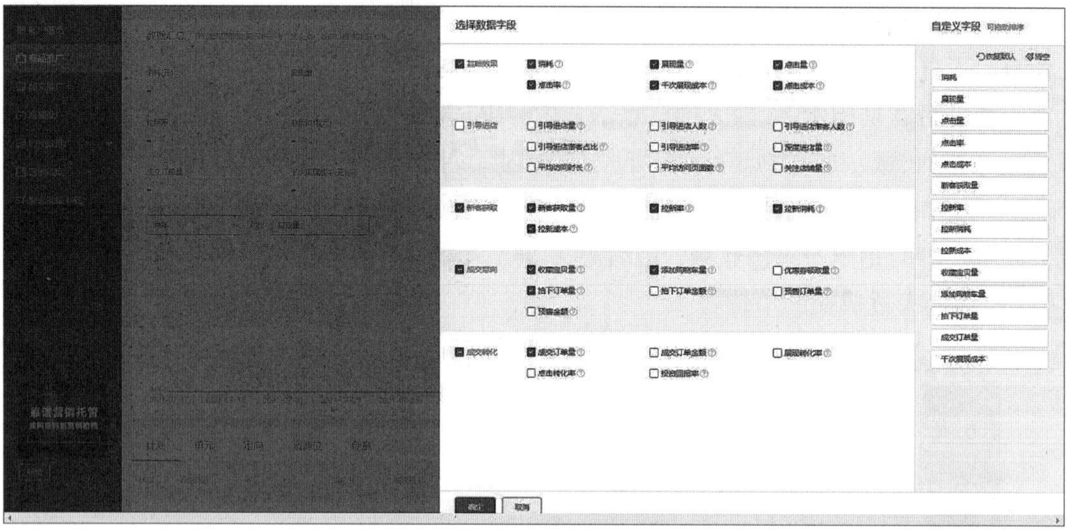


**图 2–129　选择数据字段**

## 四、超级推荐与直通车、超级钻展的区别

超级推荐与超级钻展、直通车的投放链路基本相似，但是还是存在区别：

功能演进上，直通车和超级钻展，后面都会迁移到超级推荐产品中，为商家提供独立的推荐场景管理后台。

定向算法上，超级推荐重新架构了定向形式，定向划分帮助卖家挖掘潜在需求和进行买家的二次触达召回。在人群上采用了独立出价的形式，可以让卖家更自主地选择要投放的人群。

在投放流程上，超级推荐提供了批量推广功能，能够更便捷地进行宝贝的推广投放。

### 同步案例分析

#### 破解私域流量之谜

“悠然自得”是一家主营女装的淘宝店，小悠是这家店铺的运营专员。店铺经过一段时间的运营，有了一批稳定客户，但是小悠发现每次上新，总是很难抓住买家的喜好，导致有的宝贝备货不足，有的宝贝库存太多。小悠通过向同行请教和观察行业优秀店铺，结合当今消费者的习惯，进行了微淘推广。

小悠发布微淘一段时间后，发现通过微淘拉近了与部分消费者的距离，可以让消费者及时看到自己的上新以及产品推荐信息，增加了与消费者沟通的机会。不仅如此，她还通过微淘交流发现了几个志趣相投的买家朋友，店铺的回头客也开始慢慢多起来。

根据以上材料，分析如下问题：

1. 微淘推广有什么优势?

2. 卖家如何进行微淘推广？

## 项目小结

网店引流是指在网上开设店铺，利用网络营销手段来提高店铺的流量。有效的网店引流需要一定的资金投入和时间，让消费者看到店铺，产生购买欲望。本项目从微淘、超级钻展、直通车、淘宝客、淘金币、促销活动和超级推荐等方面介绍了网店引流的相关知识，旨在让学生掌握网店引流的推广技巧。

## 项目实训

1. 登录千牛卖家中心，选择店铺内一款宝贝，为其进行微淘推广——好货种草。
2. 登录千牛卖家中心，为店铺开通超级钻展，预算 1 000 元，为店铺设置推广计划。
3. 登录千牛卖家中心，为店铺开通直通车推广，预算1 000元，为店铺进行标准推广。
4. 登录千牛卖家中心，选择店铺内一款宝贝，进行淘宝客推广。
5. 登录千牛卖家中心，为店铺开通淘金币店铺粉丝运营。
6. 登录千牛卖家中心，为店铺报名天天特卖活动。
7. 登录千牛卖家中心，为店铺开通超级推荐，新建商品推广的推广计划。

# 项目三 新媒体引流推广技巧

## 学习目标

1. 认识信息流的基本概念、特点；
2. 掌握信息推广的策略、应用；
3. 掌握直播推广技巧；
4. 学会短视频推广技巧。

## 素养目标

1. 培养学生遵循法律进行新媒体引流推广；
2. 使学生明确违法发表言论、直播、制作短视频的后果；
3. 培养学生团队合作的精神；
4. 培养学生吃苦耐劳的工匠精神。

## 项目导入

某企业尝试了朋友圈、快手、今日头条（简称头条）、百度共4个平台的信息流。结果显示，头条的效果是最好的，其他3个平台的信息流都没能得到满意的效果。所谓的效果就是在可接受的成本内，能带来线索和客户。在实际推广中，头条信息流的线索成本比百度要低20多元。不过因为百度是访客主动搜索过来咨询的，而头条信息流是主动推送，访客看到了广告后才会留下电话，所以，百度线索的有效率和质量度比头条高很多。百度胜在线索有效率及质量度很高，头条的优势在于获得线索非常多。具体的ROI以及愿意选择哪个平台，各企业可以根据自己的实际情况再做选择。但从获得线索成本来看，头条的线索成本比百度的成本低一些。这是该企业的一个情况，不同企业、不同行业，情况会有不同。

总结：头条信息流是可以做出效果的，品效合一是可以做到的。当然，头条和百度相比，百度的线索精准度要更高。但信息流高曝光是头条的优势，再加上获客成本要低一些，虽然精准度不够高，但头条也不失为一个可供选择的获客渠道。

# 学习任务一　信息流推广

## 一、信息流简介

信息流推广概述

信息流就是通过网络媒体传递给用户内容的渠道和过程，因此，信息流广告就是信息流中插播的广告。随着智能手机的普及和越来越多的优秀 App 涌现，信息流广告特别适合在手机 App 中展现，一来是因为手机屏幕小，信息流广告会显得更加醒目，更容易被用户关注到，二来是智能手机能够获得更多关于用户的属性（地域、兴趣、搜索行为等），方便广告主更精准地定位目标受众。在中国，信息流广告可以说是随着移动互联网发展而兴起的，例如打开微博，可能在第三条微博的位置上，是企业微博的信息，有推广标签的那条微博就是。这种广告是一种内容形式的广告，建立在对用户基础数据的分析上来实现精准推广，也就是说，用户的基础数据量的规模和数据分析很重要，通过数据精准匹配，以此来力求降低广告对用户的打扰，将打扰转换为对用户需求的开发。

目前国内主要信息流广告投放渠道包括：腾讯、微博、陌陌、UC 浏览器、今日头条、网易新闻、澎湃新闻、一点资讯，还有一些其他 App。

信息流的特点如下：

（1）算法推荐：通过大数据描绘多维度用户画像，通过人群标签精准定向理想受众，把合适信息在合适的场景推送给合适的人，如图 3–1 所示。

（2）原生体验：广告与内容融合在一起，用户操作和阅读时无强行植入，实现商业和用户体验的良好平衡。

（3）互动性强：用户可以参与互动（转发、点赞），根据平台的特性可以自发进行广告的多维传播，持续影响潜在受众。

**图 3–1　算法推荐**

## 二、信息流推广简介

信息流推广是指通过信息流渠道把信息流广告精准推荐给用户的过程。信息流推广要在合适的时间、合适的场景把合适的广告推荐给合适的人群。

### （一）基础定向

基础定向是根据人群的性别、年龄、地域等基础信息进行定向的过程，如图 3–2 所示。

**图 3–2　基础定向内容**

### （二）行为定向

行为定向是通过数据分析对用户的行为进行分类筛选的过程。

（1）搜索定向：基于用户搜索的关键词，通过意图标签进行定向，抓取更加精准的访客。搜索定向是最精准的流量。

（2）互动定向：基于用户的社交行为，通过互动点赞、转发、评论等进行定向。互动定向的流量比搜索定向更加宽泛。

（3）回头定向：基于用户浏览行为，通过购买、浏览相关页面或公众号等进行定向。

### （三）兴趣定向

兴趣定向是基于用户兴趣标签进行的更进一步定向，它是信息流投放过程中最重要也是最具信息流特点的方式。平台为访客打上不同的标签，标签汇集成不同的兴趣爱好，兴趣定向将这些信息作为信息流推广选择人群的重要手段。兴趣定向一般分为人群兴趣和核心兴趣两种。

（1）人群兴趣：根据人群画像，按照不同的受众，选择访客适配的多种相关兴趣。

（2）核心兴趣：针对后台兴趣分类，找到最符合自身行业的相同分类。

### （四）实时竞价

实时竞价（Real Time Bidding，RTB）是一种利用第三方技术在数以百万计的网站上针对每一个用户展示行为进行评估以及出价的竞价技术。简单地说，就是把每一个用户每一次的页面浏览以拍卖的形式竞价，实现互联网广告的智能化、精准化、实时性投放。

实时竞价排名机制是看广告展示的预估收益（ECPM），ECPM 值越高，排名越靠前。

不同出价方式：CPM（千人展示成本）即广告被展示 1 000 次所需要的费用；CPC（单次点击成本）即广告被点击一次所需要的费用；CPA（单次行为成本）即按转化量付费；CPV（有效播放成本）即播放达到某值后开始计费；OCPM（目标转化成本）即按展示付费；OCPC（目标转化成本）即按点击付费。

不同出价方式与预估收益（ECPM）的关系如图 3-3 所示。

| 出价方式 | ECPM计算公式 |
|---|---|
| CPM | ECPM=CPM出价 |
| CPC | ECPM=预估点击率×出价×1 000 |
| CPA/CPV/OCPM/OCPC | ECPM=预估点击率×预估转化率×目标转化率出价×1 000 |

**图 3-3　出价方式与预估收益（ECPM）**

信息流推广策略

## 三、信息流推广策略

### （一）信息流推广目标分析

在制定信息流推广策略之前，需要对推广目标进行分析，掌握投放信息流的渠道和竞争环境，对所在的行业、产品、目标人群、财务和运营状况进行深入挖掘。这些分析主要分为以下 3 个方面。

1. 渠道分析

（1）今日头条：今日头条是一款基于数据挖掘的推荐引擎产品，是国内互联网领域成长最快的产品服务之一，更是目前资讯类信息流平台中最大的平台之一。

优点：算法成熟，通过关键词定向，有移动建站很方便，支持 CPA。

缺点：今日头条的推广展现量高，点击量大，但是转化率中低。

投放行业建议：理财、生活、游戏等，可根据导航栏的分类进行投放。

（2）百度：百度信息流可在百度贴吧、百度首页、百度手机浏览器 App 等百度平台的资讯流中穿插展现广告。

优点：有搜索基础，通过关键词定向，能定向投放广告。

缺点：投放操作较为复杂，且流量和成本较为不固定。

投放行业建议：百度搜索引擎占据国内多数用户市场，大部分行业都适合投放。

（3）微博：微博是基于用户属性和社交关系将企业广告精准地传递给粉丝和潜在粉丝的营销产品，可以通过转发分享进行二次传播，从而大幅提高转化率。

优点：用户数量多，具有博文、应用、账户、视频、图文等多种形式，通过移动社交实现原生传播。

缺点：成本偏高，流量不可控。

投放行业建议：生活类产品、地区类产品、游戏等，广告内容要具有特色，提高互动率。

（4）抖音：抖音支持从视频广告点击跳转至广告主设置的落地页，帮助在抖音实现营销推广的目的。

优点：抖音用户数量庞大，易于打造爆款产品，同时，是品牌曝光的极好选择。

缺点：成本偏高，且对素材要求极高，整体人群意向程度低，对行业要求限制也比较高。

投放行业建议：游戏、电商等泛流量产品。

（5）腾讯：腾讯凭借 QQ 和微信两大超级 IP，拥有庞大的流量，可以说基本覆盖全网用户。

优点：社交应用排名第一，覆盖面广，日活高，用户黏性大，适合品牌宣传。

缺点：朋友圈广告素材审核较严，价格太高，且竞争激烈。

投放行业建议：建议投放轻工业或者生活类产品。

（6）知乎：知乎是一个真实的网络问答社区，倾向于年轻化、白领、高收入、高学历用户群体，用户集中在一二线城市，拥有较高的消费能力。

优点：流量质量高，用户购买能力强。

缺点：平台用户较为理性，对广告素材要求较高。

投放行业建议：房产家居、游戏、金融、教育培训、电商、网络服务、旅游等相关行业皆可投放。

2. 产品分析

投放策略的制定，离不开对产品的分析，卖家需要明确产品特点、产品运营手段和流程，以及与竞品的相对优劣势等。深入分析产品可以帮助卖家更好地理解产品定位，提炼产品卖点和应用场景，主要包括以下两点：

（1）自身产品分析：明确产品定位，理解产品属性和特点，明确产品功能、应用场景等。

（2）竞品分析：竞品分析的主要维度有行业及市场、商业模式、产品策略和产品架构4个维度。

3. 人群分析

在分析信息流推广的人群时，必须要关注企业的战略目标，包括两个方面的内容：（1）寻找企业品牌需要的具有共同需求和偏好的消费人群；（2）寻找能帮助企业获得期望达到的销售收入和利益的人群。

后续的投放定向、受众定向、创意撰写、落地页设计等，都需要根据目标人群的需求去制定。因此，前期做好人群分析，后期才能取得良好的推广效果。

### （二）信息流推广定向投放策略

信息流推广定向投放是为了高效地达成客户对投放成本和量级的目标，所以制定的投放策略，应该是贯穿整个投放周期的一个综合性的投放方案的集合，包含各个维度的具体方案和措施。把定向投放策略的制定总结为以下3C理论。

（1）核心用户（Customer）：精准的定向投放能够降低成本，提高转化率。在制定投放策略时首先要找到核心用户。可以出较低的价格不定向投放给所有用户，投放结束后通过报表分析找到点击的核心用户群，通过几次的投放数据对比，定位需要投放的核心用户。

（2）投放成本（Cost）：信息流广告主要有原生信息流、开屏广告、文章详情页三种形式，广告投放计费方式主要有CPC、CPM、CPT三种。

（3）核心主题（Core）：负责人需要设计几套主题素材风格，投放给相同的用户，试用同样的出价，查看线上的效果。点击率较高的素材可初步判定为用户较感兴趣的素材。

### （三）信息流推广人群定向策略

信息流主动推送机制是在用户意图不明确的情况下主动推送，所以在时间及精度等方面的要求更高。如果想实现精准推广，就需要负责人为产品描绘清晰的用户画像，这样一方面可以帮助推广人员进行定向推广，另一方面也可以更有针对性地优化账户。在百度信息流推广中，兴趣定向是根据用户浏览行为而打的标签，意图词是根据用户的搜索行为打的标签，二者覆盖受众范围的大小和精准度不同。兴趣定向是相对模糊的浏览行为标签，意图词是较为精准的搜索行为标签，这就解释了兴趣定向成本比意图词高的原因。

信息流推广计划的运作流程如图 3-4 所示。用户在平台上的搜索、浏览、收藏、购买等行为会被记录下来，形成用户日志。通过对用户日志的分析和挖掘可以得到用户画像，包括用户基本属性、兴趣偏好、行为标签等，并生成用户标签。受众定向是信息流推广计划与用户匹配的过程，为每个信息流推广计划找到适合的受众群体。信息流推广计划投放后，需要统计定向效果，包括定向精准程度和覆盖率。

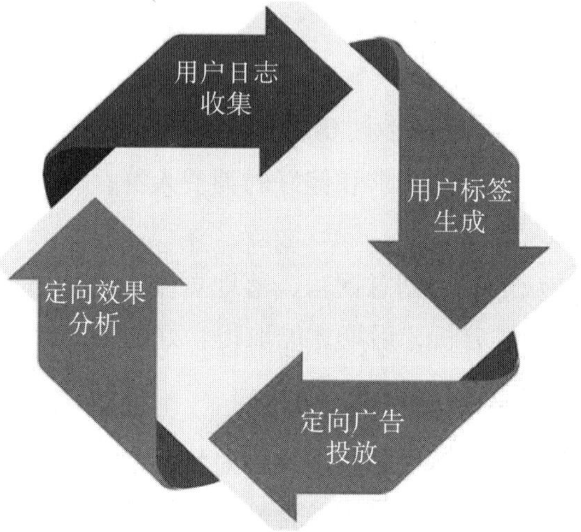


**图 3-4　信息流推广计划的运作流程**

### （四）信息流推广创意策略

1. 回归创意

创意的本质就是用意想不到的方式解决问题，创意越强，威力就越大。消费者最关注那些能直观感受到的东西——产品、服务，或是一次营销事件，是否能为他们解决问题。

2. 深挖卖点

在撰写信息流文案时，需要对产品服务卖点进行深度剖析。对产品的足够了解是创意有效输出的前提；对产品进行全面的分析，掌握其特点及卖点，是文案输出创意的基本要求。

3. 巧用关键词

巧用关键词撰写创意，可以使创意更能契合目标消费者的搜索需求，能有效激发目标消费者的关注和兴趣。

4. 尽可能包含价格和促销信息

消费者从创意中了解的产品关键信息，能够提升其消费的可能性。经过调研发现，产品价格和促销信息更容易吸引消费者的关注，尤其是以数字形式出现的优惠幅度、折扣额等，例如：中秋 6 折优惠、国庆报名 3 重惊喜……

5. 使用富有号召性的词汇

号召性词汇很容易抓住消费者的眼球，并激发其采取行动，包括："申请""注册""报名""咨询""拨打"等带有行动色彩的动词，"立即""马上""现在"等营造紧迫感的时间副词。

6. 尝试用不同句式撰写创意

陈述句，平淡且常用；感叹句，语气强烈，富有感召力；疑问句，引起消费者的好奇心……不同的句式，带来的效果不同，不建议使用一成不变的句式，应根据推广实际情况进行灵活调整。

7. 样式创意

不同信息流渠道除了风格、调性等不同，其信息流广告展现样式也不同。因此，创意的设计也要符合该渠道该类样式的特点。主要的展现样式有："文字 + 小图""文字 + 大图""文字 + 组图""文字 + 视频"。统计发现，大部分行业广告点击率中，大图点击率高于组图，组图点击率略高于小图，三者的展现样式如图 3–5 所示。

组图　　小图　　大图

**图 3–5　广告展现样式**

### （五）信息流推广落地页策略

落地页也称着陆页，是指访问者在其他地方看到发出的某个具有明确主题的特定营销活动，点击后被链接到目标网站上的第一个页面。落地页能否发挥其作用，主要受用户转化率驱动模型的影响，而且还会受到用户动机、视觉交互、内容文案、激励、体验障碍多重因素的影响。信息流推广落地页策略如图 3-6 所示。为了实现落地页的高转化，必须提前对落地页的目标进行深入分析，确定好战略方向后，再进行制作和优化。

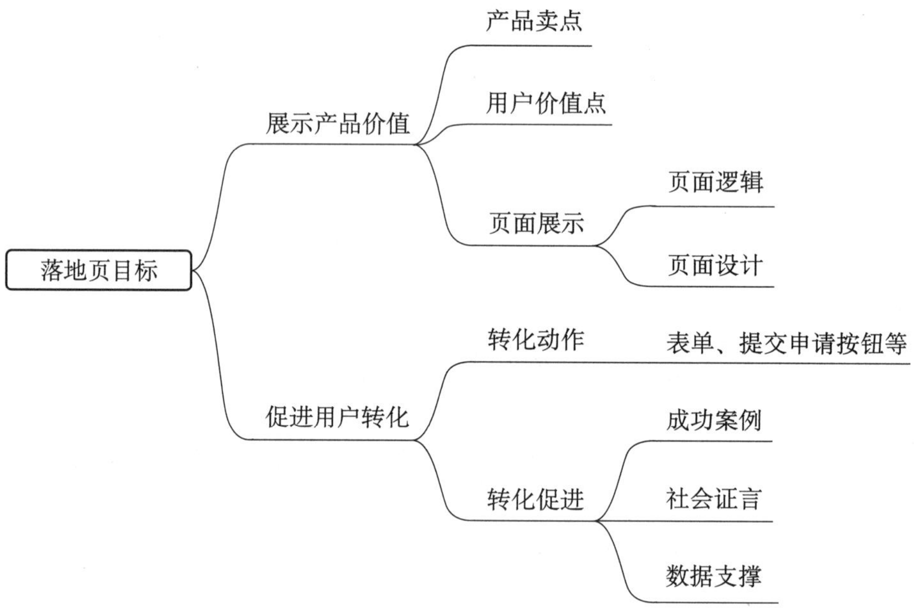


**图 3-6　信息流推广落地页策略**

## 四、信息流推广与SEM推广的对比

信息流推广是通过对用户的分析判断，用好的创意来博眼球，让用户在目标点中关注到不一样的推广，具有主动性。例如消费者在浏览网页的时候，系统通过分析对比觉得这个消费者可能是潜在用户，就将相应的推广推送到他眼前，吸引他的关注。信息流推广要激发目标用户的潜在需求，让他们产生仔细了解产品的耐心和愿望，那么下一步，才能完成进一步转化。

跟信息流推广不一样的是，SEM 推广是用搜索排名来博眼球，需要的是买排名，而不是做创意；用户是主动搜索而非被动接受。SEM 推广如果投放得好，用户会非常精准，并且有明确的购买意向。

两者的相似点，就是无论在任何平台，以任何形式投放广告，目标都是拿下用户的信任。好的推广创意不需要夸大其词，只需用简短的言语总结出与众不同的优势，真实而具有吸引力，就可以达到良好的效果。

# 学习任务二　直播推广

## 一、认识电商直播

认识电商直播

### （一）电商直播行业发展

“电商 + 直播”模式为一种新的推销手段，直播为工具，电商为基础。直播的发展过程如图 3–7 所示。据统计，2021 年中国在线直播用户规模达 6.35 亿人。电商直播通过直播为电商带来流量，从而达到为电商销售的目的。电商直播的发展过程如图 3–8 所示。

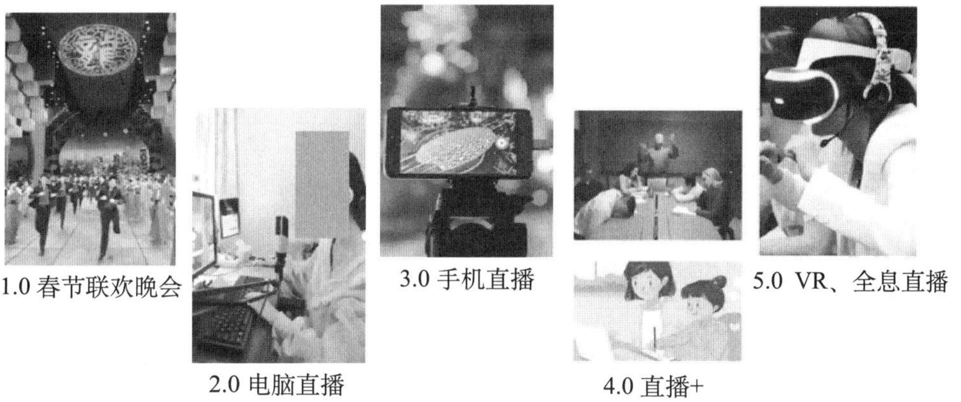


**图 3–7　电商直播的发展过程**

一场突如其来的疫情，彻底“引爆了”直播卖货，为电商直播发展按下加速键。2020 年春节期间，受疫情影响，网民对移动互联网依赖加大，互联网的使用时长比日常增加 21.5%。2020 年 2 月，超 100 万人来开淘宝店，新开直播的商家环比劲增 719%，淘宝直播商家成交金额同比翻倍，平均每周订单量环比增长超 20%。2020 年“3・8”妇女节期间，淘宝直播带动的销量同比大涨 264%，最高的一天带动成交量增长了 650%。这体现出电商直播以下三个特点：

（1）用户激增——收割大量被迫体验直播的新用户并迅速普及用户习惯教育。

（2）边界扩张——高度依赖线下场景的行业自救，促进直播场景与内容的拓宽拓深。

（3）工具升级——直播工具不断迭代完善，降低进入门槛，加速进场入轨。

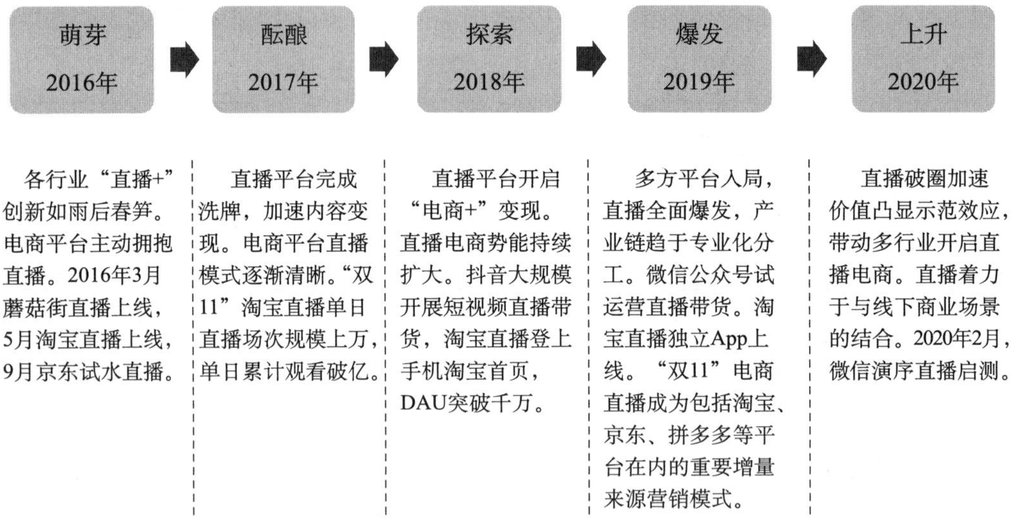


**图 3–8　电商直播的发展历史**

艾媒咨询曾发布 2021 年第一季度中国在线直播行业研究报告。报告显示，2020 年中国在线直播用户规模达到 5.87 亿人，预计在 2021 年和 2022 年将分别涨至 6.35 亿人和 6.60 亿人。此外，2020 年中国电商直播市场规模为 9 610 亿元，2021 年有望突破 12 000 亿元。

电商直播带来的红利，让绝大多数拥有流量优势的电商、短视频、直播等平台都蠢蠢欲动，越来越多的平台开始涉足电商直播，行业竞争激烈，如图 3–9 所示。

**图 3–9　直播平台**

## （二）主流电商直播平台

主流电商直播平台的情况，如表 3–1 所示。

**表3–1　主流电商直播平台分析图**

| 平台 | 平台属性 | 流量来源 | 商品属性 | 带货模式 |
|---|---|---|---|---|
| 淘宝直播 | 电商 | 公域流量 | 淘宝体系内全品类 | 商家自播、明星直播、达人直播模式兼具 |

续表

| 平台 | 平台属性 | 流量来源 | 商品属性 | 带货模式 |
|---|---|---|---|---|
| 京东直播 | 电商 | 公域流量 | 京东电商全品类 | 主播提供专业内容＋品质供应链 |
| 多多直播 | 社交＋电商 | 私域或公域投放的广告 | 百元以上的中高端产品为主 | 定位更偏向于工具，以店铺直播为核心 |
| 抖音直播 | 社交＋内容 | 偏公域 | 美妆＋服装百货 | 短视频＋直播带货“种草”转化 |
| 快手直播 | 社交＋内容 | 偏公域 | 百元内低价商品为主 | 达人直播、打榜、连麦等 |
| bilibili 直播 | 内容社区 | 公域＋私域 | 内容电商＋直播带货 | 以视频“种草”为主 |
| 小红书直播 | “种草”基地 | 公域＋私域 | 美妆类为主 | 直播＋笔记 |
| 微博直播 | 社交＋内容 | 偏公域 | 服装、生活用品、鞋帽配饰等非标品类为主 | 话题人物＋直播＋名人背书 |
| 腾讯直播 | 社交＋内容 | 私域流量 | 服装、美食、数码等有线下店铺的商品 | 公众号＋小程序＋直播 |

不同电商直播平台特点区隔明显，直播带货各有特色，如图 3-10 所示。

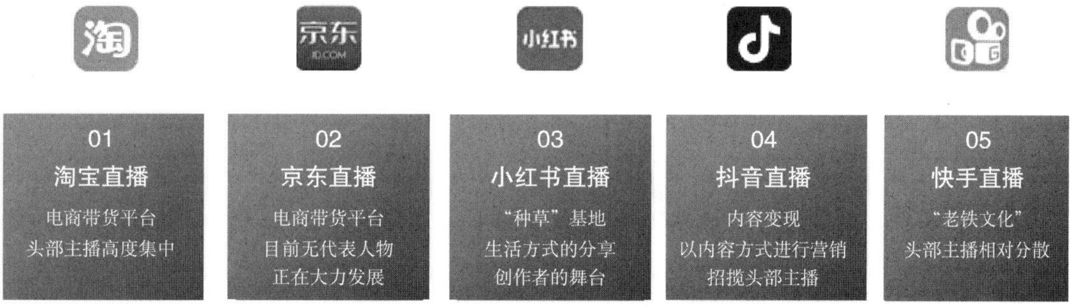


**图 3-10　不同电商直播平台特点**

## （三）电商直播的“人、货、场”

1. 人

人是直播间的核心。人包括主播和粉丝，不仅仅指主播。一个直播间的调性，基本都是由主播决定的。或是“高冷”范，或是幽默范，或是专柜的感觉，或是大卖场的感觉，这些大概率都是由主播决定的。主播成长的过程就是吸粉的过程。路人来了，留下了，不论是转粉还是购买，都是因为喜欢这个主播或是喜欢某件产品。主播和产品圈住了一部分人群，成为粉丝。主播就像是直播间一只看得见的手，引导粉丝停留、关注和购买。粉丝就像是直播间一只看不见的手，反过来影响主播的产品定位和调性。

2. 货

货就好比是主播的工具，非常重要。电商直播之所以能够受广大消费者欢迎，绝不只是在“人”和“场”上面的突破，还有“货”上的变化。电商直播把互联网里“人找货”和“货找人”的模式变成了“人与人”之间的行为。货可以称为直播间的中枢，联系着商家、主播和粉丝，关联了直播间所有的角色。

3. 场

对于一直在直播间直播的主播来说，他们或许会把场景理解为镜头、灯光、音效、背景等。但这个场也是流量场，直播平台在激烈竞争中，风格各异，各显神通，所以这些场也在分散化、区域化、个性化，未来将更凸显长期动态不平衡、不稳定的状态。如果没有正确了解这些场的人群及变化，所有的方法论都是徒劳。

### （四）不同阶段的主播对“人、货、场”的把控标准

（1）新主播选择“场、货、人”。很多新主播会选择在批发市场里直播或者清仓秒杀，这些线下的场地可以拿到很便宜的货，因为对这批新主播来说，重点是“场、货、人”，人设不重要。

（2）腰部主播选择“货、人、场”。这个阶段的主播往往通过一批好货就能立住脚跟，但如果货品不行，人气就又掉下去了。他们对货品的依赖特别重，粉丝的黏性也不是很强。其实腰部主播想做成头部主播，需要在保持销量相对稳定后，通过人设突围。

（3）头部主播选择“人、场、货”。头部主播的人设摆在那里，基本什么产品都能迅速卖掉。

## 二、淘宝主播账号开通与设置

直播的准备工作

第一步：手机下载软件淘宝主播 App 和淘宝直播 App，如图 3–11、图 3–12 所示。

第二步：账号注册。打开淘宝主播 App 注册账号，注意主播账号是以实名制的手机号码注册的（见图 3–13），一定要与自己的淘宝手机号相同。宝贝上架输入手机号码后会出现授权页面，根据显示逐个允许开通拍摄照片权限 / 录制视频权限、定位权限等。

主播直播用

**图 3–11　淘宝主播 App**

看直播回放用

**图 3–12　淘宝直播 App**

第三步：入驻淘宝主播。打开淘宝主播 App，在首页点击“我的直播”进入主播入驻口（见图 3–14），然后会出现认证页面，点击“去认证”，通过人脸识别之后，点击“开始认证”。注意：不用点击“直播开店”，不用点击“同意协议”。

图 3–13　淘宝主播注册

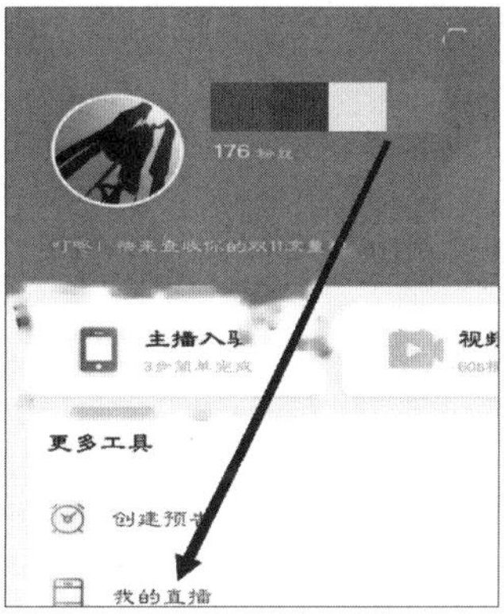


图 3–14　主播入驻

第四步：证件认证。通过人脸识别后会出现上传身份证照片的页面，点击“立即拍照”，在虚线框内拍摄清晰的身份证正反面上传，如图 3–15 所示。经过全部流程，主播账号注册完毕。

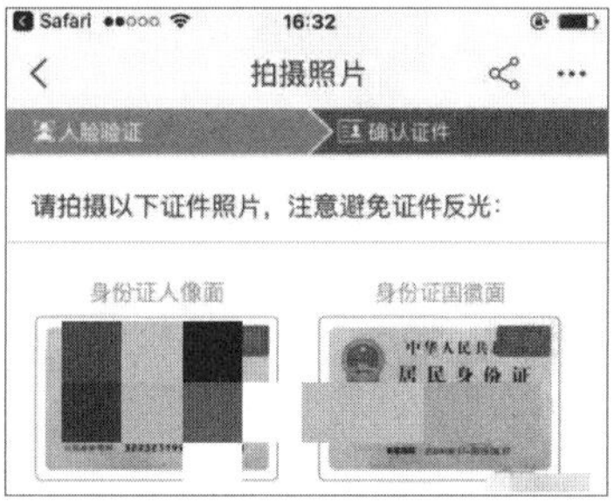


图 3–15　身份验证

第五步：主播信息修改。登入阿里 · 创作平台网页，输入刚才注册的账户名称和密码，点击“登录”。进入平台后，点击左边的“账号”—“账号设置”，如图 3–16 所示。进入账号设置页面后，右边会出现账号信息的页面，点击“账号名称”对应右边的“修改”，把自己想好的主播名称打上去，再点击“确认”，如图 3–17 所示。主播的名称修改好后，可以修改主播的头像，点击“账号头像”对应右边的“修改”，把清晰的图片上传上去，点击“确认”。注意：达人主播尽量不要修改名称，利于粉丝查找。

图 3–16　“账号”—“账号设置”

图 3–17　主播名称修改

## 三、直播间的硬件打造

### （一）新人直播设备推荐

新人直播推荐以下两组设备。

（1）标准组合：手机、支架、音乐播放设备、补光灯、有线耳机。

（2）升级组合：手机、支架、音乐播放设备、补光灯、麦克风、声卡。

### （二）直播间装修具体要求

直播间装修具体要求如表 3–2 所示。

表3–2　直播间装修具体要求

| | |
|---|---|
| 场地 | 远离马路、学校、广场等噪声区，或者使用隔音设施<br>门店专业直播间办公室、仓库、会议室、展示厅<br>前区、中区、后区三个地方综合考虑 |
| 场地预算 | 300～1 000 元 / 平方米 |
| 背景 | 浅色或纯色＋logo<br>避开过多冷调色、不花哨、不用白墙<br>陈列区：商品陈列<br>直播区：主播出现在屏幕中心 |
| 直播间网络 | 分别布线 |

## 四、直播的脚本设置

### （一）直播脚本的含义

直播脚本是使用特定的描述性语言，依据规定的格式编写的可执行文件。而电商直播脚本，是一项卖货的计划和规划，主播和相关人员可按照这个内容来进行直播。直播脚本的设计需要结合粉丝需求来设计。

### （二）直播脚本的重要性

如果没有直播脚本，可能出现以下问题：

（1）直播节奏被粉丝带着走（粉丝问个问题或多个问题就忘记自己的直播环节了）；

（2）主播不知如何讲解商品（没有直播脚本，产品讲解就会很单一，简短几句就没了，没有吸引力）；

（3）直播时间控制不好（单场直播几个单品、每个单品大概需要多长时间，都要提前设计好，就不会出现产品说完直播时间还没结束，也不会产品没说完直播时间就结束了）；

（4）直播无重点（突出不了单场的主题，也不能突出单品的卖点）；

（5）直播脱离单场主题（每场直播都是有主题的，如果没做直播脚本就会没有主题或容易跑题，这样就带领不了观众，更不用说引导消费了）；

（6）直播总是有突发情况（例如突然粉丝问的问题自己回答不了，要想遇见突发状况都不慌张，直播脚本里就得推测可能会出现的问题）。

### （三）直播脚本常见的格式

1. 整场脚本：针对一场直播从开始到结束

（1）确定整场的直播主题：比如是美妆，就可以教新手化妆流程，可以根据化妆流程一一介绍产品。

（2）把控正常直播节奏：开播暖场—介绍主推产品—介绍产品—互动—介绍活动等。

（3）确定直播产品数量。

（4）确定客户福利及活动玩法。

（5）提前预想可能会有的突发情况。

2. 单品脚本：针对单个宝贝

（1）提取属性：确定清晰的卖点主线，围绕主线搜集资料和数据，说话有层次、有结构。

（2）产生优势：一一讲述品牌优势、用户优势、数据优势。

（3）衍生优势：着重讲述比较有流量的用户优势。

（4）具体案例：联合场景说案例，展示实验。

## 五、淘宝直播的注意事项

### （一）直播预告创建要求

1 天可以发 10 个预告（提前一天发预告，每天下午 4 点前发第二天的预告，预告有审核时间，会正常给匹配流量，超过下午 4 点发预告会有影响）。

点击“创建预告”，进入创建预告页面。直播封面图有 2 张：1 张图片比例为 1∶1，1 张图片比例为 16∶9，两张图片都必须上传。平台要求图片不能出现文字，不能使用拼接图，不能过于花哨，不能出现贴纸贴图元素，不能出现边框，不能有明显 logo，图片有显著肖像权的要出示授权（如明星、知名人士）。直播预告片可放可不放，时常 20 秒以内，2 兆以内，16∶9 横屏拍摄，不能有文字和水印。直播预告创建的相关页面如图 3–18 所示。

图 3–18　直播预告创建

### （二）主流封面图内容要求

使用“纯色（不要白色）背景 + 人物”组图，或“纯色（不要白色）背景 + 人物 + 手持产品”组图，或高清产品摆拍图，或超级仿妆人物图，展示炫酷特色技能摆拍，吸引点击的小卖点。

### （三）直播时间要求

选择确定好的直播时间；设定好的预告时间不能拖延，超过预告时间会自动消没；如果实在无法按时直播，逾期的预告可以删除，每月删除预告不能超过 3 次；尽量提早 5～10 分钟进入直播间；新人开播时间尽量避开热门时段，选择头部主播少的时间段；直播时间尽量固定，不要随意更改；新人直播保持在 3 个小时以上可增加权重，有时间的话尽量 6 个小时以上，1 天 1 场算单次，1 天 2 场算 2 次；直播空镜不能超过 15 分钟。

### （四）直播标题要求

标题足够吸引眼球，建议在 10 字以内，标题禁忌词汇：最高级、全网、全国、全世界、抄底、国家、顶级、第一品牌、绝无仅有、万能、销售冠军、独家、首选、绝对、唯一、巅峰等。

采用增加权重的标题技巧，但不要放利益折扣信息；切入顾客消费场景；文字简洁不要啰唆；突出痛点；抓住顾客消费心理。

### （五）内容要求

字数要求 140 字以内，包括标点符号，禁止出现违禁词。

具体内容：预告本场直播主题、福利活动、奖品福利、开播时间，介绍主播、品牌、福利、内容框架。对标题进一步解释，契合主题内容。

### （六）频道栏目要求

根据宝贝类型选择频道栏目。

注意：经常更换栏目会影响流量权重，不同栏目有不同的活动期，活动期会有更多的流量扶持，稳定栏目可以快速标签化。

### （七）直播地点要求

不要先开定位，可以选择在公司；打开定位会自动识别；定位不增加权重，但后期如果有同城就会有流量影响。

### （八）添加宝贝要求

添加宝贝可从购物车里选择，从“收藏”和“我的足迹”也是可以的，如图 3–19 所示；添加宝贝的顺序是倒过来的，比如先上传的第一、第二、第三个宝贝在打开直播的购物袋时显示在最下面，所以主推款、热卖款应在后面添加。

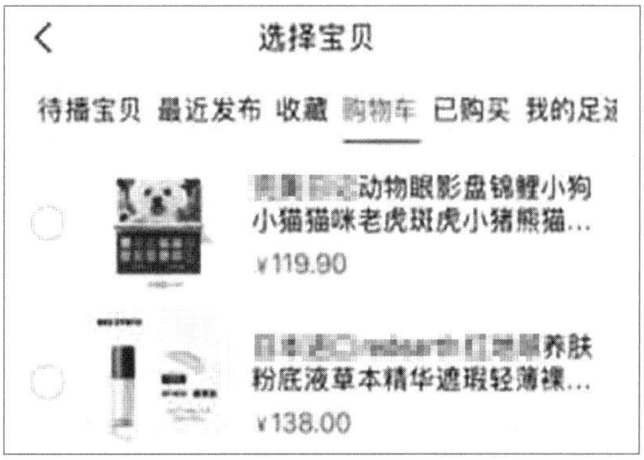


图 3–19　选择宝贝

### （九）其他要求

心态：对自己——要马上进入状态，亢奋激情有活力（直播前可以听快节奏的音乐）；对顾客——不争执，从服务精神出发，有耐心；对产品——对产品要有足够的信心，相信自己试用后的好产品。

仪容：妆容——上全妆，主妆容需紧致柔和，有亲和力；发型——干净舒服，杜绝大油头；着装——简单大方，不能穿着非主流或者个人风格过于突出的服装，颜色以浅色为主。

直播思路：选择好本场播的产品后，必须熟悉产品的价格、优惠活动、属性、卖点；要提前挖掘顾客的痛点和对产品的需求；对整场直播的流程、产品要熟悉；对产品、对自己要有足够的信心。

上播准备：上播前要调试好灯光，确保灯光亮度合适，不会造成阴影；手机直播上播前记得调试好美颜，不要太白也不要磨皮过度。

产品准备：本场上架的产品必须提前放在直播场地触手可及的地方，以免上播后慌乱，影响直播效果。

开始直播：以上全部准备完毕，在设定的预告时间提前 5～10 分钟开始直播；准备好饱满的激情以及对顾客耐心的态度后开始直播。

直播中：根据提前做好的直播脚本推进直播流程。关注手机直播的后台页面，直播中向左滑能看到数据，下播后也能看到数据。关注以下几个数据：观看量、直播间浏览量、最高在线人数、封面图点击率、平均观看时长、新增粉丝数、商品点击次数、引导成交笔数、引导成交金额。

复盘：直播后，再次查看直播数据，关注观看量、点赞量、进店率、转化率、销售金额。

优化：根据数据的复盘结果优化选品、推广话术、脚本、营销活动。

## 六、淘宝直播的流量渠道

主播的进阶技巧

淘宝直播的九大流量渠道为直播关注、推荐、微淘、主播主页、搜索、店铺、宝贝详情、分享回流、平台奖励。这九大渠道的流量来源如下。

（1）直播关注：通过直播关注频道进入直播间。

（2）推荐：包括直播频道、首页猜你喜欢、直播间切换等场景的直播推荐流量。

（3）微淘：通过微淘进入直播间，如图 3–20 所示。

微淘
关注
上新
新品首发
直播
主播在线
福利
粉丝活动
常访问的账号
SleepyBun...
MICOCAH...
热门
最新
damoson旗舰店
27.2万粉丝
进店
男友风dk衬衫，时下大热的学院风
首页
微淘
消息
购物车
我的淘宝

（1）

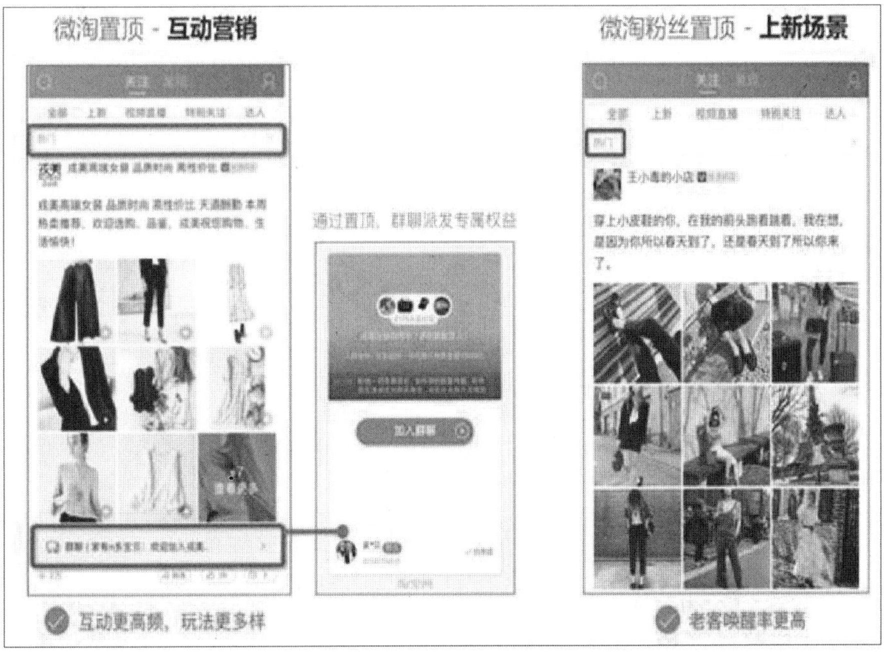
微淘置顶 - 互动营销
微淘粉丝置顶 - 上新场景
通过置顶，群聊派发专属权益
加入群聊
王小毒的小店
穿上小皮鞋的你，在我的前头跑着跳着，我在想，是因为你所以春天到了，还是春天到了所以你来了。
互动更高频，玩法更多样
老客唤醒率更高

（2）

**图 3–20　微淘**

（4）主播主页：通过主播个人主页入口展现进入直播间，如图 3–21 所示。

（5）搜索：通过搜索结果页进入直播间，如图 3–22 所示。

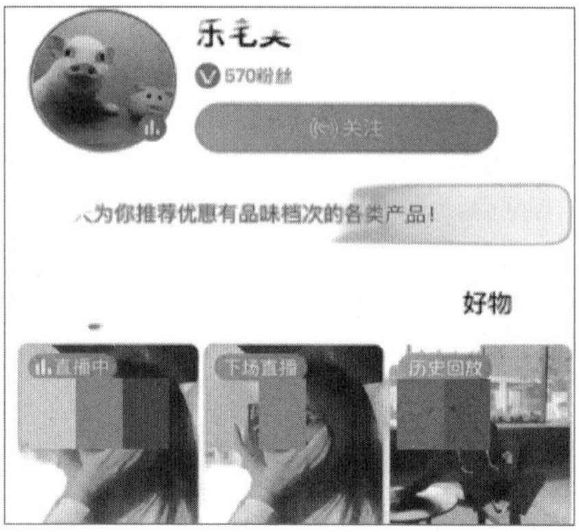


图 3–21　主播个人主页

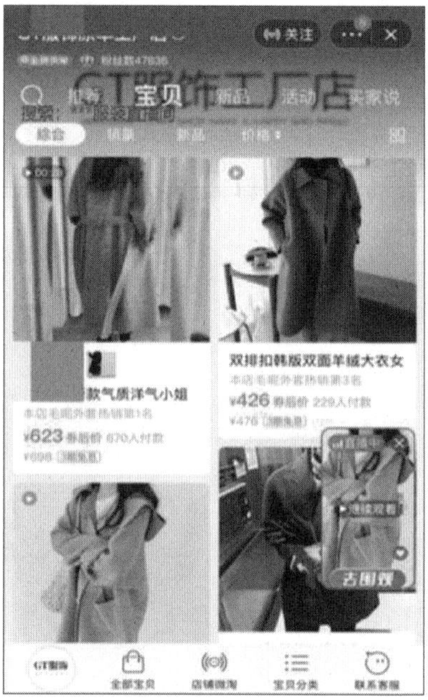


图 3–22　搜索结果

（6）店铺：通过店铺页的直播入口展现进入直播间，如图 3–23 所示。

（7）宝贝详情：通过宝贝详情页的直播入口展现进入直播间，如图 3–24 所示。

图 3–23　店铺页的直播入口

图 3–24　宝贝详情页的直播入口

（8）分享回流：分享页如图 3–25 所示。

（9）平台奖励：这里指由于商业化广告推广、引导淘宝直播 App 下载、新主播激励、潜力主播扶持等策略，平台在自然推荐的基础上，额外激励引导进入直播间的累计次数，如图 3–26 所示。

图 3–25　分享页

图 3–26　额外激励引导进入直播间

## 七、直播产品讲解的环节

产品讲解九大环节如图 3–27 所示，以下具体环节讲解以定妆喷雾产品为例。

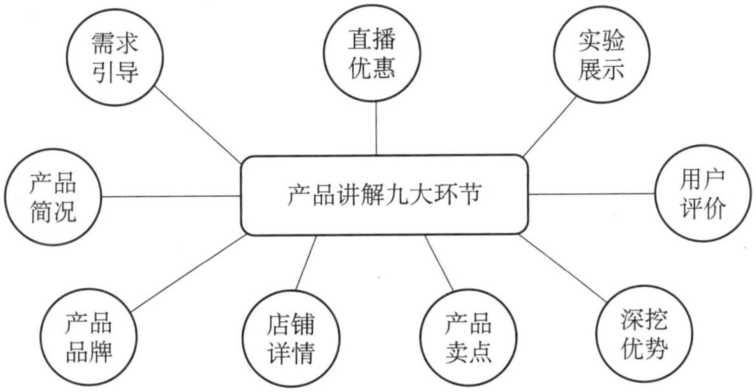


图 3–27　产品讲解九大环节

### （一）环节一：需求引导

（1）主播在推荐一款产品的时候要想一个问题："粉丝为什么要买？"

（2）根据需求引导联想场景：有了这款产品会给粉丝带来哪些好处、便利？或者是怎样的人需要这款产品？话术干净，画面生动。

（3）准备脚本时多上各大网站、平台（抖音、快手、知乎、小红书等）搜索相关资料，找到人群关注点。

对于定妆喷雾："粉丝为什么要买定妆喷雾？"——夏天热，温度高，容易出汗，容易脱妆。到网上找一些脱妆了的尴尬图片供粉丝联想自己脱妆的样子。再问一问粉丝："哪些宝宝有脱妆的困扰，一般妆都能持续多长时间？"强调自己是多么需要定妆喷雾，这时有同类困扰的粉丝就会产生共鸣了。

### （二）环节二：产品简况

（1）主播可以问自己："粉丝为什么买我家产品？"

（2）产品简况包括包装、规格、色彩、成分、触感、产品质量、使用感觉等。

对于定妆喷雾：包装——塑封独立包装；规格——雾面、亮面；色彩——雾面适合油性和混合性肌肤形成雾面妆感，亮面适合干性和中性肌肤形成亮面妆感，想要雾面就选择黑色瓶子的，想要亮面就选择白色瓶子的；成分——水润光泽成膜黑科技，15 秒成膜、12 小时定妆，补水定妆一整天；触感——方便手握，远距离 90 度扇面水雾。

### （三）环节三：产品品牌

（1）关注产品品牌的优势、可信度和品牌形象。

（2）关注使用此产品的客户数据。

以柏瑞美定妆喷雾为例：品牌——柏瑞美；品牌优势——首尔大学分子科学博士亲自研发；品牌可信度——柏瑞美科研室调研 1 000 多位彩妆用户，92.5% 的参与者反馈产品有效；品牌形象——柏瑞美为时装周后台专业级彩妆品牌，全球知名实验室研发，亚洲肤质定制养肤配方，45 项国际专利。

### （四）环节四：店铺详情

这一环节主要针对店铺优势，自己店铺有优势就可说，没有优势就可不说。

如果是新主播，那店铺优势肯定还没有形成，那就把品牌优势放大化——专注化妆品研发近十年，45 项国家专利，10 000 家门店，逐一介绍获得的荣誉奖项。

### （五）环节五：产品卖点

（1）罗列产品卖点，用专业的话描述出来——根据产品详情介绍找出产品卖点，围绕这个卖点去网上搜索相关内容，找同类产品，找出产品的优势并专业地用自己的话描述出来。

（2）卖点加上场景描述——根据卖点结合使用产品时的场景描述，让粉丝适时想象出场景，脑海中产生画面，促动消费。

对于定妆喷雾：卖点 1——持妆时间长；卖点 2——不仅定妆，而且保湿；卖点 3——成膜快，只有成膜的喷雾才叫定妆喷雾，否则都是补水喷雾；卖点 4——方便携带。

### （六）环节六：深挖优势

（1）突出重点优势——再次强调突出产品的卖点，让粉丝印象深刻。

（2）同类产品竞争产生的优势也需要强调。

对于定妆喷雾：突出卖点——持妆时间长，分别比较喷 1 层的保持时间、喷 2 层的保持时间、喷 3 层的保持时间，分别是怎么使用的，在化妆的哪个步骤使用的，都要详细地突出持妆时长；竞品比较——别的品牌（不用强调品牌名）的保持时间是多久，成膜需要等待多长时间，突出我们产品的比较优势。

### （七）环节七：用户评价

展现用户对产品的评价，可以展示图片，也可以展示视频，这样说服力大。保存产品用户评价截图、用户反馈的视频，直播的时候可以用到。

对于定妆喷雾：月销量——月销量超过 15 万；用户评价——“是我喜欢的雾面妆感，高级不浮夸”“在小红书上看好多美妆博主都在推荐这款产品”“挺好的，颜值超级高，适合油性肌肤”“非常好，很喜欢，跟我手一样长，很小巧，方便携带，性价比非常高，用了几天发现持久性也很好”。

### （八）环节八：实验展示

这一环节可以做实验展示。

对于定妆喷雾：可以把容易脱妆的产品涂抹在手臂上，如口红、眼线液、睫毛膏，然后将定妆喷雾喷在画好的手臂上，等成膜后用手指擦它，展现它的不容易被擦掉。

### （九）环节九：直播优惠

（1）主播在最后要介绍价格的时候，要想“粉丝为什么现在就买呢”；

（2）需要给粉丝下单的理由，让粉丝享受直播专属优惠；

（3）强调直播专属优惠限时限量抢完为止，粉丝专属优惠只到今天。

对于定妆喷雾：直播间专属优惠——官网价格 ×× 元，直播间购买可领一张 30 元的优惠券，两瓶只要 ×× 元；限时限量——总共 1 000 瓶，抢完没有，下播后没有，优惠只在直播中。

## 八、新手直播的步骤

### （一）步骤一：开播打招呼

开播先欢迎第一时间进入直播间的粉丝，逐一点名说欢迎和感谢。主播如果有才艺可以有个开场的才艺表演，会让粉丝印象深刻，喜欢这些的粉丝就会每天开场都到。开播先介绍自己，做符合自己人设的自我介绍，尽量不要变更，有助于人设建立，粉丝熟记。开播先做个当场直播的大概产品介绍，让粉丝熟悉今天有哪些产品，需要的粉丝就会在直播间等待。

### （二）步骤二：求关注求点赞

主播每隔一段时间都要重复一次屏幕中关注按钮所在的位置，引导新粉丝关注，也可介绍关注后的粉丝福利有哪些，集点赞数量到达多少就有福利或表演等。口播引导关注点赞不要太过于频繁，直播间人多可15分钟口播一次，人少可30分钟口播一次。

### （三）步骤三：抽奖

主播要设置抽奖环节，抽奖礼品建议为直播中推荐的主推品、爆品或者新品，让更多观众有兴趣积极参与抽奖。不能把奖集中抽完，要把抽奖分布在直播中的各个环节，可以通过点赞数进行抽奖，也可以在公屏打字截图进行抽奖。

### （四）步骤四：回答问题

主播要及时回答粉丝在公屏提出的问题，如果提问多，主播需要把控好节奏，有秩序地回答问题，来不及的可以截图然后逐一回答，因为直播间的观众是经常变动的，对于观众提过很多次的问题，也要有耐心地一遍一遍讲解，因为每一遍听的观众可能都是不一样的。

### （五）步骤五：我问你答

主播在直播间要设置一些问题，让粉丝来回答，但要避免开放式问题，多问封闭式问题，能够让粉丝第一时间就知道怎么回答。

例如：觉得A好看还是B好看；这件衣服想要吗，想要的打1。

### （六）步骤六：引导粉丝分享直播

引导粉丝分享直播，分享直播间享受红包福利等。聊八卦、讲故事，引出大众话题，轻松聊天，严禁聊政治及敏感话题。

### （七）步骤七：预告

预告下一场直播大概内容及福利，吸引粉丝观看下一场直播，可以在公屏上打出下一场直播的时间，有助于看回放的粉丝知道下一场的开播时间，为下一场直播挖掘粉丝需求，制造话题。

## 九、主播的人设打造

### （一）人设的本质

人设本质上是一种满足粉丝需求的行为。粉丝对于主播“人设”的真正期待是返璞归真、找到自我，不断提供有价值信息、好物解决粉丝遇到的问题，从而走出一条更为纯粹的直播带货道路。

### （二）人设的要素

清晰、讨人喜的人设具有以下要素。

（1）名字与众不同且简单易记，让人印象深刻。类目标签名字明显会自带流量，想要高调自动吸睛，可以借助当下最热内容的名字。

（2）主页简介突出个性和价值，看完就有记忆点。主页上的内容最好写一篇有个性的文章，让自己成为有价值、有趣的人，用300～500字写清楚自己的专业、经历、爱好，以及要输出的价值。

（3）作品表现形式要新颖、奇异、特别。

（4）人物风格能够一直持续下去。

（5）人设不需要太完美但是要饱满，太完美的人设会让粉丝产生距离感，显得不真实，一个失误会被无限放大。从自身性格出发，展现自己的某项性格特色，增加粉丝记忆点。注重真实，营造人设时需考虑是否撑得住，虚假的人设很容易崩塌。

### （三）人设定制

我是谁：时尚辣妈 / 刚毕业大学生 / 气质老板娘。

我有什么特点：穿衣打扮很潮 / 年轻有活力 / 知识面广。

辨识度分析：产品讲解的方式可以让你的粉丝产生共鸣吗？

从自身性格出发，展现自己的某项性格特色，增加粉丝记忆点。注重真实，营造人设时需考虑是否撑得住，虚假的人设很容易崩塌。

### （四）个人形象的四要素

容貌不够装扮凑，装扮不够情绪凑，情绪不够故事凑，主播应当懂得如何经营自我形象。个人形象的四要素如图 3–28 所示。

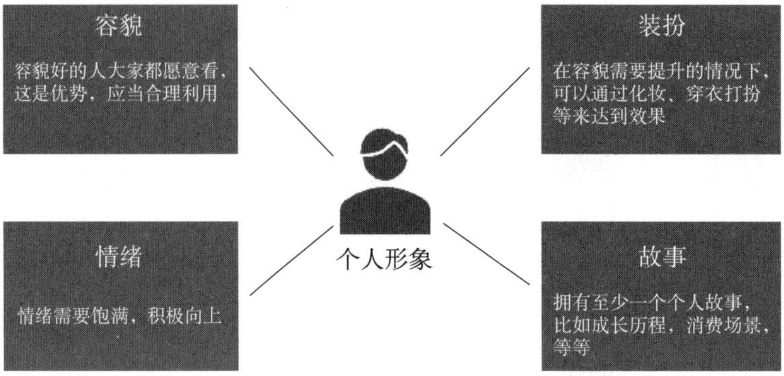


**图 3–28 个人形象的四要素**

## （五）直播环境

直播就是人、货、场一体化的实践，是营销主播个人魅力的过程，是展示商品优秀一面的过程，同时也是展示直播环境的过程，所以直播环境的匹配很重要。

## （六）商品凸显

商品凸显需做到四个匹配，如图 3–29 所示。

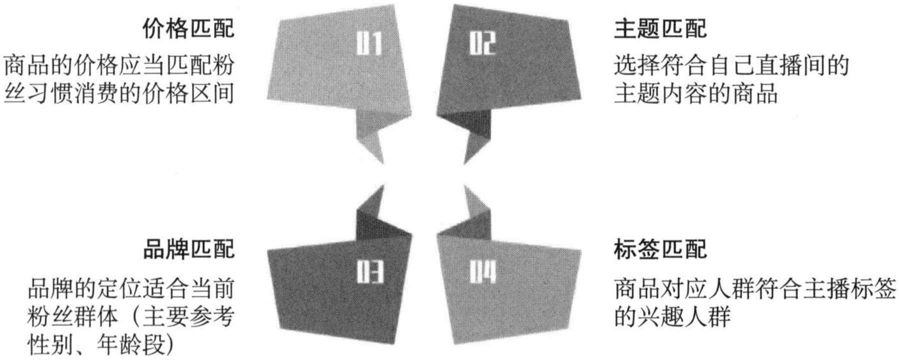


**图 3–29 四个匹配**

## （七）主播层级进阶

主播层级是一个进阶的过程，随着主播知名度的提升，主播形象也逐步面向大众，在这个过程中，做好自我人设的经营显得尤为重要，如图 3–30 所示。

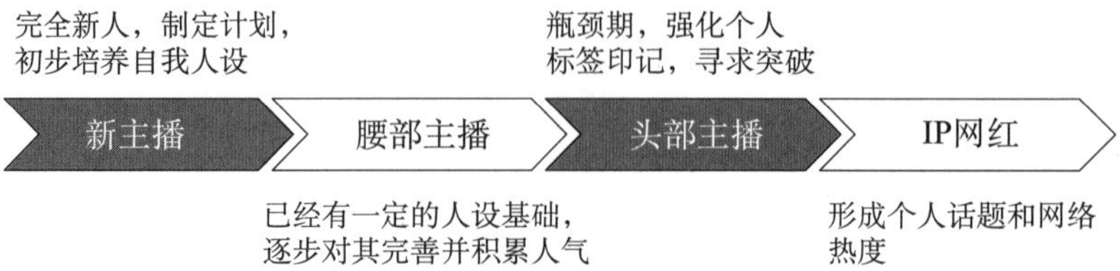


**图 3–30 主播层级进阶**

# 十、直播数据的查看

## （一）直播中控台

主播在直播中或直播结束后，可以在直播中控台中查看流量数据、转粉数据、商品的引导点击数据等。这些数据能够实时反馈直播的情况，也可以在直播结束后帮助主播了解整场直播的效果。

## （二）生意参谋

主播直播结束后，可以在“生意参谋”中查看支付转化、流量的相关数据等，反馈直播的效果，如图 3–31 所示。

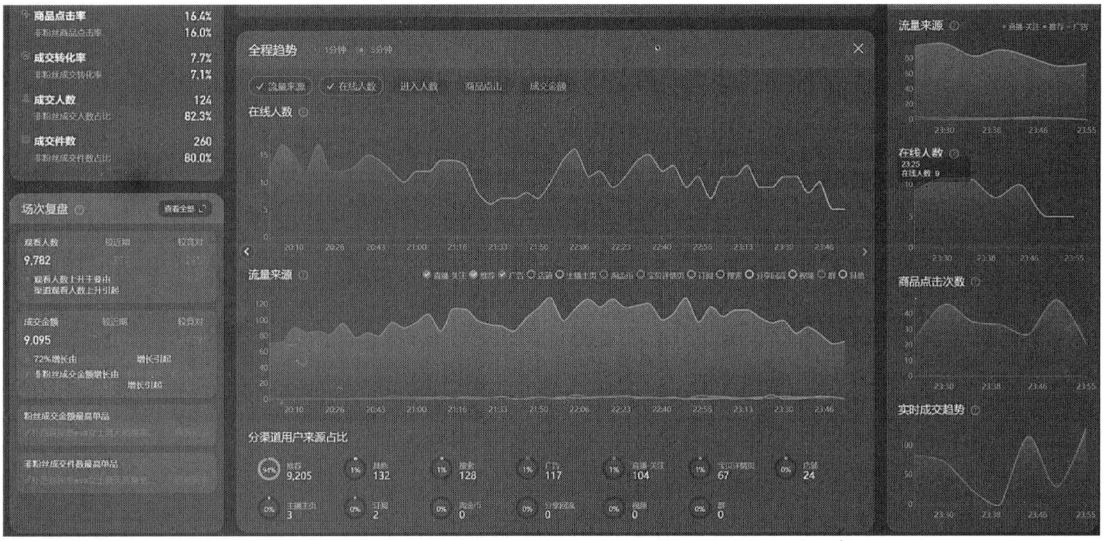


图 3–31　生意参谋

## （三）数据统计

对于直播来说，有一些数据是核心数据。

（1）观看人数：是指一场直播观看（PV）的统计总数，一场直播观看数越高，效果越好。

（2）粉丝回访率（包括粉丝浏览次数）：一般粉丝回访率越高，粉丝黏性越好。

（3）新增粉丝数：展示的是直播的吸粉情况，数值越高越好。

（4）平均在线人数：人数越高，说明直播间越活跃。

（5）商品点击率：反映直播间粉丝对于直播的宝贝的感兴趣程度。

（6）引导进店访客：反映直播间流量（UV）进入店铺的情况。

（7）引导支付金额：反映直播间渠道帮助店铺创造的销售额。

（8）成交转化率：反映直播渠道的支付转化率，数值越高越好。

（9）UV 价值：反映直播渠道的每一个访客的价值，店铺可以依据这个数据，制定收费引流策略。

## 十一、优秀主播具备的条件

如何成为一名优秀主播

### （一）功能承担

主播要承担的功能：品牌展现、情感依赖、售后服务、购物社交、使用指导、产品说明。

### （二）销售价值

销售的价值是什么呢？就是帮客户能做选择。销售，就是帮助有需要的人，尽快做出让他们最放心的选择。所以直播带货的重点也是人与人的信任和交互。

### （三）销售成交

销售成交的关键点如下：

（1）有很多有需要的客户。这些客户都有需求，而且数量很多。

（2）有独特价值的产品。针对客户需求提出有效的解决方案。

（3）客户建立对主播的足够信任。客户对主播的信任也非常重要，如果客户对主播不信任，主播也卖不出去，客户不会买你的。

### （四）关键条件

（1）优质的产品供应链；

（2）优秀的直播间运营；

（3）平台或者机构的扶持。

## 十二、直播团队具备的精神

一个高效发展的团队、一个生命力顽强的团队、一个敢于拼搏的团队，必须具备以下精神。

### （一）和谐精神

和谐是一个团队最基本的精神。一个团队的成员之间要互相尊重、包容、理解。和谐是开心工作的基础。因为和谐，团队成员才走到一起创业，一起工作，一同快乐。和谐保证团队的每一个人身心健康，安心快乐地工作。一个没有和谐精神的团队，每天在争执、吵闹、推诿、扯皮中度过，这样的团队不能安心工作，没有发展前途。

### （二）创新精神

一个团队如果没有创新精神就会消亡。直播行业更需要不断地创新：不断地创新管理，不断地创新策划，不断地创新文案，不断地创新摄像。团队的每一个成员要不断地创新思考。创新就是满足粉丝与消费者的心理，以及他们的精神和物质的需求。创新的文案要使粉丝与消费者愉快、开心。创新的镜头、画面与视频，要使粉丝与消费者获得美的享受。创新的最终目的就是销售，就是获得更大的商业利益。

### （三）协作精神

互相协作，不推诿，不推卸责任，敢于承担责任。直播本身就是不同职业相互合作的事业。如果不进行有效的、无间的合作，那么直播过程就无法进行下去。协作精神要求每一个团队成员各负其责，相互沟通合作。应对和处理每一场直播活动，每一个成员相互默契，精诚合作。

### （四）专业精神

直播团队是不同专业的人组合起来的团队，如果团队每一个人，都不坚守自己的专业，不发展自己的专业，不精于自己的专业，不敬畏自己的专业，这样的团队迟早失败。

### （五）职业精神

职业精神就是职业道德操守，尊重自己的职业，尊重他人的职业，热爱自己的职业，坚守自己的职业道德。不因为自己的权利而谋一己之私。不因自身的权利而侵害团队的利益。不侵害粉丝与消费者的利益。枉顾职业道德精神，会透支粉丝与消费者对自己的信任。

### （六）拼搏精神

一个团队没有坚持、勇猛、拼搏、合作精神，是无法在直播行业生存的。直播行业是一个竞争激烈的行业。一个团队不合作，不进取，不共同努力，会被网络社会淘汰，遭受粉丝与消费者的抛弃。

### （七）危机意识

行业的生成与发展，每时每刻都有危机伴随。每一个直播团队，都是在危机中磨炼成长的。危机会在一个不经意间发生，一个不经意的危机可能会毁掉团队付出的所有努力，毁掉来之不易的成果。团队的每一个成员都必须有危机意识，必须有危机处理的能力。

## 十三、直播的规范准则

### （一）常见违规行为举例

（1）直播间向消费者承诺的赠品、优惠券、减免金额、活动力度与实际履行情况不符；

（2）夸大优惠力度，例如：限量 1 000 件，其实并不止；今天最便宜，其实明天更优惠；

（3）对于保健、美容等商品，夸大功效，甚至虚假宣传；

（4）对于珠宝、饰品类商品，对材质、种类、品项等进行不实宣传，诱导用户购买；

（5）未按约定时间开奖，开奖结果不公开透明；

（6）其他滥发信息、违背承诺等违规行为。

### （二）直播间常见违规案例

直播间所售商品没有明确的商品详情页对商品形状、质量、参数进行准确描述，只有秒杀链接、福袋链接、邮费链接甚至只是价格链接等不能说明商品特性的商品链接在直播间进行售卖（见图 3-32），所售商品和商品链接内容严重不符，这些属于违规行为。

在淘宝直播间或直播印记中不允许展示其他平台链接（主播口播或文字都不允许），所有的交易必须走淘宝商品交易链路，不允许直接转账售卖（见图 3-33），包括手机号码、微信二维码 / 账号、支付宝二维码等途径。

图 3-32　商品链接售卖违规案例

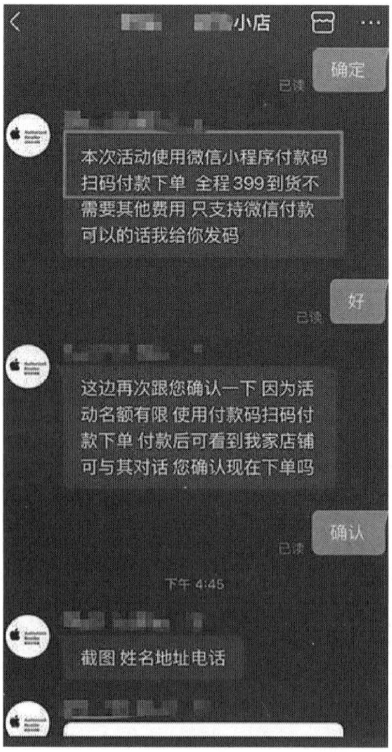


图 3-33　转账售卖违规案例

除特殊类目且按规则打标的商品外，主播或商家在直播间自行声明商品不退不换的行为，或是在直播间商品链接的商品标题（如图 3–34 所示）或详情页标注不退不换（如图 3–35 所示）的行为，是违规的。

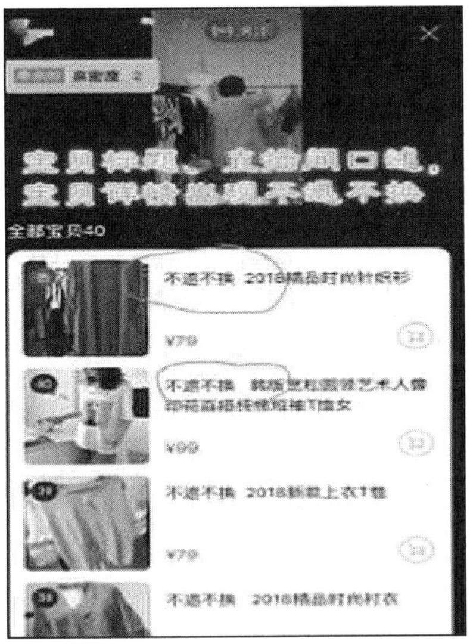


图 3–34　直播间自行声明违规案例

图 3–35　商品详情页违规案例

### （三）直播间不能说的话

（1）严禁讨论与国家主旋律相悖的政治话题；（2）严禁“黄赌毒”；（3）严禁播放国家明令禁止的影音、歌曲；（4）严禁刻意发表低俗涉黄言论，引导场内低俗互动；（5）在淘宝直播间，除了阿里系的其他平台，微信、抖音等竞争平台不能提；（6）不能虚假交易；（7）严禁地域攻击、诋毁或谩骂攻击他人；（8）严禁骚扰、调戏他人；（9）严禁传播给他人造成损害的不实报道。

### （四）直播间不能卖的产品

（1）仿真枪、军警用品、危险武器类；（2）易燃易爆品，有毒化学品、毒品；（3）危害国家安全、破坏政治与社会稳定的有害信息类；（4）色情低俗、催情用品类；（5）涉及人身安全、隐私类；（6）药品、医疗器械类；（7）非法服务、票证类；（8）动植物、动植物器官及动物捕杀工具类；（9）涉及盗取等非法所得及非法用途软件、工具或设备类；（10）未经允许违反国家行政法规或不适合交易的商品；（11）虚拟类；（12）其他类。

### （五）直播间的违规处理

淘宝网针对主播的违规行为先进行纠正，消除不利影响；同时，根据判定结果的情节严重程度，淘宝网可采取如下市场管理或违规处理措施：（1）公示警告；（2）账户权限管控；（3）经营权限管控；（4）违规商品或信息处置；（5）关联影响；（6）其他处理措施。

### （六）严重违规处理

淘宝平台视情节严重程度可采取限制内容展示、拉停直播、删除违规内容、限制内容发布、清退创作者身份等措施。

限制内容展示：指取消图文、短视频的公域展示权利或取消直播内容的浮现权。

拉停直播：指拉停正在进行的直播。

删除违规内容：删除违规的图文、短视频、直播内容，在删除后将不在主页、搜索等结果中展示或引用。

限制内容发布：指限制图文与短视频内容发布。

清退创作者身份：指限制创作者身份，且不允许再入驻阿里·创作平台（不含阿里V任务平台），尚未结算的推广费，均不再向达人进行结算。

# 学习任务三　短视频推广

短视频广告分为单页广告和原生广告两种，单页广告和原生广告主要的区别是：单页广告无短视频账号，不可关注，而原生广告支持关注广告主短视频账号。以下我们就从两方面来介绍短视频推广。

## 一、短视频展现模式

短视频展现模式的主体有表单、微信公众号、卡券、电话拨打、地图、App下载等。这里面比较值得注意的是，广告不能包含医疗、敏感话题、短视频竞品等相关内容，不过审就要先把相关内容去掉或者另找方法（比如商务层面的沟通）。

短视频广告的优势是可以将广告与产品完全融为一体，全屏展示无干扰，广告主信息得以更好地传达，转化率更高。短视频广告有更好的用户体验，它不会强制打断用户的观看进度，如一些长视频网站在影片的头部和中部会添加一分钟左右的广告视频，就会影响用户的观影体验。

## 二、短视频推广计划的核心模块

短视频拥有精准的分发机制，不断地给用户定义标签，使得用户接受的产品信息贴合度更高，实现了千人千面的产品推送效果。短视频推广计划，包括如下几个核心模块：用户定向、出价、投放策略、短视频落地页和短视频制作。

### （一）用户定向

用户定向分为精准定向和泛定向。

（1）精准定向就是根据目标用户的画像对投放的地域、年龄、性别都做出精准的定义，只面向这些精准人群做广告。

（2）泛定向就是放宽限制条件（相关选项的选择不限），通过短视频平台的后台模型抓取适合的素材和产品对用户投放。

如果目标用户是一个受众特别广泛、基数特别大的群体，比如电商、游戏用户，前期还是有必要通过限制定向的方式缩小用户范围，以期更快匹配到适合的目标用户；但是如果是某个垂直领域的产品，本来用户群体就比较小，就可以通过前期泛定向的方式先尽量扩大曝光，快速跑出适合产品的稳定模型，一般一个计划覆盖几千万甚至上亿的用户是合理的，如果少于这个量级可能跑量就会遇到困难。

### （二）出价

关于出价，一般来讲，对于新计划，初期出价要比期望成本高出一点。

具体操作的注意事项：

（1）除了自身出价，要关注竞品或者行业的出价状态。

（2）新计划出价抢量也要注意成本的控制，出价最多也不能超过设定目标价的 140%，不然后面即便量级有了，也可能面临成本超过目标价太多，很难压制下来的窘境。

### （三）投放策略

关于投放策略，通常有均衡投放、优先跑量、优先低成本 3 种策略。

（1）均衡投放：稳健探索，快速度过学习期（通常 3 日以内），尽可能花完预算，累积成本逐渐下降，有一定的超成本风险，超成本风险适中，低于优先跑量；建议头部广告主日常投放、中小广告主放量使用。

（2）优先跑量：激进探索，快速度过学习期（通常 3 日以内），优先计划预算花完（除素材质量过低，定向过窄等原因以外），超预估成本风险较高；建议有放量要求广告主使用。

（3）优先低成本：保守探索，慢速度过学习期（通常 5 日以内），不一定花完预算，累积成本逐渐下降，超预估成本风险低，超成本风险较低，低于均衡投放；建议中小广告主使用。

### （四）短视频落地页

关于落地页，其直达步骤为：信息流广告播放—落地直达卡片弹出—用户点击后进入全屏落地页样式。如今，碎片化阅读的习惯已经使得用户的审美标准更加严苛，其注意力不会长时间锁定在一个页面。软件首页负责引流后，落地页展示产品优势，最终获取用户信息或进行引流。对于落地页的设计要秉持与广告创意相符的原则，以免与用户的期望有所出入，造成兴趣用户流失的情况。那么如何让广告不像广告呢？用户体验是第一位的，信息流广告要像这个平台的“原生内容”，例如短视频广告就要做得像一支爆款视频，广告内容要自然地融入其中。在视频的创作上，应注重情节设置，避免广告植入过于生硬。相较于生硬的广告，用户对信息流广告的抵触心理较小，将注意点更多地放在视频内容上。信息流广告成功的法宝是向用户传递商品的价值，而非广告。在商业植入中，要依靠广告创意，避免引起观众的反感。

### （五）短视频制作

在优化短视频广告方面，视频素材极为重要。想通过一条视频去激发用户的关注度和转化度，就要从产品卖点和视频内容两大方面进行考虑。一条成功的短视频广告，主要就是在视频内容上下功夫，伪装成一条有吸引力的普通视频，让用户在不知不觉中看完一条广告，还能对产品产生超高的记忆点。如何做出好的素材，激发用户提高转化率，抓住用户的痛点，就要了解产品，了解受众目标、客户类型，除此之外也要深入了解产品适合的视频制作风格，以及当下关于产品比较热门的话题。对于短视频广告而言，做好素材是关键，能否获得良好的推送机制和效果，和素材的好坏有很大的关系，那么一个优质的视频需要如何制作？

1. 基础需求

（1）发布竖屏视频。发布竖屏视频是受短视频平台欢迎的，会有一些流量支持。因为横屏视频在手机不旋转屏幕时屏幕上下都是黑色的，用户浏览体验很差，视频完播率低。所以不论是发布实拍视频还是图文视频，一定要做竖屏的。

（2）视频画质要清晰。高清视频有利于优质的流量推荐，低清晰度容易导致视频不被推荐。通常建议的分辨率是 1 080×1 920，同样的视频内容，这个分辨率平台给的流量推荐最多。当然，如果达不到这个分辨率要求，可以退而求其次，但是一定要保证视频和图片的宽高比都是 9∶16，并且视频画面无过度曝光、无过暗或卡顿。

（3）视频的最佳时长为 10～30 秒。具体时长还是得根据自己的内容，最好不要太长，一般视频超过 30 秒，完播率就会大幅度下降。所以视频的最佳时长是在 10～30 秒。这里要注意，视频最短时间不要低于 7 秒，因为对于 7 秒以下的视频，短视频平台会认为不完整或内容欠佳，不给予推荐流量。图文视频建议使用 6 张图片组成视频，更迎合用户的观看体验。

2. 素材质量

良好的视频素材应该要满足以下几点要求：

（1）吸引眼球：短视频信息流广告会标注“广告”字样，并且采用蓝色字体，相对也是比较显眼的，如何第一时间抓住潜在客户的视线，是投放短视频信息流广告时首先需要考虑的问题。

（2）体验好：广告视频内容要有较好的体验，避免让用户失去观看的兴趣，用户只有被投放的短视频吸引，才会有进一步想要了解产品的可能性，因此作为广告载体的视频内容就会显得非常重要。

（3）文案相符：广告素材是抓住用户眼球的，但是产品才是用户实实在在关切的，因此设计的文案，除了要能够吸引用户眼球外，还需要与产品是相符的，这样才不会导致用户产生心理落差，造成用户流失。

3. 素材创意

视频创意是能够在那么多优质的视频中能抓住用户眼球的关键，视频的创意好，用户看到视频之后，才会想进一步了解产品。那么该如何设计视频素材呢？

（1）模仿。模仿的内容可能是别人已经发布的优质的广告素材，可以按照他们的设计思路也制作一个，这样是最快速的制作符合用户兴趣点的视频的方式；当然，也可以模仿短视频平台上已经发布的一些优秀的视频创意，这些优秀的视频创意如果与产品结合起来，是不是也会有这么好的广告效果呢？在模仿方面，可以从这两方面进行着手，这些都是非常容易执行的方法。

（2）自创脚本。可以根据自己对用户痛点的分析，自创优质的脚本文稿，然后按照网上非常流行的场景进行拍摄，可以采取一定量的测试，来确定所拍摄的视频素材是不是好，如果测试效果不错，可以大量投放；如果效果不行，就要思考是不是视频素材有问题，是否需要重新写脚本重新拍摄，还是更改投放条件，以期在特定的场景下，获得更好的广告效果。

（3）封面图。封面图也是在投放短视频广告时需要考究的一个点。短视频封面图可以吸引点击，就是说广告的封面图，是可以帮助提升广告的点击率的，也就是说用户点不点击广告，封面图在一定程度上有很大的决定作用，因此选择好的封面图，十分重要。

（4）文案创意。文案是吸引用户点击的最直观的文字部分，是视频素材封面的一个补充，优质的文案，可以带来更高的点击量，而文案比较糟糕的话，点击效果自然就比较欠佳。如何设计视频文案，与前面提到的视频的制作方式类似，可以通过参考已有的成功的广告视频的文案，也可以去看看平台上那些热门短视频的文案，然后设计符合自己特点的文案，这样可以快速地获得优质的文案。

（5）点赞数量。点赞数量越高的视频素材，能够被用户点击观看的可能性就会越高，因此在投放初期，需要用合适的方法提升视频素材的点赞量，被赞的次数越多，在后期推广中，就越能体现短视频的优势。

（6）评论情况。很多时候评论比内容更有意思，用户在浏览短视频的时候，也会喜欢看评论，评论可以帮助用户拓展想象的空间，特别是一些个性观点特别强的评论，往往可以带来比短视频内容本身更多的点赞。投放短视频广告时，合理地利用评论，其实是可以带来许多意想不到的效果的。如果选择放开评论，评论内容中一定会存在两种观点，一种是批评指责等负面评论，而另外一种是一些使用过产品的正面评论。这些都是很正常的情况，如果全都是负面评论，那说明广告文案确实是有问题的；如果全是正面评论，那用户会认为是托儿，也没办法带来很好的转化效果。因此最好的选择就是做好评论的管理，对于有明显的恶意诋毁行为的评论，可以采取删除处理；对于一般的偏负面的评论，可以继续保留。让正面与负面的评论都存在，这样才显得真实，有真正需求的用户，自然就会点击广告。

## 同步案例分析

### 四大热门行业抖音营销推广案例

抖音平台有诸多成功的营销推广案例，由于这些成功案例，品牌推广纷纷转战抖音广告。在这种情势下，很多正在观望的广告主肯定想知道自己的行业适不适合做抖音广告，接下来一起来看看在抖音投放广告的热门行业。

一、婚纱摄影行业

深入研究抖音用户属性会发现，抖音用户有很多是“90后”，而最早的一批“90后”已经30岁了，到了婚配年龄。通过抖音短视频的形式，可以让很多婚纱摄影效果完美呈现给用户，视觉上的冲击力会刺激潜在用户的消费欲。

另外，婚纱摄影广告主还可以推出亲子摄影、闺蜜摄影之类的连带服务，扩大用户范围，也是极好的宣传方式。

二、教育培训行业

“90后”家长本身就是学历较高的一代人，对于子女的教育更是看重，所以一般有关兴趣培训的广告他们都会了解并关注。有时候对于一些对孩子有教育意义的视频，家长也会选择性保留下来。据悉，这类型的视频点赞量和转发量都比较高。因为在娱乐的同时，又能给用户解决关于教育的问题，用户必然乐意接受。而且短视频传递教育信息更显简单直白、一针见血，很多用户都会主动买单。

三、餐饮行业

通过筛选目标人群能让餐饮店快速获利。成本低、传播快、转化高，作为新兴的短视频平台，抖音在这一点上是占优势的。

四、电商行业

抖音的带货能力是有目共睹的。抖音用户的年龄层、消费能力、审美能力都与电商潜在用户的画像相符，抖音短视频的观感与电商想要给顾客创造的品质感、体验感是一致的。

总而言之，抖音对于广告主而言是很有必要的。此外，除了以上几种比较热门的投放行业外，还有很多其他的合适行业。

根据以上材料，分析如下问题：

1. 抖音短视频推广主要适用于投放哪些行业的广告？

2. 抖音的用户一般以什么年龄段为主？

## 项目小结

新媒体引流推广技巧的重点包括信息流推广的概念、特点，学会信息流推广策略。通过本项目的学习，学生可以了解直播推广的方法与技巧，掌握直播带货的方法；学会短视频制作，并利用短视频引流推广。

## 项目实训

**实训任务一：访客定向**

根据推广效果分析，店铺展示接近 100 万人次时，店铺运营（包括客服、售后、好评度）效果最好，请按以下要求选择合适人群进行推广。

1. 标签必须与产品具有相关性。

2. 目标人群相关度高。

3. 使店铺达到最好运营效果。

**实训任务二：根据背景资料分析，选出合理资源位并出价**

1. 根据店铺推广目标，当预算为 40 000 元时，采用 CPC 出价方式，使预计点击人数不少于 4 100 人。

2. 根据店铺推广目标，当预算为 40 000 元时，采用 CPM 出价方式，使预计展现人数不少于 26 000 人。

**实训任务三：直播与短视频精准引流**

流量不值钱，精准流量才值钱。真正的成交，无需任何多余的沟通。那正确的引流方式是什么？请分直播和短视频两种方式讨论。

模块二

# 网店运营数据分析

# 项目四 网店运营数据分析基础

## 学习目标

1. 了解电子商务数据的含义及分类；
2. 熟悉电子商务数据分析的含义、作用和应用；
3. 熟悉网店运营数据分析的含义、作用及其在不同阶段的目标；
4. 掌握网店运营数据分析的各类指标并学会相关指标的计算方法；
5. 熟悉网店运营数据分析的相关概念与术语；
6. 学会分析店铺流量来源的途径，掌握分析店铺流量数据的组成；
7. 掌握根据店铺流量来源分析网店运营状况；
8. 熟悉监控各渠道转化率、发掘有效媒体的方法。

## 素养目标

1. 树立网店运营的数据意识；
2. 养成数据的安全和保密意识；
3. 培养学生正确对待数据流量的意识。

## 项目导入

电子商务区别于传统零售业的优势之一，就是它可以在系统支持下，全程跟踪和记录买家的行为并将其转化为各种数据。有了这些数据，电子商务运营不再依靠主观判断，而是依据数据分析来做出决策。网店可以通过对买家行为数据的分析，找到商品和买家之间的关系，通过做好产品和活动来吸引买家购买，从而使网店获得更多效益。

# 学习任务一　网店运营数据分析认知

## 一、数据分析

### （一）数据分析的含义

数据分析是指通过建立分析模型对数据进行核对、检查、复算、判断等操作，将数据的现实状态与理想状态进行比较，从而发现规律，得到分析结果的过程。

### （二）数据分析的作用

数据分析最主要的作用是辅助决策。传统企业时期，企业运营决策多依赖于以往的经验总结。随着信息化和电子商务时代的到来，企业在经营过程中积累了大量数据，对这些数据进行分析，能够更精准、更科学地辅助企业发展。

（1）辅助运营决策：数据分析将企业的经营数据处理成便于观察、分析、推断的形式，能帮助企业推导出有价值的信息作为运营决策的依据。

（2）降低运营成本：可以根据数据分析结果，优化业务流程，减少不必要的成本投入，对企业资源进行合理配置。

（3）优化市场竞争力：数据分析能够帮助企业发现其在市场中所处的位置、发展趋势、竞争力情况等，让企业在较短时间内快速对业务、产品等做出合适的调整，有助于其市场竞争力的提升。

## 二、电子商务数据

### （一）电子商务数据的含义

电子商务运营认知

数据是通过科学实验、检验、统计等所获得的，用于科学研究、技术设计、查证、决策等的数值，其表现形式可以是符号、文字、数字、语音、图像、视频等。

电子商务数据是企业进行电子商务活动时产生的行为数据和商业数据。行为数据反映客户行为，如客户访问情况、客户浏览情况等。商务数据反映企业运营状况，如企业产品交易量、企业投资回报率等。

电子商务数据对电子商务企业的运营具有诊断和预测的作用。

## （二）电子商务数据的分类

电子商务数据分为市场数据、运营数据、产品数据三类。

### 1. 市场数据

市场数据包括行业数据和竞争数据两个部分。

（1）行业数据：企业与整个市场发展相关的数据，包括行业总销售额、行业增长率等行业发展数据，需求量变化、品牌偏好等市场需求数据，地域分布、职业等目标客户数据。

（2）竞争数据：能够揭示企业在行业中竞争力情况的数据，包括竞争对手的销售额、客单价等交易数据，活动形式、活动周期等营销活动数据，畅销商品、商品评价等商品运营数据。

### 2. 运营数据

运营数据指企业在运营过程中产生的客户数据、推广数据、销售数据、供应链数据等。

（1）客户数据：客户在购物过程中的行为所产生的数据，如浏览量、收藏量等数据，性别、年龄等客户画像信息。

（2）推广数据：企业在运营过程中推广行为所产生的数据，如各推广渠道的展现、点击、转化等数据。

（3）销售数据：企业在销售过程中产生的数据，如销售额、订单量等交易数据，响应时长、询单转化率等服务数据。

（4）供应链数据：产品在采购、物流、库存过程中产生的数据，如采购数量、采购单价等采购数据，物流时效、库存周转率、残次库存比等仓储数据。

### 3. 产品数据

产品数据指围绕企业产品产生的相关数据，包括行业产品数据和企业产品数据两部分。

（1）行业产品数据：产品在整个行业市场的数据，如行业产品搜索指数、行业产品交易指数等。

（2）企业产品数据：产品在具体企业的数据，如新客点击量、重复购买率等产品获客能力数据，客单件、毛利率等产品盈利能力数据。

## （三）电子商务数据分析的应用

电子商务数据分析通常应用于流量分析、客户分析、产品分析、市场分析等方面。

1. 流量分析

在电子商务中流量通常指电子商务网站或网店的访问量，是用来描述访问一个电子商务网站或网店的用户数量以及用户所浏览的页面数量等的指标，常用的统计指标包括电子商务网站或网店的独立用户数量（一般指 IP）、总用户数量（含重复访问者）、页面浏览数量、每个用户的页面浏览数量、用户在电子商务网站或网店的平均停留时间等。流量是决定一个电子商务网站或网店价值的重要因素。

流量分析主要是对电子商务网站或网店的广告投放及对外营销推广的数据进行分析。主要有三个方面：

（1）分析站内实时流量：企业通过对站内流量进行实时统计、整理、分析，能够随时掌握企业网站日常运营情况，及时发现运营异常并进行调整或处理。

（2）分析站外营销流量：通过对站外营销流量进行分析，企业可以把控不同渠道带来流量的情况，从而优化站外广告的投放策略。

（3）分析其他流量：企业通过借助第三方平台或企业自身平台对其他流量来源进行实时监控，获取数据后展开分析，可以明确引流最多的渠道。

2. 客户分析

客户分析指对电子商务网站或网店的目标受众群体、实际交易客户群体、潜在客户群体等进行分析。通过对客户属性、客户设备属性、客户流量属性、客户行为属性展开分析，可以实现客户的精准运营。

（1）客户属性：客户的年龄、性别、职业、爱好、地域、国家等。

（2）客户设备属性：客户常用设备（PC、手机等）、客户常用平台、客户常用浏览器、客户设备使用习惯（横屏、竖屏）等。

（3）客户流量属性：客户来源页面、客户来源广告、客户来源营销平台、客户来源关键词等。

（4）客户行为属性：客户下载、注册、关注等行为，客户下单、客户活跃情况等。

3. 产品分析

产品分析是对电子商务网站或网店经营的产品相应的指标进行分析，比如对产品的点击量、订单量、成交量、客户使用反馈等进行分析。通过对产品进行分析，能够判断产品的受欢迎程度、受欢迎类型、客户购买情况、产品利润情况等，帮助企业实现产品的升级和优化。

4. 市场分析

市场分析是对电子商务网站或网店所在行业及市场的发展现状、发展趋势等进行分析，比如行业产品销量、行业竞争情况等。结合市场分析的结果，能够帮助企业确定市场定位、产品定位、发展目标等决策性内容。

## 三、网店运营数据分析

电子商务数据化
运营认知

### （一）网店运营数据分析的含义

网店运营数据分析是从网店运营过程及最终的运营成效上来进行数据分析，从中总结运营规律和效果的过程，重点是分析运营过程中相关服务的及时率、有效率，以及不同类型客户对于服务需求的差异。网店运营数据分析的结果可以用来指导运营人员调整和优化运营策略。

### （二）网店运营数据分析的内容

网店运营数据分析主要分为客户数据分析、推广数据分析、销售数据分析、供应链数据分析等方面。

（1）客户数据分析就是根据客户数据来分析客户特征、评估客户价值，从而为客户制定相应的营销策略与资源配置计划。通过合理、系统的客户分析，可以知道不同的客户有着什么样不同的需求，分析客户消费特征与经济效益的关系，使运营策略得到最优的规划；更为重要的是可以发现潜在客户，从而进一步扩大商业规模，使企业得到快速的发展。

（2）推广数据分析是对企业推广过程中产生的数据进行分析，包括对各推广渠道的展现、点击、转化以及其他相关推广数据进行分析。

（3）销售数据分析是指从交易数据（如销售额、订单量等）、服务数据（如响应时长、订单转化率等）两个方面对网店运营过程和情况进行分析，总结出销售的规律，找出不足之处，进而制定相应的合理的销售策略，创造更好的销售业绩。

（4）供应链数据分析使得企业能够了解产品供应整个环节的情况和存在的问题，便于指导企业对供应链进行及时优化。

### （三）网店运营数据分析的作用

数据分析在网店运营中具有非常重要的作用。通过数据分析，可以帮助店铺选款、预测库存周期、预测未来风险；可以合理规划店铺装修板块和样式；可以诊断店铺运营状况，帮助运营“不健康”的店铺找出“病源”并“对症下药”；可以通过客户购买的物品、单价、花费、活跃时间、客服聊天反馈等分析客户行为特性；可以通过对现有资源合理分析，制定最大化销售计划以促进销量增长……具体可归纳为以下 3 点。

1. 为店铺制定经营决策提供支持

借助数据分析，可以把淹没在大量运营数据中的有用信息，集中、萃取和提炼出来，帮助经营者发现问题、分析问题，找出店铺运营的内在规律，并提供店铺决策支持。例如：某店铺通过解析和挖掘内在的数据，与行业的数据做对比，发现其余环节都略高于行业均值，只有客单价部分是短板，那么应该建议店铺增加同类产品推荐以及搭配套餐等，同时多做一些店铺活动提高客单价。

2. 协助网店诊断运营问题

网店在运营过程中会存在各种不同的问题，网店经营者应懂得一些常见问题诊断的基本技巧，及时找出网店存在的问题，并有针对性地给出解决方案。例如：当发现店铺商品定价过高或过低时，可以根据行业的平均价格以及自身的成本情况确定合理价格，让店铺的新老客户不致流失，谋得更好的发展。

3. 监控销售效果

借助电子商务平台提供的网店运营数据分析工具，跟踪监控和评估推广效果的相关数据，及时提出整改意见，或指导网店的日常维护更新，如商品上下架，商品添加、编辑和修改等。

### （四）网店运营数据分析在不同阶段的目标

网店的发展过程一般可以分为四个阶段：初创期、成长期、成熟期、稳定期。网店运营数据分析在网店发展的不同阶段的目标不同。

（1）初创期：分析网店各类潜在客户的不同需求。

（2）成长期：分析相关市场行情和竞争者数据。

（3）成熟期：运用数据来彰显网店的实力和诚信。

（4）稳定期：监控访客流量来源、流量变化拐点。

# 学习任务二　网店运营数据分析指标

系统的网店运营数据分析指标体系是数据化网店运营的重要前提。结合实际来熟悉网店运营数据分析的相关概念与术语、了解网店运营数据分析的各类指标并掌握相关指标的计算方法，可以为后续的网店运营数据分析工作奠定基础。

## 一、网店运营数据分析指标的分类

信息流、物流和资金流是电子商务运营的三个关键。电子商务信息系统最核心的能力是大数据能力，包括大数据处理、数据分析和数据挖掘能力。无论是电商平台还是在电商平台上销售商品的卖家，都需要掌握数据分析的能力。越成熟的电商平台，越需要通过数据分析驱动电子商务运营的精细化，更好地提升运营效果，提升业绩。

网店运营数据分析指标体系分为八大类指标，包括总体运营指标、流量类指标、销售类指标、客户价值指标、商品类指标、营销活动指标、风险控制指标和市场竞争指标，如图 4-1 所示。

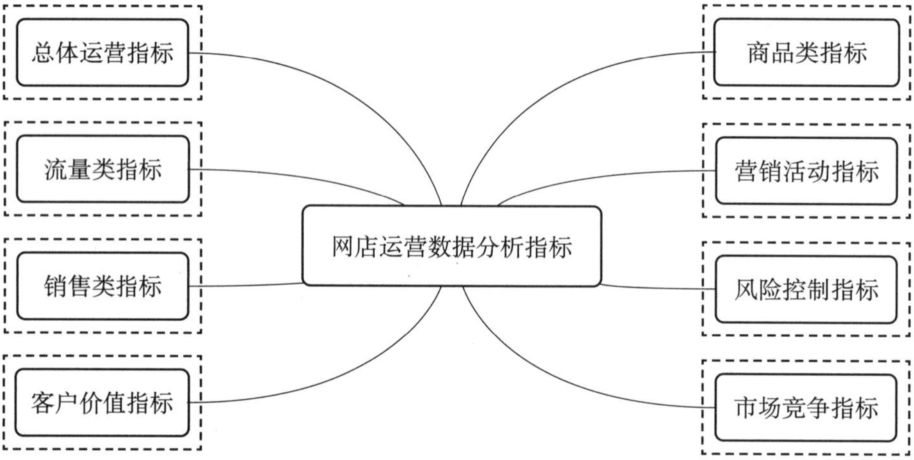


**图 4-1　网店运营数据分析指标体系**

不同类别指标对应电商运营的不同环节，接下来将选择重要的指标进行系统地讲解。

### （一）总体运营指标

总体运营指标如表 4-1 所示。总体运营指标主要面向的是网店的管理者，他们通过总体运营指标评估网店运营的整体效果。在实际运营中，总体运营指标都需要进行系统化的统计和监控，才能更好地发现网店运营的问题，才能及时改进和优化，提升经济效益。

**表4-1　总体运营指标**

| 指标名称 | 指标内容 |
| --- | --- |
| 流量规模类指标 | 独立访客数（UV） |
| | 页面访问数（PV） |
| | 人均页面访问数 |
| 订单产生效率指标 | 总订单数量 |
| | 访问到下单转化率 |
| 总体销售业绩指标 | 成交金额（GMV） |
| | 销售金额 |
| | 客单价 |

续表

| 指标名称 | 指标内容 |
|---|---|
| 整体指标 | 销售毛利 |
| | 毛利率 |

1. 流量规模类指标

独立访客数（UV）指访问电商网站的不重复用户数。对于网站，统计系统会在每个访问网站的用户浏览器上保存一个缓存文件（cookie）来标记这个用户，这样每当被标记cookie的用户访问网站时，统计系统都会识别此用户。在一定统计周期内如（一天）统计系统会利用消重技术，对同一cookie在一天内多次访问网站的用户仅记录为一个用户。而移动终端区分独立用户的方式则是按独立设备计算独立用户。

页面访问数（PV）即页面浏览量，用户每一次对电商网站或移动电商应用中的每个网页访问均被记录为一次，用户对同一页面的多次访问，会累计访问量。

人均页面访问数即页面访问数除以独立访客数（PV/UV），该指标反映的是网站访问黏性。

2. 订单产生效率指标

总订单数量即访客完成网上下单的订单数之和。

访问到下单的转化率即总订单数量与该网站的页面访问数之比。

3. 总体销售业绩指标

成交金额（GMV）即网站成交额，只要消费者下单，生成订单号，就可以计算在GMV里面。

销售金额是商品出售的金额总额。无论生成的订单最终是否成交，即使有些订单下单后未付款或被取消，都算GMV，而销售金额一般只计算实际成交金额，因此GMV的数值通常比销售金额大。

客单价，即销售金额与总订单数量的比值。

4. 整体指标

销售毛利：销售收入与成本的差值。销售毛利中只扣除了商品原始成本，不扣除没有计入成本的期间费用（管理费用、财务费用、营业费用）。

毛利率：是衡量网店盈利能力的指标，是销售毛利与销售收入的比值。如某网店20×× 年的毛利率连续四个季度稳步上升，从第一季度的10%上升至第四季度的13%，体现出该网店盈利能力的提升。

## （二）流量类指标

流量类指标如表 4–2 所示。

**表4–2　流量类指标**

| 指标名称 | 指标内容 |
|---|---|
| 流量规模类指标 | 独立访客数（UV） |
| | 页面访问数（PV） |
| 流量成本类指标 | 单位访客成本 |
| 流量质量类指标 | 跳出率 |
| | 页面访问时长 |
| | 人均页面浏览量 |
| 会员类指标 | 注册会员数 |
| | 活跃会员数 |
| | 活跃会员率 |
| | 会员复购率 |
| | 会员平均购买次数 |
| | 会员回购率 |
| | 会员留存率 |

1. 流量规模类指标

常用的流量规模类指标包括独立访客数和页面访问数，前文已介绍，此处不再赘述。

2. 流量成本类指标

单位访客成本：即在流量推广中，广告活动产生的投放费用与广告活动带来的独立访客数的比值。单位访客成本最好与平均每个访客带来的收入（单位访客收入）以及这些访客带来的转化率（访客转化率）进行关联分析。若单位访客成本上升，但单位访客收入和访客转化率不变或下降，则很可能是流量推广出现问题，尤其要关注渠道推广的问题。

3. 流量质量类指标

跳出率：也被称为跳失率，网页的跳出率为浏览单页即退出的次数与该页访问次数之比，跳出率只能衡量该页作为落地页的访问。如果付费做推广，落地页的跳出率高，很可能是因为推广渠道选择出现失误，推广渠道目标人群和被推广网站到目标人群不够匹配，导致大部分访客访问一次就直接离开。

页面访问时长：页面访问时长是指单个页面被访问的时间。并不是页面访问时长越长越好，要视情况而定。对于电商网站，页面访问时长要结合转化率来看，如果页面访问时长较长，但转化率较低，则页面体验出现问题的可能性很大。

人均页面浏览量：人均页面浏览量是指在统计周期内，平均每个访客所浏览的页面量。人均页面浏览量反映的是网站的黏性。

4. 会员类指标

注册会员数：指一定统计周期内的注册会员数量。

活跃会员数：指在一定时期内有消费或访问行为的会员总数。

活跃会员率：即活跃会员数占注册会员数的比重。

会员复购率：指在统计周期内产生两次及两次以上购买的会员总数占购买会员总数的比重。

会员平均购买次数：指在统计周期内每个会员平均购买的次数，即订单总数 / 购买会员总数。会员复购率高的网店，会员平均购买次数也高。

会员回购率：指上一期末活跃会员在下一期内有购买行为的会员比率。

会员留存率：会员在某段时间内开始访问某网店，经过一段时间后，仍然会继续访问该网店就被认作是留存，这部分会员占当时新增会员的比例就是会员留存率，这种会员留存率的计算方法是按照活跃来计算。另外一种计算会员留存率的方法是按消费来计算，即某段时间的新增消费会员在往后一段时间期（时间周期可以是日、周、月、季度和半年度）还继续消费的比率。会员留存率一般看新会员留存率，当然也可以看活跃会员留存率。会员留存率反映的是电商平台或网店留住会员的能力。

## （三）销售类指标

销售类指标如表 4–3 所示。

**表4–3　销售类指标**

| 指标名称 | 统计分类 | 指标内容 |
| --- | --- | --- |
| 购物车类指标 | 基础类统计 | 加入购物车次数 |
| | | 加入购物车买家数 |
| | | 加入购物车商品数 |
| | 转化类统计 | 购物车支付转化率 |
| 下单类指标 | 基础类统计 | 下单笔数 |
| | | 下单金额 |
| | | 下单买家数 |
| | 转化类统计 | 浏览下单转化率 |
| 支付类指标 | 基础类统计 | 支付金额 |
| | | 支付买家数 |
| | | 支付商品数 |

续表

| 指标名称 | 统计分类 | 指标内容 |
| --- | --- | --- |
| 支付类指标 | 转化类统计 | 浏览–支付买家转化率 |
| | | 下单–支付金额转化率 |
| | | 下单–支付买家数转化率 |
| | | 下单–支付时长 |
| 交易类指标 | 成功类统计 | 交易成功订单数 |
| | | 交易成功金额 |
| | | 交易成功买家数 |
| | | 交易成功商品数 |
| | 失败类统计 | 交易失败订单数 |
| | | 交易失败订单金额 |
| | | 交易失败订单买家数 |
| | | 交易失败商品数 |
| | 退款统计 | 退款总订单量 |
| | | 退款金额 |
| | | 退款率 |

以下详细讲述购物车类指标、下单类指标和支付类指标。

1. 购物车类指标

基础类统计指标：包括一定统计周期内加入购物车次数、加入购物车买家数以及加入购物车商品数。

转化类统计指标：主要是购物车支付转化率，即一定周期内加入购物车商品完成交易总数与加入购物车商品数的比值。

2. 下单类指标

基础类统计指标：包括一定统计周期内的下单笔数、下单金额以及下单买家数。

转化类统计指标：主要是浏览下单转化率，即下单买家数与独立访客数（UV）的比值。

3. 支付类指标

基础统计类指标：包括一定统计周期内支付金额、支付买家数和支付商品数。

转化类指标：包括浏览–支付买家转化率（= 支付买家数 / 网店访客数）、下单–支付金额转化率*（=支付金额/下单金额）、下单-支付买家数转化率（=支付买家数/下单买家数）和下单-支付时长（即下单时间到支付时间的差值）。

### （四）客户价值指标

客户价值指标如表 4-4 所示。

**表4-4 客户价值指标**

| 指标名称 | 指标内容 |
|---|---|
| 客户指标 | 累计购买客户数 |
| | 客单价 |
| 新客户指标 | 新客户数量 |
| | 新客户获取成本 |
| | 新客户客单价 |
| 老客户指标 | 消费频率 |
| | 最近一次购买时间 |
| | 消费金额 |
| | 重复购买率 |

1. 客户指标

常见客户指标包括一定统计周期内的累计购买客户数和客单价。

2. 新客户指标

常见新客户指标包括一定统计周期内的新客户数量、新客户获取成本和新客户客单价。其中，新客户客单价是指第一次在店铺中产生消费行为的客户所产生交易额与新客户数量的比值。新客户客单价除了与推广渠道的质量有关系，还与电商店铺活动以及关联销售有关。

3. 老客户指标

常见老客户指标包括消费频率、最近一次购买时间、消费金额和重复购买率。

消费频率是指客户在一定期间内所购买的次数。

最近一次购买时间表示客户最近一次购买的时间离现在有多久。

消费金额指客户在最近一段时间内购买的金额。

消费频率越高，最近一次购买时间离现在越近，消费金额越高的客户越有价值。

重复购买率指消费者对该品牌商品或者服务的重复购买次数，重复购买率越多，则反

* 下单-支付金额转化率也称支付转化率。

映出消费者对品牌的忠诚度就越高，反之则越低。重复购买率可以按两种口径来统计：

第一种，从客户数角度，重复购买率指在一定周期内下单次数在两次及两次以上的人数与总下单人数之比。如在一个月内，有 100 个客户成交，其中有 20 个客户购买两次及以上，则重复购买率为 20%。

第二种，按交易计算，即重复购买交易次数与总交易次数的比值。如某月内，一共产生了 100 笔交易，其中有 20 个人有了二次购买，这 20 人中的 10 个人又有了三次购买，则重复购买次数为 30 次，重复购买率为 30%。

### （五）商品类指标

商品类指标如表 4–5 所示。

**表4–5　商品类指标**

| 指标名称 | 指标内容 |
|---|---|
| 产品总数指标 | SKU数 |
| | SPU数 |
| | 在线SPU数 |
| 产品优势性指标 | 独家产品收入比重 |
| 品牌存量指标 | 品牌数 |
| | 在线品牌数 |
| 上架指标 | 上架商品SKU数 |
| | 上架商品SPU数 |
| | 上架在线SPU数 |
| | 上架商品数 |
| | 上架在线商品数 |
| 首发指标 | 首次上架商品数 |
| | 首次上架在线商品数 |

SKU（Stock Keeping Unit，库存量单位）是物理上不可分割的最小存货单位。SKU 是用来定价和管理库存的，如产品有多种颜色、多种配置，不同颜色和配置的组合都会形成新的产品，这时就产生很多 SKU。SKU 在传统线下行业也是一个常用的概念，尤其是服装行业，同款不同尺码不同颜色都是独立的 SKU，需要有独立的条形码、独立的库存管理等。

SPU（Standard Product Unit，标准化产品单元）是商品信息聚合的最小单位，是一组可复用、易检索的标准化信息的集合，该集合描述了一个产品的特性。属性值、特性相同的商品就可以称为一个 SPU。SPU 是一个商品，而 SKU 是该商品的不同的规格。在线 SPU 则是在线商品的 SPU 数。

### （六）营销活动指标

营销活动指标如表 4-6 所示。

**表4-6　营销活动指标**

| 指标名称 | 指标内容 |
| --- | --- |
| 市场营销活动指标 | 新增访问人数 |
| | 新增注册人数 |
| | 总访问次数 |
| | 订单数量 |
| | 下单转化率 |
| | 投资回报率（ROI） |
| 广告投放指标 | 新增访问人数 |
| | 新增注册人数 |
| | 总访问次数 |
| | 订单数量 |
| | UV订单转化率 |
| | 广告投资回报率 |

1. 市场营销活动指标

市场营销活动指标包括新增访问人数、新增注册人数、总访问次数、订单数量、下单转化率以及投资回报率（ROI）。其中，下单转化率是指活动期间，某活动所带来的下单的次数与访问该活动的次数之比。投资回报率（ROI）是指某一活动期间，产生的交易金额与活动投放成本金额的比值。

2. 广告投放指标

广告投放指标包括新增访问人数、新增注册人数、总访问次数、订单数量、UV 订单转化率、广告投资回报率。其中，广告投资回报率是指某广告产生的交易金额与广告投放成本金额的比值。

### （七）风险控制指标

风险控制指标如表 4-7 所示。

表4-7　风险控制指标

| 指标名称 | 指标内容 |
|---|---|
| 买家评价指标 | 买家评价数 |
| | 买家评价卖家数 |
| | 买家评价上传图片数 |
| | 买家评价率 |
| | 买家好评率 |
| | 买家差评率 |
| 买家投诉类指标 | 发起投诉（申诉）数 |
| | 撤销投诉（申诉）数 |
| | 投诉率 |

1. 买家评价指标

买家评价指标包括买家评价数、买家评价卖家数、买家评价上传图片数、买家评价率、买家好评率以及买家差评率。其中，买家评价率是指某段时间参与评价的买家与该时间段买家数量的比值，是反映用户对评价的参与度，电商网站目前都在积极引导用户评价，以作为其他买家购物时候的参考。买家好评率指某段时间内好评的买家数量与该时间段买家数量的比值。同样，买家差评率指某段时间内差评的买家数量与该时间段买家数量的比值。尤其是买家差评率，是非常值得关注的指标，需要监控起来，一旦发现买家差评率在加速上升，一定要提高警惕，分析引起差评率上升的原因，及时改进。

2. 买家投诉类指标

买家投诉类指标包括发起投诉（申诉）数、撤销投诉（申诉）数、投诉率（买家投诉人数占买家数量的比例）等。投诉数和投诉率都需要及时监控，以发现问题，及时优化。

### （八）市场竞争指标

市场竞争指标如表 4-8 所示。

表4-8　市场竞争指标

| 指标名称 | 指标内容 |
|---|---|
| 市场份额相关指标 | 市场占有率 |
| | 市场扩大率 |
| | 用户份额 |
| 网站排名指标 | 交易额排名 |
| | 流量排名 |

1. 市场份额相关指标

市场份额相关指标包括市场占有率、市场扩大率和用户份额。市场占有率指网店交易额占同期所有同类型网店整体交易额的比重；市场扩大率指市场占有率较上一个统计周期增长的百分比；用户份额指网店独立访问用户数占同期所有网店合计独立访问用户数的比例。

2. 网站排名指标

网站排名指标包括交易额排名和流量排名。交易额排名指网店交易额在所有同类网店中的排名；流量排名指网店独立访客数量在所有同类网店中的排名。

## 二、网店运营数据分析指标的分层

网店运营数据分析是对网店运营过程中和最终成效产生的信息数据进行分析，从中总结运营规律和效果的过程。运营数据分析的结果可以用来指导运营人员调整和优化运营策略。

网店运营数据分析的必要条件是海量运营数据存储、运营数据分析相关技术和精细化运营的需求。

运营数据分析指标一般分为基础数据分析、核心数据分析、用户分析、流量来源分析、内容分析、商品销售分析六个层次。

### （一）第一层：基础数据分析

基础数据分析各方面所关注的指标如表 4–9 所示。

**表4–9　基础数据分析指标**

| 指标名称 | 分析分类 | 指标内容 |
|---|---|---|
| 日常基础数据分析指标 | 流量数据分析 | 独立访客数（UV） |
| | | 页面访问数（PV） |
| | | 人均页面访问时长＝来访店铺的所有访客总的停留时长 / 访客数 |
| | | 跳出率＝一天内来访店铺浏览量为1的访客数 / 店铺总访客数 |
| | | 店铺新访客占比＝来访店铺的新访客数量 / 当天访客数 |
| | 订单数据分析 | 下单买家数 |
| | | 支付买家数 |
| | | 退款率＝退款成功笔数 / 支付宝订单数 × 100% |
| | | 支付金额＝统计时间内买家拍下商品后支付的金额总额 |

续表

| 指标名称 | 分析分类 | 指标内容 |
| --- | --- | --- |
| 日常基础数据分析指标 | 订单数据分析 | 客单价＝统计时间内销售金额／总订单数量 |
| | | 营业利润金额＝营业收入金额－营业成本金额 |
| | | 营业利润率＝营业利润金额／营业收入金额×100% |
| | | 支付商品数 |
| | 转化率数据分析 | 下单转化率＝下单买家数／访客数×100% |
| | | 支付转化率＝支付买家数／访客数×100% |
| | 效率数据分析 | 连带率＝销售商品总数量／成交订单总数×100% |
| | | 动销率＝动销品种数／店铺商品总品种数×100% |
| 库存数据分析指标 | 流量数据分析 | 库存天数＝期末库存金额×（销售期天数／某个销售期的销售金额） |
| | | 库存周转率＝销售数量／[（期初库存数量＋期末库存数量）／2]×100% |
| | | 售罄率＝某段时间内的销售数量／（期初库存数量＋期中进货数量）×100% |
| | 退货数据分析 | 退款率＝某段时间内的退货金额／总销售金额×100% |
| | | 退单率＝某段时间内的退货订单数量／总订单量×100% |
| | | 退货率＝某段时间内的商品退货数量／总销售数量×100% |

### （二）第二层：核心数据分析

核心数据分析分为网店流量分析和交易数据分析，其所关注的指标如下：

（1）网店流量分析：UV、PV、跳出率、回访者占比、访问深度比率。

（2）交易数据分析：总订单数、有效订单数、订单有效率、销售金额、客单价、毛利润、毛利率、下单转化率、支付转化率、退货率。

### （三）第三层：用户分析

用户分析指标主要是进行访客分析，其中最为关注的指标是重复购买率和各种转化率。

### （四）第四层：流量来源分析

流量来源分析是流网店日常运营分析的不可或缺的部分，通过对网店的流量来源进行分析，才能知道用户究竟倾向于通过什么途径访问网店，可以用于分析和判断外链引流效果如何，进而总结出用户访问网店的规律，并将这些规律与推广等相结合，发现目前网店推广中可能存在的问题，为修正推广策略提供依据。

流量来源分析的关键是监控各渠道转化率和发掘有效媒体。

### （五）第五层：内容分析

内容分析最关注的指标是跳出率和热点内容。跳出率反映了页面相关性和质量，并能直观地反映网店改版和优化的效果。

### （六）第六层：商品销售分析

商品销售分析指标最关注的主要有：商品销售计划完成率、销售利润率、成本利润率表。

# 学习任务三　网店运营流量来源分析

## 一、常见的流量来源

流量来源也被称为访问来源，消费者可能通过各种渠道来访问网店，这里的“渠道”就是“流量来源”。

淘宝店铺流量的来源主要有自主访问流量、付费流量、站内流量、站外流量等。

### （一）自主访问流量

自主访问流量是指淘宝买家主动访问网店产生的流量，通常是通过直接访问、店铺收藏、购物车、已购买宝贝等途径。

会自主访问网店的买家一般对某宝贝具有较高的兴趣、购买欲望，或者是老客户，这类买家通常情况下具有较明确的购买需求，网店的成交转化率相对较高。自主访问流量是所有流量中质量最高的流量，这类流量具有很强的稳定性，且转化率极高，可以很直观地看出访问网店的买家性质和质量。淘宝卖家如果充分利用这部分流量，可以提高网店的人气和流量，增加网店的访问深度以及网店的成交率。

### （二）付费流量

淘宝付费流量就是在淘宝上通过付费推广得到的流量。常见的主要是淘宝直通车、超级钻展和淘宝客。

淘宝直通车是淘宝提供的一款精准营销产品，实现宝贝的精准推广。淘宝直通车是以文字和图片的形式出现在搜索结果页面的单品广告展位，按点击量付费。

超级钻展是专门为淘宝卖家提供的图片类广告竞价投放的平台。超级钻展主要依靠图片创意吸引买家的兴趣，以获取巨大的流量。根据流量竞价销售广告展位，计费单位为CPM（每千次浏览单价），按照竞价从高到低依次投放。根据地域、访客和兴趣点3个维度设置定向广告投放。

淘宝客简称CPS，属于效果类广告推广。淘宝客是按照实际的交易完成量（买家确认收货后）作为计费依据，成交才会付佣金，没有成交量就没有佣金。

付费流量的最大特点是高精准度、流量大。使用付费流量在短时间内就能收到好的引流效果。

### （三）站内流量

站内流量是指通过淘宝平台获取的流量。

站内流量对于一个淘宝网店的流量构成也是相当重要的，淘宝网每天有几千万甚至过亿的流量，对于各店铺而言没流量就等于没销量。站内流量也分为免费流量和付费流量，新手淘宝卖家可以先从站内的免费流量渠道获取流量，如微淘、淘宝头条等淘宝官方的互动交流平台。

微淘是手机淘宝变形的重要产品之一，定位是基于移动消费领域的入口，在客户生活细分领域，为其提供方便快捷省钱的手机购物服务。微淘的核心是回归以用户为中心的淘宝，每一个用户有自己关注的账号、兴趣领域，通过订阅方式，获取信息和服务，并且运营者、粉丝之间能够围绕账号产生互动。

淘宝头条是阿里巴巴集团旗下生活消费资讯媒体聚拢平台。淘宝头条定位为生活消费类媒体聚拢平台，媒体、达人及自媒体，可以通过这一专业的信息发布平台，创建“淘宝头条号”，借助淘宝系海量流量和精准算法个性推送，内容生产者可以高效率地获得更多曝光和关注。内容化、社区化、本地生活服务是淘宝头条的显著特点。

### （四）站外流量

站外流量是指除了淘宝网以外的所有渠道获得的流量。流量是影响网店发展的关键因素，获得更多站外的流量也逐渐成为卖家关注的焦点。站外流量主要是各大知名网站或平台带来的，如抖音、快手、微信、微博、QQ以及其他社交网站或平台等。

## 二、流量来源分析的目的和作用

不同流量来源的转化率提升策略是网店运营取得成功的关键，进行流量来源分析有助于评估营销推广策略的执行效果，找出店铺运营中存在的长短板，完成用户画像，在运营中针对不同流量来源的人群特征、购物习惯、心理路径等制定相应的策略，根据产品特点和团队特点去挖掘各关键转化节点的潜力，补短板，扬长板，做好网店数据化运营。

## 三、流量来源分析方法

不同的平台有不同的分析方法与工具。以淘宝为例，最常用的流量分析方法，是生意参谋里面的流量模块。

### （一）流量来源分析工具——生意参谋

生意参谋定位为统一的商家数据产品平台且支持多端联动，基于全渠道数据融合、全链路数据产品集成，集数据作战室、市场行情、装修分析、来源分析、竞争情报等数据产品于一体，为商家提供数据披露、分析、诊断、建议、优化、预测等一站式数据产品服务，是卖家统一数据产品平台，也是大数据时代下赋能商家的重要平台。

通过生意参谋，卖家可以看到口径标准统一、计算全面准确的网店数据和行业数据，从而成为商务决策的参谋。

### （二）使用生意参谋进行流量来源分析

生意参谋是一款功能非常强大的数据分析工具，可以全面展示店铺经营的各项核心数据。生意参谋数据分析功能包括流量分析（流量纵横）、品类分析、交易分析、直播分析、内容分析、服务分析、营销分析、物流分析、财务分析、市场分析、竞争分析等。在此我们使用生意参谋进行店铺的流量分析。

店铺流量主要分为PC端流量和无线端流量，在生意参谋中，可以分别查看不同端口的流量情况，并可查看与同行的对比情况。流量分析（流量纵横）主要包括流量概况、来源分析、动线分析和消费者分析等选项。

1. 流量概况

流量概况是网店整体流量情况的概貌，能够帮助卖家了解网店整体的流量规模、质量、结构，并了解流量的变化趋势。页面中可以看到当天的流量总情况，包括访客数、浏览量、跳出率、人均浏览量和平均停留时间。也可以自定义查询的时间，查看以前的流量数据。流量概况下有“流量看板”“计划监控”“访客分析”三个选项。具体看“流量看板”“访客分析”两个选项。

（1）“流量看板”选项可以查看流量总览、我的关注、流量来源TOP 10、商品流量排行TOP 10、人群特征等数据。通过流量看板整体了解店铺和商品的流量情况，通过对比分析内容对于店铺整体的访客数贡献和趋势变化。

（2）“访客分析”选项可以查看访客分布的相关数据，包括访问时间段分布、地域分布、特征分布、行为分布、性别等。根据对访客的相关数据进行分析，可以方便卖家更准确地开展调整营销推广活动、设置商品上架时间等工作。选择“访客对比”，可以查看访客对比的相关数据，包括消费层级、性别、年龄、地域、偏好和关键字等。“访客分析”可以帮助卖家更好地掌握客户数据，从而进行会员管理。

2. 来源分析

来源分析分为店铺、商品和内容三种类型进行分析，帮助卖家了解哪些非店铺流量通过哪些渠道进入店铺，分析的是非店铺流量结构。商品来源基于店铺来源的二级分类进行分析。可查看店铺来源、商品来源、内容来源、媒介监控、选词助手等数据。从流量总的概况知道网店的浏览量、访客数多少及其变化。从跳出率、人均浏览量、人均停留时长，了解入店访客的质量高低。从流量的付费免费结构、新老访客结构、PC 端 / 无线端结构，了解网店流量的整体布局，可以查看同行同一时间段的流量情况进行数据对比分析。

3. 动线分析

动线分析下有“店内路径”“流量去向”“页面分析”“页面配置”四项功能。以“店内路径”为例，在查询“店内路径”时，可以分别对店铺首页、商品详情页、店铺微淘页、商品分类页、搜索结果类、店铺其他页的访客数和访客占比进行查看，还可查看页面访问排行，或根据需要分别以月、周、日为范围查询流量来源。通过这些数据的查询，可以使卖家了解当前店铺的流量结构，对于流量不足的情况，需要通过推广方式提高店铺流量，对于转化率不高的情况，需要对商品详情页、价格、店铺装修、商品展示技巧、商品形象包装、促销活动搭配等因素进行分析，找到转化率不高的原因。

4. 消费者分析

该功能为专业版功能，提供“会员上传”“人群报告”两个选项。

## 同步案例分析

### 数据分析助力电商创业

在过去的两年时间里，小李一直在用心打理自己的网店，她几乎倾注了所有的业余时间和精力。

她的网店一直以羊绒制品为主，到去年秋季，她的网店每天都有几个订单，每周的销售额稳定在八九千元，效益还不错，而且她也在经营过程中积累了一定的网店运营经验和技巧。

她一直在努力试图让自己的网店销量进一步提高，但是困扰她的是，她使出了浑身的解数，网店销量一直没有大的起色，这让她十分懊恼。但是看到周边其他的商家每天的成交量，又让她十分纳闷，为什么别人能做得很好，而自己却不行呢？他们投钱做推广，自己也投钱做推广，为什么自己的钱投进去之后收益却不如他们呢？

当时政府面向电子商务从业者开办了一期创业培训，小李报名参加了。“师父领进门，修行在个人”，小李认为这句话很有道理。参加培训对她来说，重要的并不是讲到的那些技能、方法，而是在听课过程中得到的启发，这些启发让她学会了反思，知道自己今后该重视哪些东西，该如何做。

小李重新审视了自己的网店运营情况，她这才发现，以往运营靠打折和促销来完成业绩，靠经验和电商平台的惯性在持续工作，没有符合品牌规划的销售计划，也没有数据分析支撑，销售和推广等重要业务都是单打独斗，没有销售数据、运营数据支撑，更没法谈精细化运营，效果自然不好。

基于这样的背景，小李自己尝试学习数据分析来帮助网店提升运营效果。在老师的指导下，她首先思考了这样一系列问题：是否真正了解自己的客户？他们是什么样的一群人？店铺的消费人群年龄层是什么样的？店铺的主要消费群体在哪里？店铺的消费人群的消费能力是在多少？他们一个月的网购消费能力有多少？网店的主体消费者消费观念是怎么样的？消费者对产品有哪些需求点？产品有没有按照消费者的需求点进行展示？

围绕着这一系列的问题，小李对自己网店的经营情况进行数据分析，找出了网店经营中存在的问题。经过反复分析、调整、迭代，如今她的网店每天能有几十个订单，每月的销售额稳定在十万元左右。目前小李已经申请了自己的商标，决心打造自己的品牌。她相信通过不懈的学习能适应时代的发展需要，在不久的将来，她能通过自己不懈的努力，闯出属于自己的一片天地。

回顾两年来的经历，小李很重要的感受之一是，电子商务相对于传统零售业来说，最大的特点就是一切都可以通过数据化来监控和改进。通过数据可以分析用户从哪里来、如何组织产品可以实现很好的转化率、投放广告的效率如何等问题。基于数据分析的每一点点改变，就是一点点提升了赚钱的能力，所以网店的数据分析显得尤为重要。

根据以上材料，分析如下问题：

1. 网店运营过程中数据分析有哪些作用？

2. 要想做好网店运营，应当具备哪些数据分析能力？

## 项目小结

数据分析在电子商务经营决策中起着至关重要的作用。本项目作为网店运营课程的基础，概括性地介绍了网店运营数据分析的总体知识框架，内容包括网店运营数据分析的含义、分类、应用，网店运营数据分析指标，网店运营流量来源分析等。通过本项目的学习，学生能熟悉网店运营数据的含义及分类、网店运营数据分析的作用和应用，了解网店运营数据分析的常用指标，能够熟练地使用指标计算公式进行网店运营数据分析的计算，为后续内容的学习奠定扎实的理论基础。

## 项目实训

**实训任务一：电子商务数据分析指标分类**

请将以下运营类指标按照不同细分类别进行归类，填入表 4–10 中。

电子商务数据分析指标：独立访客数、跳出率、销售量、客户留存率、转化率、展现量、投资回报率、滞销率、动销率、件单价、客单价、订单退货率、营业利润率、页面访问数、订单响应时长、会员回购率、库存周转率、平均配送成本。

**表4–10　电子商务数据分析指标分类表**

| | |
|---|---|
| 客户指标 | |
| 推广指标 | |
| 销售指标 | |
| 供应链指标 | |

**实训任务二：电子商务数据分析指标的理解与计算**

电子商务运营过程中，消费者在访问过程中遇到问题时，会通过即时通信工具（如阿里旺旺）与客服进行交流。如果客服人员顺利解决了消费者的问题，部分消费者会选择直接购买商品。在此过程中，客服的响应速度、咨询转化率会直接影响整个电商平台的销售情况。

说明：阿里旺旺咨询转化率是指通过阿里旺旺咨询客服成交的人数与咨询总人数的比值。其计算方法如下：

阿里旺旺咨询率 =（阿里旺旺咨询人数 ÷ 访客数）×100%

阿里旺旺咨询转化率 =（阿里旺旺咨询成交人数 ÷ 阿里旺旺咨询人数）×100%

1. 咨询转化率除了影响销售额以外，还会在哪些方面对电商平台产生影响？
2. 请根据表 4–11 中的数据，完成该网店阿里旺旺咨询转化率的计算。
3. 结合以上数据，总结一下访问深度和咨询率、咨询转化率之间的关系。

**表4–11　某网店的阿里旺旺咨询情况**

| 日期 | 浏览量 | 访客数 | 访问深度 | 阿里旺旺咨询人数 | 阿里旺旺咨询成交人数 | 阿里旺旺咨询率 | 阿里旺旺咨询转化率 |
|---|---|---|---|---|---|---|---|
| 2022.08.09 | 3 019 | 651 | 1.75 | | 43 | 35.18% | |
| 2022.08.11 | 2 560 | 524 | 2.07 | | 35 | 30.53% | |
| 2022.08.13 | 3 716 | 706 | 1.82 | | 51 | 27.62% | |
| 周日均值 | 3 120 | 618 | 1.84 | | 37 | 28.48% | |

# 项目五 网店数据采集与处理

## 学习目标

1. 了解网店数据分析的意义和流程；
2. 能够进行数据分析目标制定；
3. 熟悉整个运营过程中产生的数据；
4. 熟悉网店数据分析指标体系；
5. 能够制定数据分析指标；
6. 熟悉网店数据类型及其采集渠道；
7. 熟悉常用网店数据采集工具的使用范围及功能；
8. 能够合理选择网店数据采集工具及确定数据渠道；
9. 能够撰写网店数据采集与处理的方案。

## 素养目标

1. 遵守国家关于电子商务的相关法律法规，合理采集使用数据；
2. 培养学生工匠精神；
3. 具备良好的数据安全意识，以及较强的数据判断能力；
4. 具备较强的系统化思维和文字表达能力。

## 项目导入

数据是反映产品和用户状态最真实的一种展现方式。数据化运营已经广泛应用于电子商务、互联网金融、在线教育和医疗健康等行业。通过数据指导运营决策是数据化运营的精髓。

# 学习任务一　网店数据分析目标制定

## 一、网店数据分析的必要性

如图 5–1 所示，监控网店数据有四大作用：及时发现问题，具体分析问题，建立历史档案，自由对比分析。作为网店店主，需要随时监控店铺的各类数据，发现异常数据应及时采取对策，以减少网店的损失。在监控数据的基础上，分析数据最大的作用就是可对多重问题从多个维度进行分析。成功店主几乎都是经历了长时间的经验积累才逐步发展起来的，而这些经验的获得是基于对历史数据的保留与分析，对网店的每件宝贝进行长时间的数据统计会发现一定的趋势，利用这些趋势能提高宝贝的销量。网店运营的数据种类非常多，在大数据时代，利用大数据工具对收集和整理好的运营数据进行分析是一种有效的营销手段。网店数据分析通过数据的形式把店铺各方面的情况反映出来，使运营者更加了解网店的运营情况，便于经营者调整网店的运营策略。

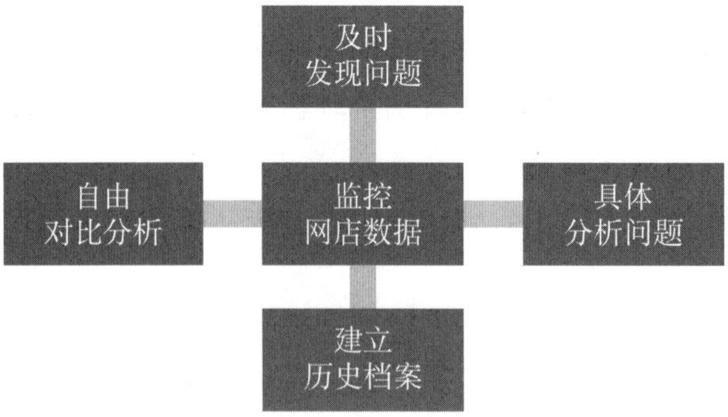


**图 5–1　监控网店数据的作用**

具体而言，网店数据分析具有以下功能：

（1）网店数据分析具有预测功能，能帮助网店选款、预测销量、预测库存周期、预测网店市场风险。

（2）网店数据分析具有规划功能，通过数据分析合理规划网店的装修风格和样式，合理组织宝贝上架的时间。

（3）网店数据分析具有诊断功能，通过诊断网店的状况，帮助“已生病”的网店找出“病源”并“对症下药”。

（4）网店数据分析具有监控和行为分析功能，通过客户购买的宝贝、宝贝单价、订单金额，客户活跃时间、与客服沟通等分析客户的行为特性。

（5）网店数据分析具有营销功能，通过对运营全过程的资源合理分析，制定最优的营销计划，促进网店利润的增长。

## 二、网店数据分析流程

网店运营数据涉及的数据面非常广，网店数据分析的流程如图 5–2 所示。

**图 5–2　网店数据分析的流程**

### （一）数据采集

在分析网店数据之前，首先需要采集和获取数据，获取的数据要具有完整性、真实性和准确性。再做好数据清洗等预处理工作，以便于量化数据分析的展开。网店数据获取的途径主要有如下几种。

（1）网店后台的数据。网店后台可以获取的数据有买家数据（购买时间、所属地域、来访次数、停留时间等）、订单数据（下单时间、订单数量、商品品类、订单金额、订单频次等）、反馈数据（客户评价、退货换货、客户投诉等）等。

（2）搜索引擎的数据。通过电商平台的搜索引擎可获取的数据有网店在“店铺搜索”中的排名，以及关键词在“宝贝搜索”中的排名情况等。

（3）统计工具的数据。不同的电商平台都有自带的数据统计工具，如淘宝的生意参谋、店侦探、淘数据，京东的京东商智。还有百度指数、360 趋势、搜狗指数、阿里指数等工具依托于平台海量用户搜索数据，将相应搜索数据趋势、需求图谱、用户画像等数据通过指数工具向用户公开，也是采集数据的有力工具。

（4）调查问卷收集的数据。调查问卷是最常用的一种数据收集方法，它以问题的形式收集用户的需求信息。网店卖家可自行设计问卷进行调查。

### （二）数据处理

数据处理是指对采集到的数据进行加工整理，基本目的是从大量的可能杂乱无章或难以理解的数据中抽取并推导出对解决问题有价值的数据，并根据数据分析目标加工整理，形成适合数据分析的样式，保证数据的一致性和有效性，它是数据分析前必不可少的阶段。数据处理主要包括以下几个步骤。

（1）数据清洗。数据清洗主要对数据进行重新审查和校验，目的在于删除重复信息、纠正存在的错误，并保证数据的一致性。

（2）数据转化。数据转化是将数据从一种表现形式变为另一种表现形式的过程，即将原始数据转换成为适合数据分析的形式。

（3）数据提取。数据提取就是从采集到的数据源中提取数据的过程。

（4）数据计算。数据计算是对数据表中的数据有目的地进行加、减、乘、除等计算，以求最大化地开发数据价值、提取有用信息。

### （三）数据分析

数据分析是用适当的分析方法及工具，对处理过的数据进行分析，在数据中发现问题的本质，提取有价值的信息，针对确定的目标进行归纳和总结。常用的数据分析方法有以下几种。

（1）趋势分析。趋势分析是将实际达到的结果与不同时期同类指标的历史数据进行比较，从而确定变化规律的一种分析方法。具体的分析方法包括定基比、同比和环比三种方法。定基比是以某一时期数据为基数，将其他各期数据与该期数据进行比较；同比是将本时期数据与去年同一时期数据进行比较；环比是分别以上一时期数据为基数，将下一时期与上一时期的基数进行比较。

（2）对比分析。对比分析是把两个相互联系的指标数据进行比较，从数据量上展示并说明研究对象规模的大小、水平的高低、速度的快慢，以及各种关系是否协调。在对比分析中，选择合适的对比标准是十分关键的步骤，标准合适才能做出客观评价。

（3）关联分析。如果两个或多个事物之间存在一定的关联，那么就能够通过其他关联的事物对其中一个事物进行预测。关联分析的目的是挖掘隐藏在数据中的事物间的相互关系。

（4）因果分析。因果分析是为了确定引起某一现象变化的原因，主要解决“为什么”的问题。因果分析就是在研究对象的先行情况中，把作为它的原因的现象与其他非原因的现象区别开来，或者是在研究对象的后行情况中，把作为它的结果的现象与其他的现象区别开来。

### （四）数据展现

数据可视化的部分，是如何把数据观点展示出来的过程，将数据量化分析的结果进行汇总、诊断，并提出最后的网店运营优化方案。

（1）评估描述：对评估情况进行客观描述，用数据支撑观点。

（2）编制统计图表：运用条形图和柱状图等对基本情况进行更加清晰的描述；运用折线图和散点图等表现数据间的因果关系。

（3）提出观点：根据现实情况的数据分析，提出自己的观点，预判网店的发展趋势，给出具体的改进措施。

### （五）撰写报告

数据分析报告是对整个数据分析过程的总结与呈现。通过报告，把数据分析的思路、过程、得出的结论及建议完整呈现出来，供决策者参考。数据分析报告要有明确的结论、建议和解决方案，可以作为决策者在决策时重要的参考依据，其措辞须严谨、准确。

网店运营数据是不断变化的，数据分析是一项长期的工作，同时也是一个循序渐进的过程，需要网店运营人员实时监测网店运营情况，及时发现问题、分析问题并解决问题，才能使网店健康、持续地发展。

# 学习任务二　网店数据分析指标

电子商务数据分析的指标

## 一、网店数据分析指标的制定

网店数据分析的核心是通过对各项指标的数据进行分析，从而得出与数据分析目标相关的结论。制定符合数据分析目标的指标是获得准确结论的保障。涉及网店运营的数据分析目标是多维的，比如投入产出比、投资回报率等这些指标可能无法直接获取，在分析时需要对这些指标进行拆解，拆解为可以采集到的数据。数据采集完成后再将相关数据进行处理、计算，转化为所需要的指标。

## 二、网店数据分析指标体系

在网店数据分析指标体系中，重点需要关注的是市场数据指标、运营数据指标和商品数据指标，此外还有销售数据指标、供应链数据指标。

### （一）市场数据指标

市场数据指标主要用于描述行业情况和网店在行业中的发展情况，是网店制定经营决策时需要参考的重要内容。市场数据主要有行业数据和竞争数据两大类。

1. 行业数据

行业数据是网店所处行业发展的相关数据，包括行业总销售额、行业增长率等行业发展数据，需求量变化、品牌偏好等市场需求数据，地域分布、职业等目标客户数据。

2. 竞争数据

竞争数据能够揭示网店在行业中竞争力情况的数据，包括竞争对手的销售额、客单价等交易数据，活动形式、活动周期等营销活动数据，畅销商品、商品评价等商品运营数据。

### （二）运营数据指标

1. 客户数据

客户数据化运营是网店运营的重要基础，客户指标主要用于描述可营销客户的黏度和忠诚度。客户数据是客户在购物过程中的行为所产生的数据，如浏览量、收藏量等数据，以及性别、年龄等客户画像数据。

2. 推广数据

流量直接关系着商品的销量，要想取得不错的销量，必须进行适当的运营推广。推广活动做得是否成功，通常从推广效果（收益、影响力）、推广成本以及活动黏合度（通常包括用户关注数、收藏数、加购数、客单价等）等方面来衡量。推广数据是网店在运营过程中的推广活动所产生的数据，如各个推广渠道的展现量、点击量、转化率等数据。

3. 流量数据

流量，网店运营时描述为浏览量（Page View，PV），又称访问量、页面访问数，指在统计周期内，客户浏览网站页面的次数。客户每访问一个网页即增加一个访问量，多次打开或刷新同一个页面，该指标均累加。网店有销量的首要条件是有客户进入网店，而进入网店客户的多少就代表了流量的大小。流量数据是网店的重要监控对象。按照收费方式，流量可分为免费流量和付费流量，其中免费流量主要有关键词带来的流量、自主流量和站外免费流量三种。

关键词带来的流量，是指没有付费做广告推广，客户通过关键词搜索等途径进入网店中的流量。这类流量是网店最想要的流量，流量成本低甚至免费，精准度高。网店店主都希望自己的商品能排在网店搜索页最好的位置上。点击量越大，网店获得的免费流量就越多。

自主流量，是指客户自己主动访问网店的流量，这样的客户通常之前在网店中已经有过成功的购买经历，因此才会通过直接访问、收藏商品或网店、购物车等渠道来回访网店，这样的流量十分稳定且转化率也高。客户会进店购物，说明网店中的商品质量和价格得到其认可，这时店主只要维护好与老客户的关系，就会产生一定的复购或介绍订单，这样无形中又增加了新的流量。

站外免费流量，大多数来自贴吧、论坛、社区、微博、短视频等，可以靠店主自己发帖推广，也可以让别人转发推广。这种流量精准度不高，效果没有保障。

付费流量是指通过投放广告按点击率等方法引入的买家流量。这样的流量精准度高，容易得到，只要付费就会产生。淘宝上常见的付费流量有淘宝客、超级钻展、直通车及淘宝的各种活动等。由于付费流量会增加成本，因此店主需要仔细斟酌，以免投入产出比失衡。

流量关系到网店的“生死存亡”，然而流量的来源众多，类型各异，网店流量出现问题时需要有清晰的解决思路，如图 5–3 所示。当店主发现流量下降时，解决流量问题的思路就是查看各类型的流量数据，分析不同类型流量的数据趋势，找出问题，厘清导致这类流量出现波动的因素，找到问题关键所在，最后对症下药。

**图 5–3　解决流量问题的思路**

流量数据主要包括以下几类：

（1）独立访客数（Unique Visitor，UV）：在统计周期内，访问网站的独立客户数。

（2）平均访问量：又称平均访问深度，指在统计周期内，客户每次访问页面数量的平均值，即平均每个 UV 访问了多少个 PV。

（3）停留时间：客户在同一访问周期内访问网站的时长。实际应用中，通常取平均停留时间。停留时间越长代表访客对网店越感兴趣，购买商品的可能性也就越大。

（4）跳出率：在统计周期内，访客入站后只浏览了一个页面就离开的次数占入站次数的比例，分为首页跳出率、关键页面跳出率、具体商品页面跳出率等。

（5）展现量：统计日期内通过搜索关键词展现店铺或店铺商品的次数。

（6）点击量：某一段时间内某个或者某些关键词广告被点击的次数。

4. 转化率数据

转化率是网店营运的核心数据，也是用来判断网店营销效果的重要指标。与转化率有关的网店数据主要有成交转化率、类目转化率、单品转化率、渠道转化率、事件转化率、转化的金额、转化的笔数和退款率。对于转化率，不仅要注意转化的笔数和转化的金额，还要注意退款率。如果转化率很高的同时退款率也很高，那么出现退款情况的交易不仅等于没有转化，而且还会影响网店的声誉。

成交转化率，是指在统计周期内，完成付款的客户数占该商品所有访客数的比例。其计算公式为：

成交转化率 =（完成付款的客户数 ÷ 该商品的总访问数）×100%

网店的转化率跟商品的价格、网店的装修、客服的应答等因素都有密切的关系。总之，转化率对网店运营非常重要，店主一切行动的最终目标就是消除进店客户的疑虑，促使其下单购买商品，从而提高转化率，为网店带来更多收益。

### （三）商品数据指标

网店店主需要通过对商品在流通运作中的各项指标进行统计与分析，来指导商品的结构调整、价格升降，由此决定商品的库存系数以及引进和淘汰决策。商品数据指标直接影响店铺的经营效益，关系到采购、物流和运营等多个部门的有效运作，如图 5–4 所示。

**图 5–4　商品数据指标**

（1）库存量单位（SKU）：SKU 即库存进出计量的基本单元，以件、盒、托盘等为单位。

（2）标准化产品单元（SPU）：SPU 是一组可复用、易检索的标准化信息的集合。该集合描述了一个产品的特性。

（3）商品搜索指数：商品搜索指数是选定日期内该商品通过搜索进入商品详情页的访客数经指数化后的指标，反映搜索趋势，但不等同于搜索次数。

（4）商品交易指数：商品交易指数是根据商品交易过程中的核心数据如订单数、客户数、支付件数、支付金额等，进行综合计算得出的数值。数值越大反映交易的热度越大，但其不等同于交易金额。

（5）毛利率：

毛利率＝毛利 ÷ 营业收入 ×100%

＝（主营业务收入－主营业务成本）÷ 主营业务收入 ×100%

（6）重复购买率：在某个时期内产生两次及两次以上购买行为的客户数占购买客户总

数的比例。

（7）收藏人数：收藏人数是统计日期内通过对应渠道进入店铺访问的客户中，后续有商品收藏行为的客户去重数。

### （四）销售数据指标

销售数据是网店在销售过程中产生的指标合集，能够揭示网店的销售运行状况。

（1）销售量和销售额，其中销售量是网店在一定时期内实际销售出去的商品数量。

销售额 = 访客数 × 成交转化率 × 客单价

（2）销售毛利和销售毛利率：

销售毛利 = 销售收入净额－销售成本

销售毛利率 =（销售毛利 ÷ 销售额）×100%

（3）销售利润和销售利润率：

销售利润 = 营业收入－营业成本－税金及附加－销售费用－管理费用－财务费用 ± 其他收益（损失）± 投资收益（损失）± 公允价值变动收益（损失）± 资产处置收益（损失）

销售利润率 =（销售利润 ÷ 销售额）×100%

（4）投资回报率：

投资回报率 =（销售利润 ÷ 投资总额）×100%

（5）订单转化率：

订单转化率 =（有效订单数 ÷ 访客数）×100%

（6）订单退货率：

订单退货率 =（退货数量 ÷ 同期商品成交总数量）×100%

（7）客单价和件单价：

客单价 = 成交总金额 ÷ 成交客户总数

件单价 = 成交总金额 ÷ 成交商品数量

### （五）供应链数据指标

网店在采购、物流、仓储环节产生的数据，能够反映网店供应链环节的情况和存在的问题。

（1）库存周转率和库存周转天数：

库存周转率 = 360÷ 库存周转天数

库存周转天数 = 某时间单位天数 ÷2 ×（期初库存数量 + 期末库存数量）÷ 某时间单位销售量

（2）售罄率：

售罄率 = 销售量 ÷ 库存总量（或采购总量）×100%

（3）平均配送成本：

平均配送成本 = 单位时间内配送货物总成本 ÷ 单位时间内配送货物总数量

（4）订单响应时长，即客户下单到收货的时长。订单响应时长越短，客户满意度越高。

（5）订单满足率：

订单满足率 = 单位时间内已完成订单数量 ÷ 单位时间内已接收的订单总数量 ×100%

（6）平均送货时间：

平均送货时间 = 总送货时间 ÷ 某一时间单位内的送货次数

# 学习任务三　网店数据采集渠道及工具选择

## 一、网店数据采集渠道

数据采集渠道及工具选择

网店数据主要分为内部数据和外部数据，其采集渠道各不相同。

### （一）内部数据

在网店运营过程中，店铺自身所产生的数据信息，如网店的访客数、浏览量、收藏量，商品的订单数量、订单信息、加购数量等数据，可通过店铺后台或类似生意参谋、京东商智等数据工具获取。这些数据一般都作为内部数据处理。

### （二）外部数据

外部数据采集的渠道非常广泛，主要有以下几个渠道：

（1）政府部门、协会及媒体。政府部门、行业协会、新闻媒体、出版社等会发布统计数据、行业调查报告、新闻报道、出版物等。例如国家统计局官网会定期发布行业数据。

（2）权威网站、数据机构。行业权威网站或数据机构会发布报告、白皮书等，常见的有易观数据、艾瑞咨询等。

（3）电子商务平台。电子商务平台上聚集着众多行业卖家和买家，也是电子商务数据产生的重要来源。

（4）指数工具。百度指数、360 趋势、搜狗指数、阿里指数等工具依托于平台海量用户搜索数据，将相应搜索数据趋势、需求图谱、用户画像等数据通过指数工具向用户公开，该类型数据可为市场行业、用户需求和用户画像数据分析提供重要参考依据。

数据采集的渠道非常多，网店数据分析人员该如何从中选择适合自身数据分析需求的数据源呢？各种数据采集渠道相应能采集到的数据类型与典型代表如表 5–1 所示。

**表5–1　数据采集渠道**

| 数据采集渠道 | 数据类型 | 典型代表 |
| --- | --- | --- |
| 电子商务网站、店铺后台或平台提供的数据工具 | 商品数据、市场数据、运营数据、人群数据等 | 淘宝、京东店铺后台，以及平台提供的数据工具如生意参谋、京东商智等 |
| 政府部门、协会及媒体 | 行业数据 | 国家统计局、各类协会、电视台、报纸、杂志等 |
| 权威网站、数据机构 | 行业数据、商品数据 | 艾瑞咨询、199IT等 |
| 电子商务平台 | 行业数据 | 淘宝、京东等 |
| 指数工具 | 行业数据、人群数据 | 百度指数、360趋势等 |

## 二、网店数据采集工具

在确定了数据采集渠道后，需要选择合适的数据采集工具进行数据的采集。

在众多的数据采集工具中，要想选择合适的工具，首先要了解不同数据采集工具的适用范围、数据类型和功能。很多数据采集工具所提供的数据并非实际数据，而是对实际数据进行转化后的展现，比如百度指数显示的数据并非是真实的客户搜索数量，而是将真实的搜索数量进行了转化，转化为指数数据进行呈现。专门针对网店的数据采集工具大多是数据分析工具中的一个功能模块，除了能进行数据采集外，还具备一定数据处理分析功能，比如使用逐鹿工具箱进行淘宝商品数据采集，采集完成后系统还提供了数据分析结果及可视化呈现。在进行数据采集工具选择时，并非适用范围越广泛、数据类型越真实、越丰富越好，核心选择要素是数据采集人员能够熟练操作，并能采集到所需的数据即可。常用数据采集工具的功能及适用范围如表 5–2 所示。

**表5–2　常用数据采集工具的功能及适用范围**

| 数据采集工具 | 功能及适用范围 |
| --- | --- |
| 生意参谋、京东商智 | 店铺运营、商品的流量、交易、客户、服务等数据，市场的趋势、规模、人群等数据 |
| 店侦探 | 竞品、竞店推广渠道、排名、销售等数据 |
| 火车采集器、八爪采集器、后羿采集器等 | 网页数据采集，如商品信息、价格、详情、用户评价等 |
| 逐鹿工具箱 | 淘宝平台的市场行情、竞争等数据 |

### （一）生意参谋

生意参谋是淘宝网官方提供的综合性网店数据分析平台，不仅是店铺数据的重要来源，同时也是淘宝平台卖家的重要数据采集工具，为淘宝卖家提供流量、商品、交易等网店经营全链路的数据展示、分析、解读、预测等功能。数据采集人员不仅可以采集自己店铺的各项运营数据（流量、交易、服务、产品等数据），通过“市场”板块还能够获取在淘宝平台的行业销售经营数据。

### （二）店侦探

店侦探是一款专门为淘宝及天猫卖家提供数据采集、数据分析的数据工具。通过对各个店铺、商品运营数据进行采集分析，可以快速掌握竞争对手店铺销售数据、引流途径、广告投放、活动推广、买家购买行为等数据信息。

### （三）京东商智

京东商智是京东平台向第三方商家提供数据服务的产品。该产品从 PC、App、微信、手机 QQ、移动网页端五大渠道，采集店铺与行业的流量、销量、客户、商品等数据。

### （四）八爪鱼采集器

八爪鱼采集器是一款通用网页数据采集器，使用简单，完全可视化操作；功能强大，任何网站均可采集，数据可导出为多种格式。可以用来采集商品的价格、销量、评价、描述等内容。

### （五）火车采集器

火车采集器是一个供各大主流文章系统、论坛系统等使用的多线程内容采集发布程序。对于数据的采集其可分为两部分：一是采集数据；二是发布数据。借助火车采集器可以根据采集需求在目标数据源网站采集相应数据并整理成表格或 TXT 文件导出。

# 学习任务四　网店数据采集与处理方案

## 一、网店数据采集与处理方案的构成

一份完整的数据采集与处理方案包含数据采集的项目背景介绍、数据分析目标、数据分析指标、数据来源渠道及数据采集工具等，如图 5-5 所示。

数据采集与处理的方案撰写

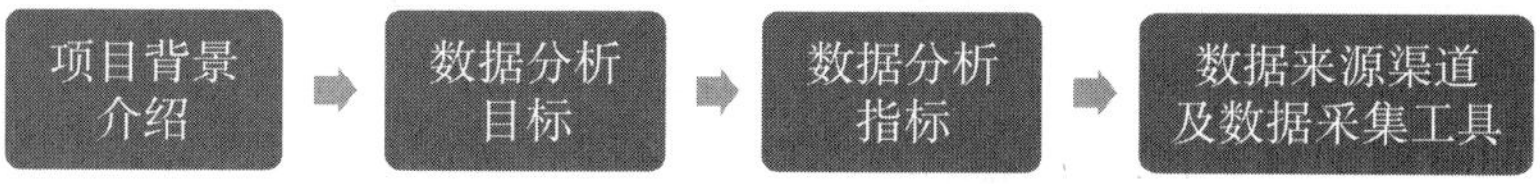


**图 5-5　数据采集与处理方案的构成**

### （一）项目背景介绍

项目背景介绍主要是让参与数据采集项目的所有人员了解该项目的来龙去脉，明确网店数据分析的环境和所处情况。通常该部分是描述网店运营过程中出现的具体问题。

### （二）数据分析目标

网店数据分析目标就是网店数据分析人员完成数据分析后对网店运营各部门基于什么样的目的提出建议及调整策略。也就是通常所说的数据分析要解决的问题是什么，要达到什么效果。

### （三）数据分析指标

网店数据分析指标是为了明确进行此项目背景下网店数据分析所需要的指标类型及具体数据，主要有市场数据指标、运营数据指标和产品数据指标等。

### （四）数据来源渠道及数据采集工具

在确定了网店数据分析指标后，分析人员还要了解数据来源渠道及数据采集工具。因为数据分析人员要想分析出合理的结果，就离不开数据来源渠道及数据采集工具为其提供的数据，因此在数据采集与处理方案中注明来源渠道及采集工具，不仅可以为后续的工作提供工作方向，也可以为后期效果评估及复盘提供理论依据。具体数据处理一般用 Excel 表格。

## 二、网店数据采集与处理表格

在大数据时代，电子商务发展已经非常成熟，并非所有的网店数据采集与处理都需要撰写方案。更多的情况是上级数据需求部门，根据网店数据分析目标会给出一张工作报表，数据采集人员根据报表中的数据指标填写相应的数据内容即可。涉及网店运营的数据采集与处理表格有很多，但最核心的主要有店铺流量数据采集表、店铺日常运营数据采集表、店铺推广数据采集表等。

### （一）店铺流量数据采集表

店铺流量数据采集表主要是为了了解店铺的流量来源情况及流量结构，常用的有店铺 UV、PV、IP 数据采集表等。店铺 UV 数据采集表如表 5-3 所示，PV、IP 数据采集可参照此表。

**表5-3　店铺UV数据采集表**

| | | | 日期 | | | | | | | | | |
|---|---|---|---|---|---|---|---|---|---|---|---|---|
| | | | × 月 *n* 日 | × 月 *n*+1 日 | × 月 *n*+2 日 | × 月 *n*+3 日 | × 月 *n*+4 日 | × 月 *n*+5 日 | × 月 *n*+6 日 | × 月 *n*+7 日 | × 月 *n*+8 日 | × 月 *n*+9 日 |
| 流量来源 | PC端来源 | 淘宝搜索 | | | | | | | | | | |
| | | 天猫搜索 | | | | | | | | | | |
| | | 直通车 | | | | | | | | | | |
| | | 淘宝客 | | | | | | | | | | |
| | | 淘宝站内其他 | | | | | | | | | | |
| | | 购物车 | | | | | | | | | | |
| | | 宝贝收藏 | | | | | | | | | | |
| | | 已买到的商品 | | | | | | | | | | |
| | | **PC端总计** | | | | | | | | | | |
| | 无线端来源 | 手淘首页 | | | | | | | | | | |
| | | 淘宝搜索 | | | | | | | | | | |
| | | 天猫搜索 | | | | | | | | | | |
| | | 直通车 | | | | | | | | | | |
| | | 淘宝客 | | | | | | | | | | |
| | | 淘宝站内其他 | | | | | | | | | | |
| | | 购物车 | | | | | | | | | | |
| | | 宝贝收藏 | | | | | | | | | | |
| | | 已买到的商品 | | | | | | | | | | |
| | | **无线端总计** | | | | | | | | | | |
| 综合 | 总UV | | | | | | | | | | | |
| | 销量 | | | | | | | | | | | |
| | 转化率 | | | | | | | | | | | |

### （二）店铺日常运营数据采集表

店铺日常运营数据采集表类型多样，最常见的就是店铺运营日报表，如表 5–4 所示。

**表5–4　店铺运营日报表**

| 日期 | 流量数据 | 转化率数据 | | | | | | | 销售数据 | | | |
|---|---|---|---|---|---|---|---|---|---|---|---|---|
| | 独立访客数 | 全店转化率 | 咨询转化率 | 访问深度 | 平均停留时间 | 询单转化率 | 收藏量 | 成交回头率 | 客单价 | 销售金额 | 支付成交额 | 当日拍下未付款金额 | 退款金额 |
| | | | | | | | | | | | | | |
| | | | | | | | | | | | | | |
| | | | | | | | | | | | | | |
| | | | | | | | | | | | | | |
| | | | | | | | | | | | | | |

### （三）店铺推广数据采集表

营销推广工作直接关系到整店的成交转化情况，因此店铺推广数据采集表在日常运营过程中使用也非常广泛，如表 5–5 所示。

**表5–5　店铺推广数据采集表**

| 日期 | 成交笔数 | 成交金额 | 成交总累计金额 | 佣金 | 累计佣金 | 平均佣金比例 | 投入产出比 | 备注 |
|---|---|---|---|---|---|---|---|---|
| | | | | | | | | |
| | | | | | | | | |
| | | | | | | | | |
| | | | | | | | | |
| | | | | | | | | |

## 三、网店数据采集与处理方案的撰写

假设某淘宝网店长期经营零食坚果类商品，其市场采购部门决定在近期增加商品种类，现需要在“小银杏”“鲍鱼果”“碧根果”三类商品中选择一种，选择的依据主要为商品近一年的用户关注度、目标用户群体基数等。现要求数据分析人员针对该需求撰写数据采集与处理方案，并对相关数据进行采集。

基于以上项目背景介绍，可以得出此次数据分析目标为：通过分析三款商品的用户关注度及目标用户群体基数两类数据指标，从而确定需要上架的商品品类。

网店数据分析人员先按照大的方向确定数据采集的基本大类为客户关注度及目标用户群体基数，具体的数据指标可以等确定了数据采集渠道之后再确定。由于店铺在淘宝平台，因此数据采集渠道主要围绕淘宝平台来确定，大多数数据需要通过生意参谋来采集。

在淘宝平台，与背景需求相关的能够提供给店铺的数据主要有“商品 30 天的销售量”这项数据指标。与背景需求相关的数据可以在生意参谋的“市场”板块获取到。生意参谋的数据是直接在网页上呈现的，采集时只需制作相应的数据表格进行摘录即可。

由于此项目任务中是从生意参谋中直接摘录数据，因此不需要使用其他的数据采集工具，但在数据分析时可以用 Excel 工具。

综上所述，采集渠道从数据的相关度及操作可行性两个角度考虑，可选择通过生意参谋平台进行采集，继而根据生意参谋确定网店数据分析指标为三类商品的搜索人气、搜索热度和访客数。

## 四、生意参谋的使用

生意参谋是淘宝官方的数据分析和管理工具。生意参谋不但秉承了“数据让生意更简单”的使命，而且致力于为电商、淘宝卖家提供精准、实时的数据统计、多维的数据分析和权威的数据解决方案。卖家可以通过生意参谋了解网店目前的经营情况，以及流量的来源分析和装修分析等，并且可以按照小时、天、周、月或者店铺首页、商品页、分类页，记录店铺的流量、销售、转化、推广及装修效果等数据，进而完善经营策略，提高销量。生意参谋首页如图 5–6 所示。下面以某家居店铺为例，介绍标准版生意参谋的常用功能模块。

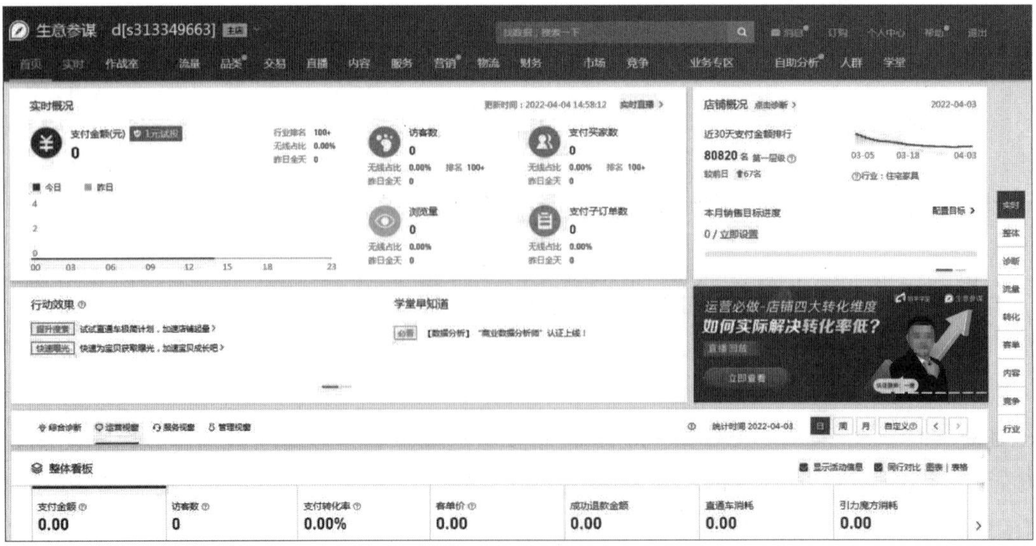


**图 5–6　生意参谋首页**

## （一）实时直播

市场瞬息万变，作为卖家，实时洞悉网店运营情况非常重要。卖家可以通过实时直播观测数据，及时调整策略，抢占生意先机。生意参谋实时直播中的数据对于网店的运营和发展有非常大的帮助。它可以跟踪商品流量，还可以实时查看商品具体效果，如果转化率和点击量情况不理想，就可以及时加大推广力度。实时直播下有五大具体功能，如图 5–7 所示。

**图 5–7　实时直播**

1. 实时概况

实时概况提供网店实时的概况，主要包括实时访客数、实时浏览量、实时支付金额、实时支付子订单数、实时支付买家数及对应的排名和行业平均值，还提供小时粒度的实时趋势图，并提供历史数据对比功能，所有数据都可以按照所有终端、PC 端和无线端三种模式查看。

2. 实时来源

实时来源提供网店无线端流量分布、PC 端流量分布及地域分布情况。图 5–8 所示为实时来源中的来源分布。流量来源的数据可以为卖家提供各个流量来源的详细报告，便于卖家了解流量来源异常的情况，根据不同情况进行改进优化。例如分析地域分布数据，根据支付买家数与访客数的比值，能得出不同地区的转化率，采取不同的推广力度进行营销。

3. 实时榜单

实时榜单主要提供商品 TOP 50 榜单，即根据访客数、加购件数、支付金额三种方式排序的前 50 个商品列表，展示其浏览量、访客数、支付金额、支付买家数、支付转化率这五个维度的数据，并且还提供搜索功能，支持查询卖家想知道的商品实时销售效果数据。

图 5-8　实时来源

4. 实时访客

实时访客主要提供网店的实时访客记录，能帮助卖家实时了解网店访客的浏览情况，进而通过实时访客找到潜在买家的信息，并分析买家的浏览习惯，如图 5-9 所示。

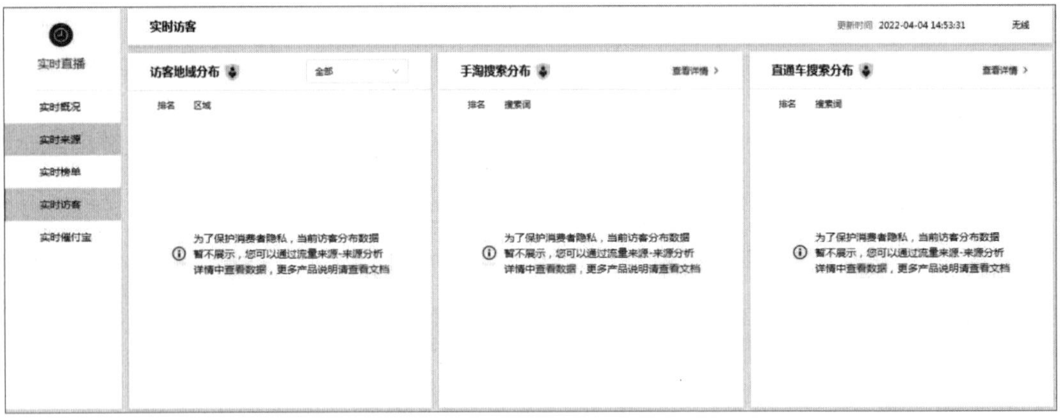


图 5-9　实时访客

5. 实时催付宝

实时催付宝可实时更新在网店拍下而没有付款的买家。实时催付条件很苛刻，催付对象是下单未支付、未在其他网店下单且是潜力 TOP 50 的买家，所以催付成功率很高。特别在活动大促的时候，可以专门安排客服人员来负责实时催付。

### （二）流量纵横

流量纵横提供了全店的流量概况、来源分析、动线分析、消费者分析等功能，如图 5-10 所示，可以帮助卖家快速盘清流量的来源和去向，在识别访客特征的同时了解访客在网店页面上的点击行为，从而评估网店的引流、装修等健康度，帮助卖家更好地进行流量管理和转化。网店流量主要分为 PC 端流量和无线端流量，在生意参谋中可分别查看不同端口的流量情况，并可查看与本店历史数据及同行的对比情况。

图 5–10　流量纵横

## （三）品类罗盘

品类罗盘是一款专为零售卖家量身打造的品类经营分析的工具。品类罗盘通过构建商品和品类的 360 度全景洞察档案，帮助卖家分析商品和品类经营的情况，并结合商品和品类典型经营场景，提供场景化、定制化的智能数据解决方案。品类罗盘帮助卖家落地商品和品类的精细化运营策略，可满足热销商品实时监控、新品上市效果追踪、商品价值评估、品类结构布局评估、货源工厂推荐、高级自定义分析等经营诉求。品类罗盘可提供驾驶舱和专题分析两大功能模块，如图 5–11 所示。

图 5–11　品类罗盘

1. 驾驶舱

驾驶舱可提供宏观监控、商品排行、商品360和品类360四个功能。在宏观监控中可实时展现商品核心指标，实时洞察商品转化情况，还可对昨日、今日不同时段的指标表现进行对比。商品排行展示全量商品排行和全品类排行及对应指标表现情况并辅以上周期同期对比分析，发现热销商品特征。商品360从销售、价格、库存、流量、内容、客群、服务及竞品众多维度剖析商品，可助力卖家有效管理商品。品类360可紧跟行业热销商品属性现状，展示店铺经营类目粒度的商品动销、加购收藏、商品转化等数据表现；可对商品价格进行分析，监测商品价格趋势，剖析不同价格带货表现，指导卖家合理定价；还可提供商品所在类目市场的价格分布情况，对标本品价格所在水平。

2. 专题分析

专题分析可提供异常预警、连带分析、新品追踪、商品诊断、销量预测和货源发现六大功能。在异常预警可以查看当前表现异常的商品，包括流量下跌、支付转化率低、高跳出率、支付金额下跌、零支付、低库存等情况。生意参谋会针对商品的异常情况给卖家提出大致的建议，帮助卖家优化商品。连带分析通过大数据模型，智能预测与商品高黏度的其他商品及连带支付件数，引导卖家提前制定组合营销策略，提升商品销量。新品追踪提供新品时间轴，方便浏览近期上新情况、全年上新及新品活动等情况，还可进行新品深入分析以诊断新品表现。商品诊断通过专业的商品及品类分析方法和智能诊断模型，帮助对商品和品类进行结构划分和评级，快速诊断商品和品类价值。在销量预测中可查看系统对商品效果的预测及商品的定价参考。在货源发现可以借助上游工厂的推荐，发现适合的工厂货源。

### （四）交易分析

交易分析主要提供交易概况、交易构成和交易明细三个功能，如图5–12所示。交易分析可从网店整体到不同粒度细分网店交易情况，帮助卖家及时发现网店的问题。

1. 交易概况

通过交易概况可从整体上了解网店的交易情况，并对交易总览和交易趋势的数据进行查看和分析。通过交易概况，卖家可以了解任意天数的网店交易额、支付买家数、客单价和转化率等数据，还可在“交易趋势”栏中查看与同行平均支付金额的对比。

2. 交易构成

交易构成可从不同粒度细分网店交易构成情况，主要有终端构成、类目构成、品牌构成、价格带构成和资金回流构成五个方面，可以帮助卖家了解终端、类目和品牌各方面的交易数据，以便有针对性地里进行完善和优化。终端构成主要用于分析网店在PC端、无线端的交易情况。类目构成主要从类目的角度出发，分析网店类目的交易情况。品牌构

**图 5–12　交易分析**

成主要分析网店各个品牌的成交构成，哪个品牌更受买家喜欢，从商品品牌出发分析网店交易的数据。价格带构成主要分析网店商品各个价格的构成，哪个价格段更受买家喜欢，转化率如何，并从商品价格出发分析网店交易的数据。资金回流构成可以统计出已签收未确认收货的订单，将订单根据离自动确认收货的时长来划分，其主要目的是促进资金回流。

3. 交易明细

在交易明细界面可以显示任意一天的全部订单明细或当天任意一个订单的交易明细。

### （五）营销分析

营销分析包括营销推广、营销玩法和营销工具三个模块。

1. 营销推广

营销推广主要针对直通车、超级推荐及极速推三种营销工具进行营销效果分析，如图 5–13 所示。直通车的系统选品会基于商品的已有数据和未来效果在全店范围进行筛选，结合商品类目核心搜索词及店铺核心人群画像做动态匹配，生成算法优化词包；投放中，系统会按卖家设定的周期目标自动进行优化，初期先获取稳定的流量做探测，获得一定流量后再不断优化计划投入产出比，坚持投放，周期越长效果越好，可帮助卖家提前了解流量效果，对选品、选词和出价进行优化，从而实现精准投放。超级推荐根据系统的智能计算，将宝贝投放到对应的精准人群面前，得到一定程度的精准人群展现。极速推是一款专门快速增加商品曝光机会的工具，从商品推广的操作流程上极大地降低门槛，快速获取潜在消费者，从而提升商品曝光率，帮助卖家快速验证宝贝的市场竞争力，通过分析数据，加速商品销量上升。

**图 5–13　营销推广**

2. 营销玩法

营销玩法主要对创建购物金的商品及已参加的笔笔返红包活动进行效果分析。

3. 营销工具

使用单品宝、店铺宝、搭配宝、店铺券和商品券这五种营销工具进行分析，从支付件数、支付买家数、支付金额和客单价这几个维度分析营销效果，可帮助卖家及时发现营销中的问题。

## 同步案例分析

### 市场行情报告撰写

某女装网店想在2023下半年把精力投放到民族服装类目，经理安排小杨对民族服装类目进行数据采集与处理，对该类目的市场行情进行分析，包括搜索分析、店铺分析与商品分析等。

市场行情报告是以定期数据分析报表为依据，反映市场趋势，并分析其影响因素和形成原因的一种数据分析报告。该店铺想要转型热门类目，需要对下阶段经营的类目进行市场分析，在此目标下选择数据指标，确定时间维度，构建报告框架，统计对应数据，完成基础分析，进而完成市场行情报告的撰写。

撰写民族服装类目市场行情报告，其操作步骤如下：

步骤一：明确报告撰写目标。根据任务背景分析本次数据报告的撰写目标是什么，并对目标进行拆分，确定必要输出的数据结果及分析结论。

步骤二：设计报告结构。根据报告的撰写目标，设计报告的结构，确定在报告中展示的数据指标及维度，确定报告讲述逻辑。

步骤三：选择合适的呈现形式完成报告撰写。

## 项目小结

数据对于网店运营，犹如情报对于战场作战，谨记“知彼知己，百战不殆”。数据分析能力是衡量网店运营专业水平的一个重要指标。本项目从网店数据分析目标制定、网店数据分析指标、网店数据采集渠道及工具选择、网店数据采集与处理方案等方面介绍了网店数据采集与处理的相关知识，旨在让读者对网店数据采集与处理有初步的认识，学会对网店运营数据的分析，能熟练运用常见的数据分析工具，对网店运营进行分析，确保网店健康、持续发展，最终提升网店的销售额。

## 项目实训

**实训任务一：查看网店运营的核心数据**

1. 在卖家管理后台查看网店的实时数据，如访客数、浏览量、支付买家数、支付金额、市场与竞争数据、行业排名、交易概况等。

2. 在生意参谋中查看网店运营的详细数据，如实时访客数、流量数据、商品数据、交易数据、物流数据、市场数据、竞争数据等。

**实训任务二：使用数据分析工具对网店运营进行数据分析**

1. 为自己网店的某一商品进行运营数据分析，编制数据分析流程。

2. 用生意参谋对自己的网店进行分析，并撰写分析报告。

# 项目六 网店数据分析实践

## 学习目标

1. 熟悉市场数据分析的方法；
2. 熟悉行业数据分析的方法；
3. 熟悉商品数据分析的方法；
4. 熟悉竞争数据分析的方法；
5. 掌握客户数据分析的方法；
6. 掌握推广数据分析的方法；
7. 掌握销售数据分析的方法；
8. 掌握供应链数据分析的方法；
9. 学会数据监控与报告撰写。

## 素养目标

1. 培养学生数据真实性意识；
2. 培养学生根据网店运营数据分析问题的思路；
3. 让学生养成用数据分析问题的方法。

## 项目导入

以某一店铺为例，对店铺及商品进行立体多维度的数据分析（市场、行业、产品、客户、推广等），对异常数据追根溯源，找出症结所在，为运营决策提供科学依据。

# 学习任务一　市场数据分析

## 一、市场数据分析的内容

市场数据分析认知

市场数据分析是指为了一定的商业目的，对市场规模、市场趋势、市场需求、目标客户、竞争态势等相关数据所进行的分析。市场数据分析，使得众多分散的市场信息相互融合，互为补充，辅助网店进行决策，如是否应进入该行业、如何制定销售目标、如何安排营销节奏等。

## 二、市场数据分析的价值

市场数据分析有利于网店及时发现新的市场机会，预测市场行情，及时有效地调整市场或品牌战略，开拓潜在市场，提高信息对称性，可为网店的经营决策提供参考，让决策考量信息更充足，提高经营管理决策的科学性、有效性。帮助网店发现经营中存在的问题，探查问题出现的原因，找到解决问题的方法内外数据整合，提升市场竞争力。如价格带分析、客户满意度分析等，作为网店调整战略目标的参考依据，便于网店提升市场竞争力。

# 学习任务二　行业数据分析

## 一、行业数据分析的要点

行业数据分析

进行行业数据分析，通常借助图表进行展示。行业集中度可以反映某个行业的饱和度和垄断程度，需要借助赫芬达尔指数来反映。在进行该指数的计算前，首先需要取得行业潜在竞争对手的市场占有率，并将较小的竞争对手忽略，然后计算出行业竞争对手市场占有率的平方值，最后计算出平方值之和。赫芬达尔指数的数值越小，说明行业的集中度越小，趋于自由竞争，可以选择进入该行业。

## 二、行业数据分析操作

假设某网店已经确定进入女装行业，但对目标行业下各个子行业的发展状况不是非常了解，为了明确计划进入的品类，并为后期的品类上新计划提供决策依据，店主决定对行业市场容量进行分析，其操作步骤和关键节点成果展示如下。

### （一）步骤一：明确分析目标

通过分析目标行业下子行业的市场容量，从中选出市场容量大、销售前景好的子行业进入。

### （二）步骤二：采集并整理数据

考虑到女装行业下各个子行业的季节性因素，应采集一个自然年的数据。因为计划入驻淘宝平台，所以可以进入店铺后台的生意参谋，点击“市场功能”，采集女装子行业一年的数据。

学生通过扫描二维码可以获取统计出的女装子行业构成数据。将获取到的数据整理到 Excel 表格中，整理后的效果如图 6–1 所示。

女装子行业
原始数据

| 日期 | 类目名 | 交易增长幅度 | 支付金额较父行业占比 | 支付子订单数较父行业占比 |
|---|---|---|---|---|
| 1月 | 羽绒服 | -43.86% | 13.61% | 4.30% |
| 1月 | 毛呢外套 | -21.25% | 10.33% | 4.45% |
| 1月 | 连衣裙 | -0.52% | 8.35% | 8.24% |
| 1月 | 裤子 | -36.54% | 7.96% | 16.05% |
| 1月 | 棉衣/棉服 | -47.57% | 7.03% | 6.21% |
| 1月 | 皮草 | -27.55% | 6.69% | 1.06% |
| 1月 | 毛衣 | -32.31% | 6.49% | 9.01% |
| 1月 | 毛针织衫 | -27.93% | 5.32% | 6.62% |
| 1月 | 短外套 | -6.88% | 4.26% | 3.28% |
| 1月 | 牛仔裤 | -20.92% | 3.52% | 5.61% |
| 1月 | 中老年女装 | 1.01% | 3.51% | 3.11% |
| 1月 | 套装/学生校服/工作制服 | -17.18% | 3.40% | 3.58% |
| 1月 | 卫衣/绒衫 | -28.29% | 3.03% | 4.57% |
| 1月 | 半身裙 | -19.21% | 2.96% | 5.18% |
| 1月 | T恤 | -15.01% | 2.39% | 6.25% |
| 1月 | 衬衫 | 13.27% | 2.14% | 3.08% |
| 1月 | 婚纱/旗袍/礼服 | -9.33% | 1.97% | 1.25% |

女装子行业数据

**图 6–1　整理数据**

### （三）步骤三：创建数据透视表

通过整理的数据可以了解到女装各子行业支付金额较父行业占比，即子行业的市场容量情况，为了直观展现，可在 Excel 中创建一个数据透视表，将“类目名”字段添加到“行”列表框；将“支付金额较父行业占比”字段添加到“值”列表框，并更改“值”字段设置中“计算类型”为求和，点击“确定”即可完成数据透视表的创建，如图 6-2、图 6-3 所示。

| | A | B |
|---|---|---|
| 1 | | |
| 2 | | |
| 3 | 行标签 | 求和项:支付金额较父行业占比 |
| 4 | T恤 | 0.959 |
| 5 | 半身裙 | 0.4775 |
| 6 | 背心吊带 | 0.114 |
| 7 | 衬衫 | 0.5919 |
| 8 | 大码女装 | 0.3415 |
| 9 | 短外套 | 0.4928 |
| 10 | 风衣 | 0.2367 |
| 11 | 婚纱/旗袍/礼服 | 0.2171 |
| 12 | 裤子 | 1.0851 |
| 13 | 蕾丝衫/雪纺衫 | 0.1609 |
| 14 | 连衣裙 | 1.9692 |
| 15 | 马夹 | 0.0761 |
| 16 | 毛呢外套 | 0.5585 |
| 17 | 毛衣 | 0.3856 |
| 18 | 毛针织衫 | 0.5978 |
| 19 | 棉衣/棉服 | 0.2977 |
| 20 | 抹胸 | 0.0099 |
| 21 | 牛仔裤 | 0.6493 |
| 22 | 皮草 | 0.3151 |
| 23 | 皮衣 | 0.0803 |
| 24 | 唐装/民族服装/舞台服装 | 0.1666 |
| 25 | 套装/学生校服/工作制服 | 0.7563 |
| 26 | 卫衣/绒衫 | 0.3923 |
| 27 | 西装 | 0.2278 |
| 28 | 羽绒服 | 0.5713 |
| 29 | 中老年女装 | 0.2689 |
| 30 | (空白) | |
| 31 | 总计 | 11.9992 |

Sheet1　女装子行业数据

图 6-2　创建数据透视表字段

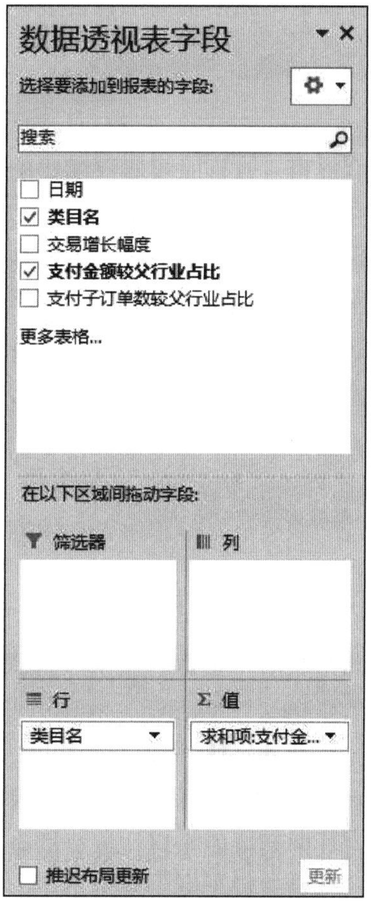


图 6-3　设置数据透视表

### （四）步骤四：插入数据透视图

展示数据的占比情况，适合选用饼图。为了使得饼图中的数据更加直观，可以在数据透视表“求和项：支付金额较父行业占比”下选择任意数据点击鼠标右键，在弹出的菜单栏中选择“排序”—“降序”，并设置“值显示方式”为“总计的百分比”。随后选择数据透视表中的任意数据，点击插入“数据透视图”，选择饼图，点击“插入”，对图表进行美化，可得到如图 6-4 所示的饼图。

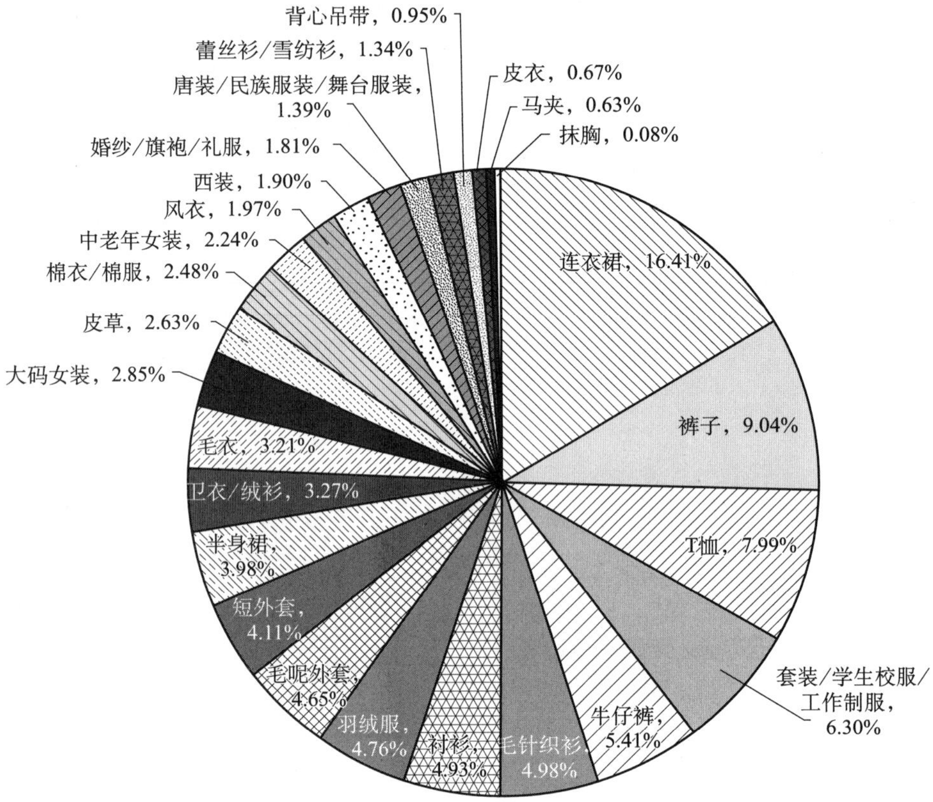


**图 6–4　创建并美化后的饼图**

### （五）步骤五：插入切片器

通过整理后的饼图，就可以查看当月女装子行业的市场容量情况，但女装具有一定的季节性，为了准确判断，需要查看一整个自然年的数据。为了便于查看并分析全年数据，可以在数据透视图中插入切片器，利用该工具可以控制分析的日期跨度，如图 6–5 所示，为女装各子行业全年的市场容量情况按月查看。

### （六）步骤六：分析女装子行业市场容量

饼图中的切片器可灵活查看每个月子行业的市场容量情况，通过对全年的数据进行分析，选出其中市场容量大的子行业，并将分析结果填写上传提交。

## 三、行业集中度分析

通过综合分析子行业市场容量，可以选出其中市场容量比较大的子行业，但考虑到季节性因素，该网店计划首先进入女式羽绒服行业，并进一步分析女式羽绒服行业的集中度，其操作步骤及关键节点成果展示如下。

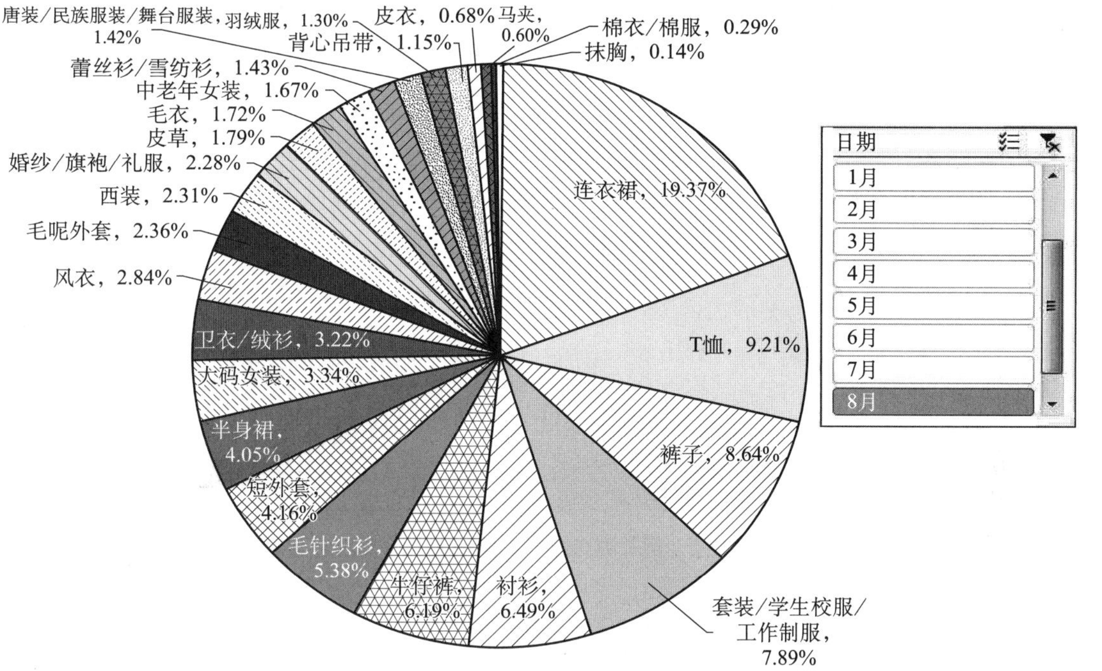


**图 6-5　利用切片器按月查看女装子行业市场容量情况**

### （一）步骤一：明确分析目标

此次进行行业集中度分析的目的是了解羽绒服行业的饱和程度，分析该行业是否被垄断，是否有进入的机会。

### （二）步骤二：采集数据

因该网店初步确定的销售平台为淘宝，后期逐渐进驻京东、拼多多等。为了确保数据的针对性更强，需对不同平台的行业数据分别进行采集。

进入生意参谋，点击“市场排行”功能，点击“品牌”即可采集女式羽绒服行业最近一个月排名前 50 的品牌的交易指数，如图 6-6 所示。

### （三）步骤三：整理数据

学生通过扫描二维码可以获取先前统计出的女式羽绒服行业排名前 50 的品牌的交易指数。将获取的数据整理到 Excel 表格中，整理后的效果如图 6-7 所示。

行业集中度
原始数据

品牌排行　高交易　高流量　请输入品牌关键词

| 排名 | | 品牌 | 交易指数 | 交易增长幅度 | 支付转化指数 | 操作 |
|---|---|---|---|---|---|---|
| 1 | 升2名 | Canada Goose | 305,667 | -25.86% | 333 | 趋势分析 |
| 2 | 持平 | yaloo/雅鹿 | 295,408 | -33.32% | 382 | 趋势分析 |
| 3 | 升1名 | Bosideng/波司登 | 275,939 | -34.16% | 263 | 趋势分析 |
| 4 | 升10名 | moncler | 175,307 | +0.41% | 220 | 趋势分析 |
| 5 | 升7名 | Tagkita/她及其他 | 171,304 | -8.33% | 467 | 趋势分析 |
| 6 | 持平 | Goldfarm/高梵 | 170,976 | -37.19% | 340 | 趋势分析 |
| 7 | 升14名 | Chericom/千仞岗 | 128,056 | +10.03% | 405 | 趋势分析 |

**图 6–6　女式羽绒服行业交易指数（部分）**

| | A | B | C |
|---|---|---|---|
| 1 | 行业排行 | 品牌 | 交易指数 |
| 2 | 1 | Canada Goose | 305,667 |
| 3 | 2 | yaloo/雅鹿 | 295,408 |
| 4 | 3 | Bosideng/波司登 | 275,939 |
| 5 | 4 | moncler | 175,307 |
| 6 | 5 | Tagkita/她及其他 | 171,304 |
| 7 | 6 | Goldfarm/高梵 | 170,976 |
| 8 | 7 | Chericom/千仞岗 | 128,056 |
| 9 | 8 | moose knuckles | 127,120 |
| 10 | 9 | 鸭鸭 | 124,890 |
| 11 | 10 | PEACEBIRD/太平鸟 | 122,275 |
| 12 | 11 | JNBY/江南布衣 | 120,123 |
| 13 | 12 | SNOW FLYING/雪中飞 | 118,923 |

**图 6–7　整理数据**

### （四）步骤四：计算市场份额

学生分别计算各个品牌的市场份额，品牌的市场份额为该品牌的交易指数除以 50 个品牌的交易指数之和，例如排名第一的 Canada Goose，其市场份额的计算公式为“=C2/SUM($C$2:$C$51)”，50 个品牌的交易指数之和可以使用 SUM 函数，而其中的“$”符号表示绝对引用，防止复制公式到其他单元格后，单元格地址自动变化。在 Excel 表格中输入需要计算的字段名，依次完成其他品牌市场份额的计算，如图 6–8 所示。

D2　=C2/SUM($C$2:$C$51)

| 行业排行 | 品牌 | 交易指数 | 市场份额 |
|---|---|---|---|
| 1 | Canada Goose | 305,667 | 0.062718639 |
| 2 | yaloo/雅鹿 | 295,408 | |
| 3 | Bosideng/波司登 | 275,939 | |
| 4 | moncler | 175,307 | |
| 5 | Tagkita/她及其他 | 171,304 | |
| 6 | Goldfarm/高梵 | 170,976 | |
| 7 | Chericom/千仞岗 | 128,056 | |

图 6–8　计算市场份额

## （五）步骤五：计算市场份额平方值

在新单元格中输入需要计算的字段名“市场份额平方值”，计算排名第一的品牌的市场份额平方值计算公式为“=D2*D2”，如图 6–9 所示，依次完成其他品牌市场份额的计算。

E2　=D2*D2

| 行业排行 | 品牌 | 交易指数 | 市场份额 | 市场份额平方值 |
|---|---|---|---|---|
| 1 | Canada Goose | 305,667 | 0.062718639 | 0.003933628 |
| 2 | yaloo/雅鹿 | 295,408 | 0.060613634 | |
| 3 | Bosideng/波司登 | 275,939 | 0.056618864 | |
| 4 | moncler | 175,307 | 0.035970571 | |
| 5 | Tagkita/她及其他 | 171,304 | 0.03514921 | |
| 6 | Goldfarm/高梵 | 170,976 | 0.035081909 | |
| 7 | Chericom/千仞岗 | 128,056 | 0.026275319 | |

图 6–9　计算市场份额平方值

## （六）步骤六：计算行业集中度

上述两项数值计算完成后，计算赫芬达尔指数，即行业集中度。输入需要计算的字段名“行业集中度”，随后输入计算公式“=SUM(E2:E51)”，如图 6–10 所示。

F2　=SUM(E2:E51)

| 行业排行 | 品牌 | 交易指数 | 市场份额 | 市场份额平方值 | 行业集中度 |
|---|---|---|---|---|---|
| 1 | Canada Goose | 305,667 | 0.062718639 | 0.003933628 | 0.027333367 |
| 2 | yaloo/雅鹿 | 295,408 | 0.060613634 | 0.003674013 | |
| 3 | Bosideng/波司登 | 275,939 | 0.056618864 | 0.003205696 | |
| 4 | moncler | 175,307 | 0.035970571 | 0.001293882 | |
| 5 | Tagkita/她及其他 | 171,304 | 0.03514921 | 0.001235467 | |

图 6–10　计算行业集中度

## 四、生意参谋的行业数据分析

### （一）进入行业大盘

以“园林用品类目”为例进行演示。登录千牛卖家中心，点击左侧工具箱中的“生意参谋”，进入行业大盘栏目，如图 6-11 所示。行业大盘属于生意参谋的付费模块，仅显示所购类目下的行业信息。

**图 6-11　行业大盘**

### （二）进入行业直播

行业直播包括店铺实时趋势、实时排行榜、行业 TOP 100 店铺等信息，可点击“详情”链接进一步了解详细数据。

### （三）查看大盘走势

通过设置数量指标项，获得行业大盘走势图，掌握行业变化趋势。例如选取“交易指数”和“访客数”两项指标，获得的趋势变化结果如图 6-12 所示。

### （四）查看行业报表

行业报表包含更全面、更精准的数据。通过设置指标项，可获得行业每日的各类详细数据。例如：选取“访客数”“搜索点击人数”“搜索点击率”“收藏人数”“加购人数”“客单价”和“支付件数”七项指标，生成近期行业报表，结果如图 6-13 所示。

图 6–12　大盘走势

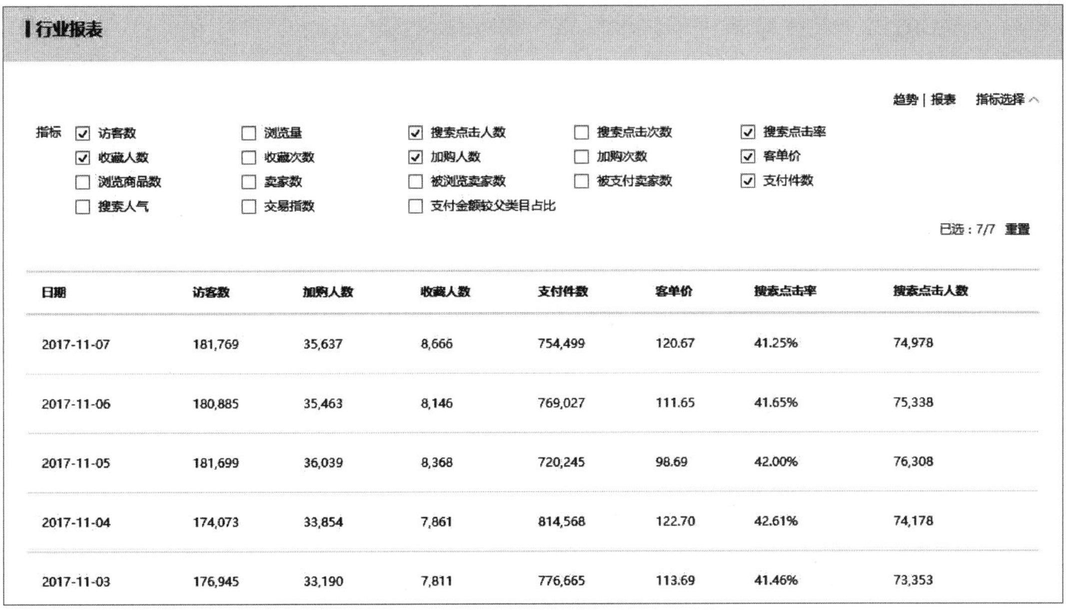


| 日期 | 访客数 | 加购人数 | 收藏人数 | 支付件数 | 客单价 | 搜索点击率 | 搜索点击人数 |
|---|---|---|---|---|---|---|---|
| 2017-11-07 | 181,769 | 35,637 | 8,666 | 754,499 | 120.67 | 41.25% | 74,978 |
| 2017-11-06 | 180,885 | 35,463 | 8,146 | 769,027 | 111.65 | 41.65% | 75,338 |
| 2017-11-05 | 181,699 | 36,039 | 8,368 | 720,245 | 98.69 | 42.00% | 76,308 |
| 2017-11-04 | 174,073 | 33,854 | 7,861 | 814,568 | 122.70 | 42.61% | 74,178 |
| 2017-11-03 | 176,945 | 33,190 | 7,811 | 776,665 | 113.69 | 41.46% | 73,353 |

图 6–13　行业报表

### （五）查看热搜搜索词

热搜搜索词记录了该类目下的热搜词组，并按搜索人气排序。该表中包含搜索词、搜索人气、商城点击率占比、点击率、点击人气、支付转化率、直通车参考价等指标，具有较高的参考价值，可下载完整表格后使用，如图 6–14 所示。

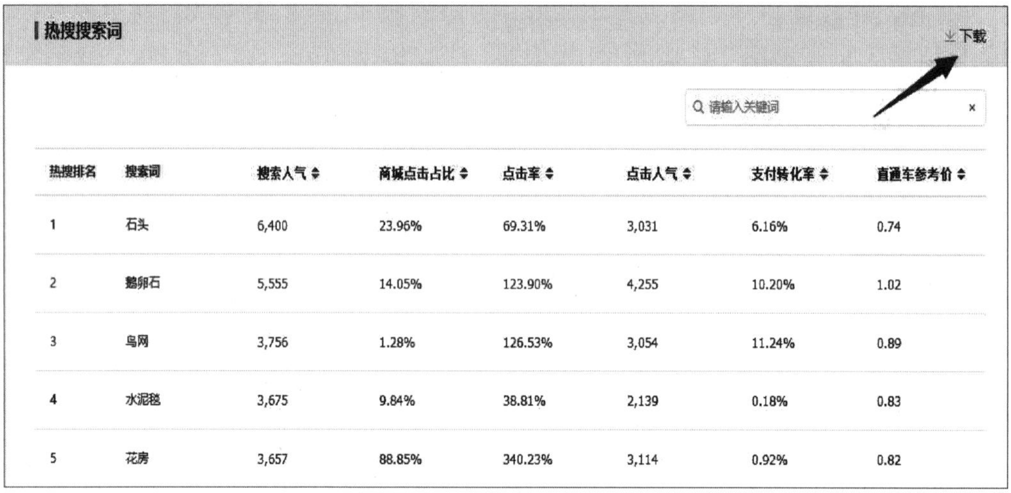


| 热搜排名 | 搜索词 | 搜索人气 | 商城点击占比 | 点击率 | 点击人气 | 支付转化率 | 直通车参考价 |
|---|---|---|---|---|---|---|---|
| 1 | 石头 | 6,400 | 23.96% | 69.31% | 3,031 | 6.16% | 0.74 |
| 2 | 鹅卵石 | 5,555 | 14.05% | 123.90% | 4,255 | 10.20% | 1.02 |
| 3 | 鸟网 | 3,756 | 1.28% | 126.53% | 3,054 | 11.24% | 0.89 |
| 4 | 水泥毯 | 3,675 | 9.84% | 38.81% | 2,139 | 0.18% | 0.83 |
| 5 | 花房 | 3,657 | 88.85% | 340.23% | 3,114 | 0.92% | 0.82 |

图 6–14　热搜搜索词

### （六）注意事项

（1）大盘走势不是生意参谋的标准配置，需要额外购买“专业版”方可查看，购买时需选择具体类目；

（2）行业报表的数据以“天”为单位进行统计，在实际使用中，可复制至 Excel 表中进行统计汇总。

# 学习任务三　商品数据分析

## 一、进入商品概况

产品数据分析认知

打开生意参谋工具，进入商品概况，如图 6–15 所示。

图 6–15　商品概况

## 二、找出网店主打商品

找出网店主打商品（选择一款）需要查看商品效果，选择一个月的数据计算点击率，下单转化率、支付转化率，下单支付转化率。要注明计算过程，算出的数值与系统展现的点击率、下单转化率、支付转化率、下单支付转化率是否一致，如图 6–16 所示。

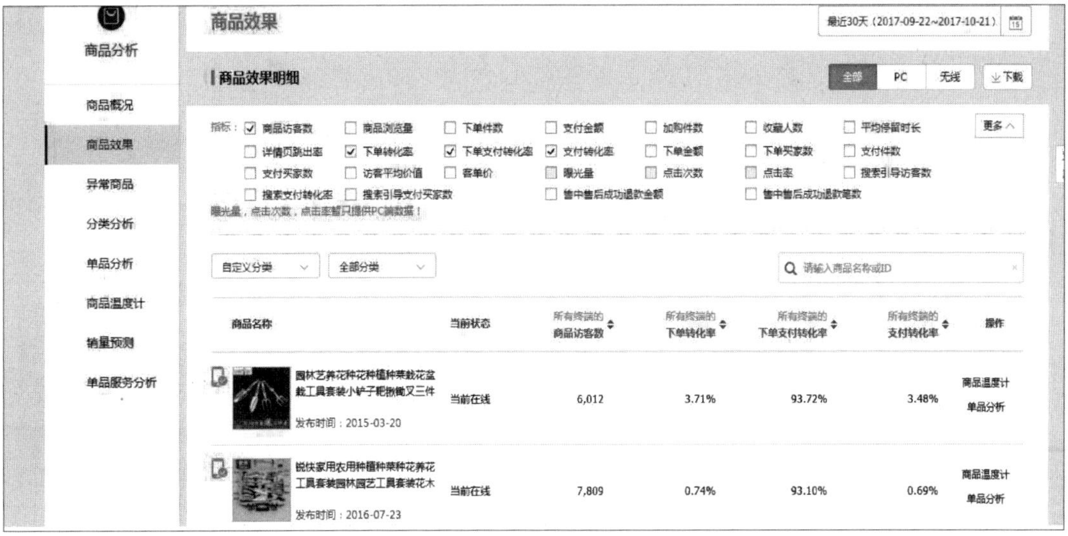


图 6–16　商品效果

# 学习任务四　竞争数据分析

竞争数据分析

## 一、竞店分析

网店在日常运营过程中，除了时刻关注自身店铺的数据变化，还需要关注竞店应对消费市场的方式，如商品的布局、促销方案的制定等，以便找出相适应的应对方式，提升自身商品的销量。竞店分析需要围绕类目构成、销售、推广活动等综合分析，其中商品结构直接影响店铺的销售业绩，在不同的营销场景下，需要有相应的对标商品。销售数据的比较较为直观，可以直接反馈自身店铺与竞店之间的差距，此外，推广活动的布局也需要格外关注，这些都将影响自身店铺的市场占有率。

服装设计专业出身的小李在淘宝网开设了一家女装店铺，主打学院风，淘宝网经营类似风格女装的店铺非常多，竞店的任何一个变化都有可能影响到其店铺的销量。小李选定与自身店铺匹配度最高的竞店，计划进行竞店追踪分析，找出自身的差距，了解竞店的营销方法，便于之后进行完善并展开错位竞争。其操作步骤及关键节点成果展示如下：

### （一）步骤一：明确分析需求

小李进行竞店分析，目标是了解竞店的商品结构、销量变化，并特别追踪竞店在开展推广活动期间的各项数据变化，寻找自身店铺与竞店之间的差距。

### （二）步骤二：竞店数据采集

小李先确定一家店铺层级相同且同样销售学院风女装的店铺为竞店，通过店侦探采集竞店的各项数据，添加监控店铺页面如图 6–17 所示。

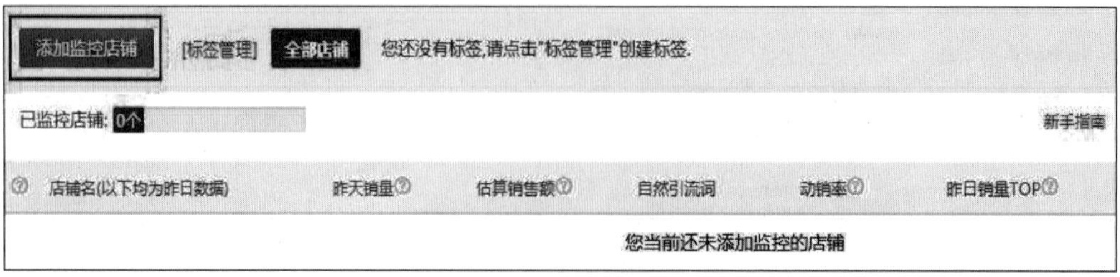


**图 6–17　添加监控店铺**

### （三）步骤三：竞店属性数据分析

竞店属性数据可以进入竞店人工采集。小李进入竞店，查看所有宝贝，采集属性数据，如图 6–18 所示，通过属性数据，可以了解竞店的店铺人群定位、商品风格、服装款式细节等。

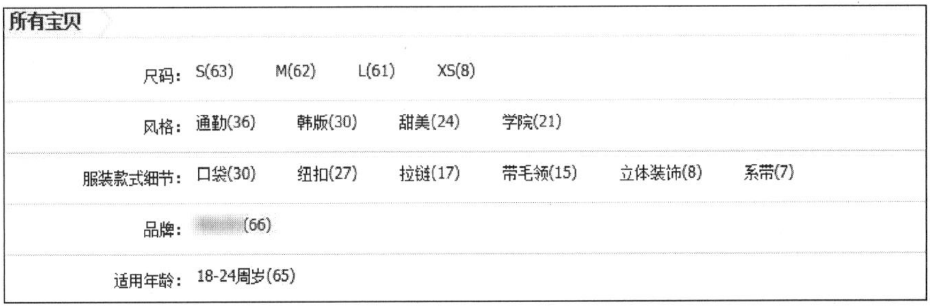


**图 6–18　竞店属性数据**

小李自身店铺的属性数据如表 6–1 所示，可以与竞店的属性数据进行比较分析。

**表6–1　本店属性数据**

| | |
|---|---|
| 尺码 | XS、S、M、L、XL、均码 |
| 风格 | 通勤、韩版、学院 |
| 服装款式细节 | 口袋、系带、纽扣、拼接、拉链、带毛领 |
| 适用年龄 | 18～24周岁、25～29周岁 |
| 品牌 | 自创 |

### （四）步骤四：竞店类目分析

学生通过扫描二维码可以获取 10 月 11 日的竞店以及小李店铺类目数据，将获取到的数据整理到 Excel 表格中，整理后的效果如图 6–19 所示。

竞店类目数据

小李店铺类目数据

### （五）步骤五：销售数据分析

小李在店侦探采集了竞店最近七天的销售数据，并将同时间段自身店铺（本店）数据进行整理，学生通过扫描二维码可以获取统计出的销售数据，如图 6–20 所示。对两个店铺的销售数据进行整理，制作柱形图并插入趋势线直观展示销售数据的对比情况，如图 6–21 所示。

竞店销售数据

| | A | B |
|---|---|---|
| 1 | 类目名称 | 宝贝数(个) |
| 2 | 毛衣 | 11 |
| 3 | 裤子 | 11 |
| 4 | 卫衣/绒衫 | 9 |
| 5 | 毛呢外套 | 6 |
| 6 | 衬衫 | 6 |
| 7 | 腰带/皮带/腰链 | 6 |
| 8 | 连衣裙 | 6 |
| 9 | 帽子 | 6 |
| 10 | 牛仔裤 | 5 |

**图 6–19　整理竞店类目数据**

| | A | B | C |
|---|---|---|---|
| 1 | 日期 | 销量(个) | |
| 2 | | 竞店 | 本店 |
| 3 | 2019\10\5 | 899 | 768 |
| 4 | 2019\10\6 | 1250 | 960 |
| 5 | 2019\10\7 | 2825 | 1369 |
| 6 | 2019\10\8 | 1959 | 1556 |
| 7 | 2019\10\9 | 2411 | 1803 |
| 8 | 2019\10\10 | 945 | 2040 |
| 9 | 2019\10\11 | 554 | 1910 |

**图 6–20　销售数据统计**

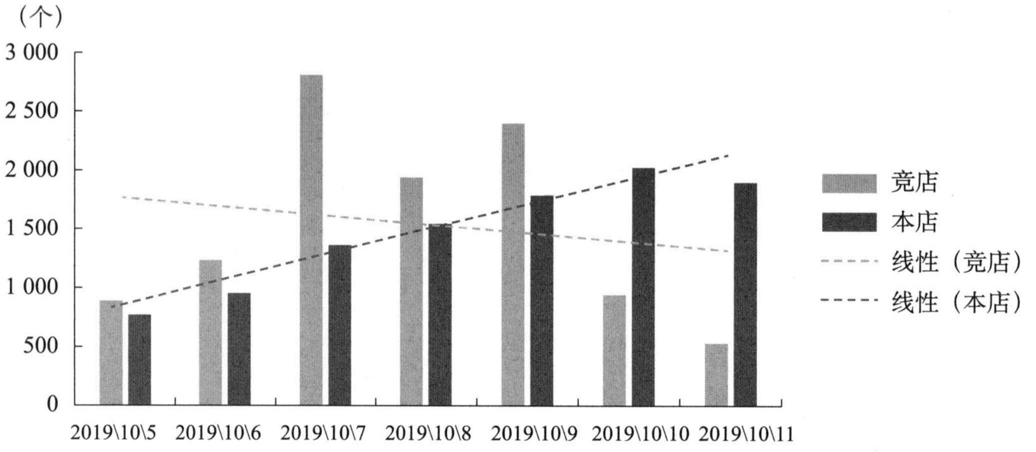


**图 6–21　销售数据对比**

### （六）步骤六：推广活动分析

小李通过店侦查统计发现，竞店 10 月上旬开展了“搭配减”活动，带动了店内其他商品的销量，而自身店铺在 10 月并未开展任何推广活动，因此两店销售数据相差较大。

## 二、竞品分析

网店在日常运营过程中，还需要进一步分析竞品，即直接造成自身店铺客户流失的商品。为了提升自身商品流量或销量，并进一步预测竞品未来的动向，网店需要对竞争对手的商品进行多维度的分析。竞品分析就是对竞争对手的商品进行分析，可围绕基本信息、收藏量、交易数据以及商品评价等维度展开。其中基本信息可反馈出与竞品卖点的差异，交易数据虽然每日都会波动，但需要分析其是呈现增长还是下降趋势。此外，通过商品评价可以发现客户的潜在需求，同时能够结合商品评价对自身商品质量或店铺服务进行改善。

小李的学院风女装店铺当季主推学院风套头毛衣，是店铺的引流款。竞店中一款商品风格与该商品十分相似，小李将其确定为竞品，并计划对该竞品展开数据追踪，查看选定的时间周期内竞品各项关键数据的变化，找出两款商品之间的差异，继而完善自身商品。其操作步骤及关键节点成果展示如下：

### （一）步骤一：识别竞品

小李店铺引流款的主要成交关键词为“学院风套头毛衣”，小李以此成交关键词为标识识别竞店中相关商品为竞品。

### （二）步骤二：数据采集

小李计划通过竞品店铺和店侦探工具采集竞品的各项数据，添加监控竞品页面如图6–22所示。

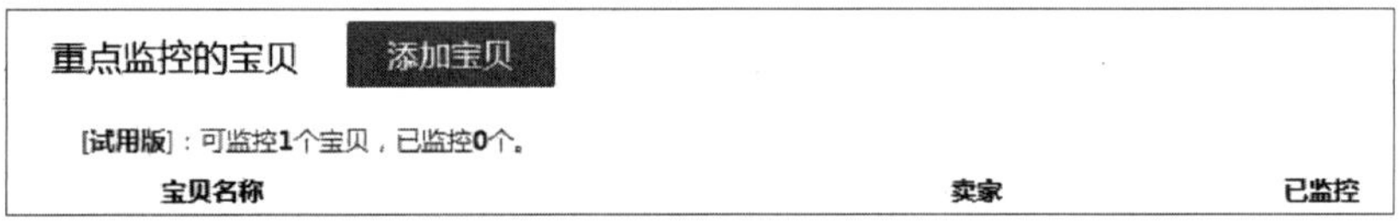


**图 6–22　添加监控竞品**

### （三）步骤三：基本信息分析

小李分别进入竞品详情页和自身店铺商品详情页，采集商品的基本信息。学生通过扫描二维码可以获取小李采集的商品基本信息数据，并设计竞品信息汇总表，将其中的关键信息填入Excel表格中，如图6–23所示。

基本信息

| | A | B | C |
|---|---|---|---|
| 1 | 基本信息 | | |
| 2 | 店铺名称 | **时尚女装（本品） | **服饰专营店（竞品） |
| 3 | 商品标题 | 宽松针织衫女外套2019秋装新款学院风V领套头毛衣长袖上衣秋冬 | 2019新款学院风宽松V领长款套头针织毛衣女秋冬外穿羊毛衫 |
| 4 | 商品价格 | 199.99元 | 249元 |
| 5 | 适用年龄 | 18~24岁 | 18~24岁 |
| 6 | 尺码 | 均码 | S、M、L |
| 7 | 材质 | 100%腈纶 | 羊毛 |
| 8 | 颜色分类 | 象牙白 海军蓝 | 象牙白 复古紫 |
| 9 | 领型 | V领 | V领 |
| 10 | 成交关键词 | 毛衣女秋冬 学院 | 毛衣女秋冬 学院 |
| 11 | | v字领毛衣 学院风 | v字领毛衣女学院风 |
| 12 | | | 针织衫学生女 学院风 |

**图 6–23　竞品基本信息**

对两款商品的基本信息进行分析，如果竞品的基本信息发生变化，则需要建立一个新表，同时保留旧的信息表，以便后期分析。

### （四）步骤四：收藏量分析

收藏量从一个侧面反映了商品受客户喜爱的程度。小李通过店侦探工具采集竞品近一周的收藏量数据，并将自身商品（本品）同时间段的收藏数据进行整理。学生通过扫描二维码可以获取小李统计出的销售收藏量数据，将获取到的数据整理到Excel表格中，整理后的效果如图6–24所示。

竞品收藏量数据

| | A | B | C |
|---|---|---|---|
| 1 | 收藏量统计（单位：人） | | |
| 2 | 日期 | 本品 | 竞品 |
| 3 | 10月5日 | 54 | 101 |
| 4 | 10月6日 | 48 | 155 |
| 5 | 10月7日 | 61 | 101 |
| 6 | 10月8日 | 80 | 79 |
| 7 | 10月9日 | 82 | 62 |
| 8 | 10月10日 | 70 | 63 |
| 9 | 10月11日 | 122 | 56 |

**图6–24　收藏量统计**

为了直观查看收藏量对比，可制作收藏量折线图，分析本品与竞品的收藏量变化趋势。

### （五）步骤五：推广活动分析

小李通过店侦探查看竞品的推广数据，发现竞品在10月7日参与了“聚划算”活动。

### （六）步骤六：销售数据分析

小李以周为维度，在店侦探采集了竞品10月5—11日的销售数据，并将自身店铺的交易数据进行统计。学生通过扫描二维码可以获取小李统计出的销售数据（销量统计），将获取到的数据整理到Excel表格中，整理后的效果如图6–25所示。

竞品销售数据

根据统计的销售数据制作折线图，可以直观展示销量的变化趋势，如图6–26所示。

| | A | B | C |
|---|---|---|---|
| 1 | 销量统计（单位：件） | | |
| 2 | 日期 | 本品 | 竞品 |
| 3 | 10月5日 | 56 | 49 |
| 4 | 10月6日 | 42 | 30 |
| 5 | 10月7日 | 79 | 151 |
| 6 | 10月8日 | 75 | 90 |
| 7 | 10月9日 | 80 | 71 |
| 8 | 10月10日 | 96 | 63 |
| 9 | 10月11日 | 117 | 84 |

图 6–25　销量统计

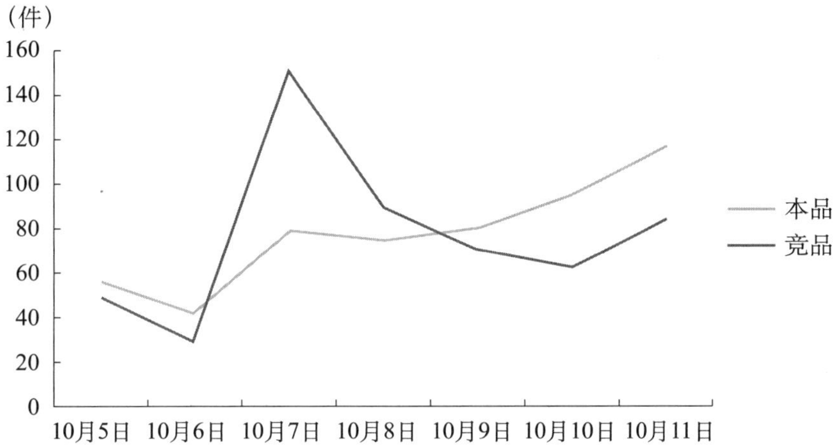


图 6–26　销量折线图

## （七）步骤七：商品评价分析

小李进入竞品的商品评价页，发现以好评居多，无差评，客户对商品的评价围绕颜色、质量、版型等内容展开，如图 6–27 所示。小李店铺商品评价如图 6–28 所示。

图 6–27　竞品商品评价

**图 6–28　本品商品评价**

结合两款商品的评价，分析存在的差异。

# 学生任务五　客户行为分析

客户行为分析是对客户选择、购买、使用、评价、处理产品或服务过程中产生的数据进行分析。网店可以根据客户行为分析的结果预测客户需求、监测客户流向等，进而有针对性地提供满足客户需求的产品或服务，有针对性的引领客户转化到最优环节或企业期望客户抵达的环节，最终达到提升企业营收的目的。

客户数据分析

某网店为了优化运营策略并提升营收，决定对客户行为进行分析，为此，该网店运营部门经理安排小王对企业客户行为轨迹、浏览与收藏行为展开分析。

## 一、客户浏览与收藏行为分析

客户浏览与收藏行为分析，是分析单位时间内客户在企业网店的浏览量与收藏量变化趋势。小王决定首先采集最近一个月的客户浏览量与收藏量数据，分析客户浏览与收藏行为是否存在异常，并找出数据量偏高（低）的时间段；然后分析客户行为轨迹，了解客户在网店页面的跳转情况，以此预测客户需求、监测客户流向，帮助网店优化运营策略。

### （一）步骤一：获取客户行为数据

扫描二维码可以获取小王所在网店 2019 年 9 月客户浏览量与收藏量数据，数据添加至 Excel 的效果如图 6–29 所示。

客户行为数据

| | A | B | C |
|---|---|---|---|
| 1 | 统计时间 | 浏览量 | 收藏量 |
| 2 | 2019年9月1日 | 2014 | 321 |
| 3 | 2019年9月2日 | 1623 | 301 |
| 4 | 2019年9月3日 | 2654 | 256 |
| 5 | 2019年9月4日 | 2765 | 284 |
| 6 | 2019年9月5日 | 2354 | 241 |
| 7 | 2019年9月6日 | 1965 | 265 |
| 8 | 2019年9月7日 | 1865 | 232 |
| 9 | 2019年9月8日 | 1835 | 221 |
| 10 | 2019年9月9日 | 2056 | 201 |
| 11 | 2019年9月10日 | 2213 | 198 |
| 12 | 2019年9月11日 | 2541 | 196 |
| 13 | 2019年9月12日 | 2632 | 165 |
| 14 | 2019年9月13日 | 2501 | 143 |
| 15 | 2019年9月14日 | 2333 | 182 |
| 16 | 2019年9月15日 | 2015 | 196 |
| 17 | 2019年9月16日 | 1965 | 192 |
| 18 | 2019年9月17日 | 1865 | 201 |
| 19 | 2019年9月18日 | 2019 | 231 |
| 20 | 2019年9月19日 | 1501 | 225 |
| 21 | 2019年9月20日 | 2036 | 241 |
| 22 | 2019年9月21日 | 2202 | 286 |
| 23 | 2019年9月22日 | 2593 | 245 |
| 24 | 2019年9月23日 | 2638 | 223 |
| 25 | 2019年9月24日 | 2674 | 196 |
| 26 | 2019年9月25日 | 2322 | 186 |
| 27 | 2019年9月26日 | 2100 | 158 |
| 28 | 2019年9月27日 | 1983 | 169 |
| 29 | 2019年9月28日 | 1654 | 201 |
| 30 | 2019年9月29日 | 1556 | 225 |
| 31 | 2019年9月30日 | 1895 | 200 |

**图 6–29　数据添加至 Excel 的效果**

### （二）步骤二：选择并设置组合图形

选中数据表中的数值区域，插入组合图形，将浏览量设置为簇状柱形图，将访客量设置为折线图和次坐标轴，如图 6–30 所示。

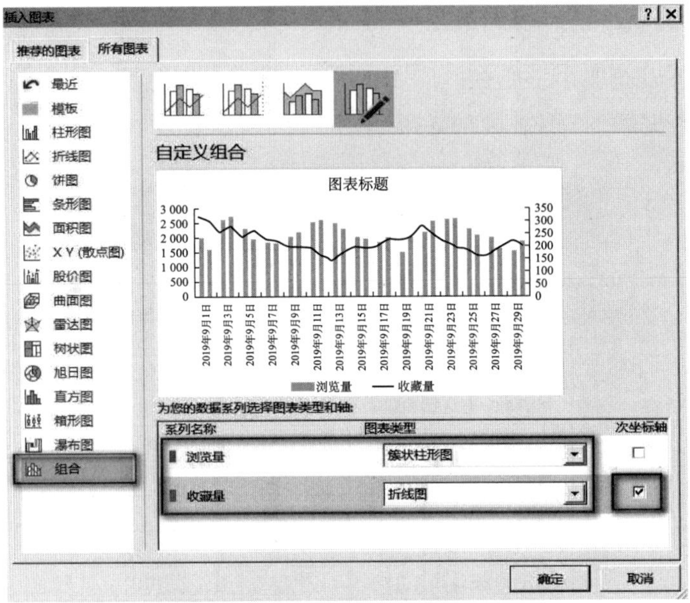


**图 6–30 设置浏览量、收藏量组合图形**

## （三）步骤三：组合图形处理与分析

得到初步制作好的浏览量、收藏量组合图形（如图 6–31 所示），对组合图形进行处理，包括添加标题、数据等，完成后进行客户浏览量与收藏量分析。

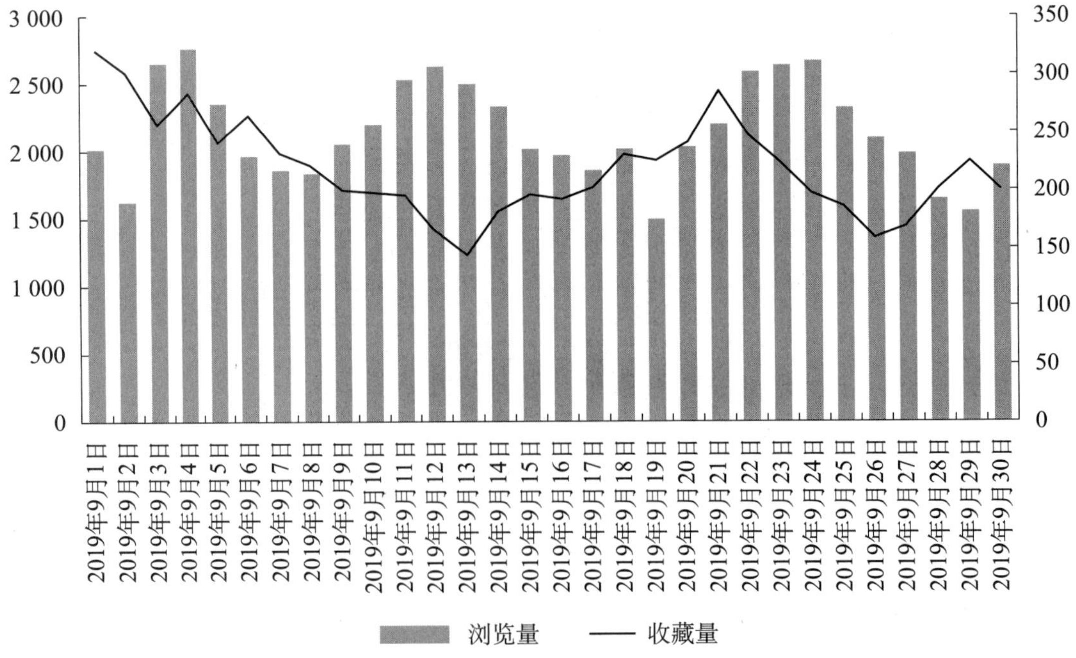


**图 6–31 初步制作好的浏览量、收藏量组合图形**

## 二、客户行为轨迹分析

分析客户行为轨迹，是分析客户进入网店到离开网店整个过程中的行为数据，需要分别从客户入口页面、客户来源路径、客户去向路径展开分析。

### （一）步骤一：客户入口页面分析

流量入口页面即客户通过哪些页面进入网店，常见的流量入口页面有：导购页面、内容页面、App 首页、商品详情页、其他页面。如图 6–32 所示是小王所在网店客户入口页面数据汇总表。

| | A | B | C |
|---|---|---|---|
| 1 | 客户入口页面 | 访客数（人） | 下单买家数（人） |
| 2 | 导购页面 | 2634 | 1002 |
| 3 | 内容页面 | 1380 | 436 |
| 4 | App首页 | 1590 | 365 |
| 5 | 商品详情页 | 6325 | 2316 |
| 6 | 其他页面 | 3205 | 1032 |

**图 6–32　客户入口页面数据汇总表**

将数据导入 Excel 中后，选中所有数据区域并插入数据透视表，制作客户入口页面数据透视图表，制作后的效果如图 6–33 所示。

| 行标签 | 求和项:访客数（人） | 求和项:下单买家数（人） |
|---|---|---|
| 导购页面 | 2634 | 1002 |
| 内容页面 | 1380 | 436 |
| 其他页面 | 3205 | 1032 |
| 商品详情页 | 6325 | 2316 |
| App首页 | 1590 | 365 |
| 总计 | 15134 | 5151 |

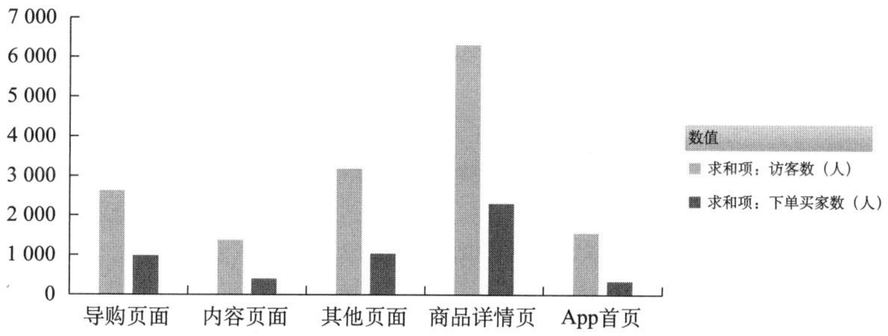


**图 6–33　客户入口页面数据透视图表**

为了优化显示效果，可以选中数据透视图，将其图表类型重新设置为堆积条形图，完成后的效果如图 6–34 所示。

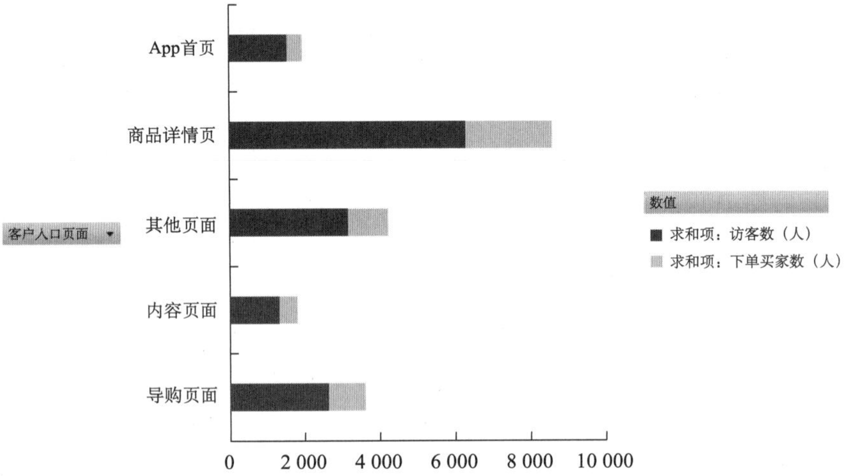


**图 6–34　堆积条形图**

## （二）步骤二：客户店内路径分析

通过步骤一制作的数据透视图，能够看出客户最主要的入口页面是商品详情页，因此小王选择针对商品详情页对客户店内路径展开分析。图 6–35 是该网店商品详情页的客户来源路径，图 6–36 是该网店商品详情页的客户去向路径。

| 来源 | 访客数(人) | 访客数占比 |
|---|---|---|
| 店铺导购页面 | 1727 | 19.66% |
| 店铺内容页面 | 211 | 2.40% |
| 店铺首页 | 932 | 10.61% |
| 商品详情页 | 3021 | 34.40% |
| 店铺详情页 | 261 | 2.97% |
| 店外其他来源 | 2631 | 29.96% |

**图 6–35　网店商品详情页客户来源路径**

| 去向 | 访客数(人) | 访客数占比 |
|---|---|---|
| 店铺导购页面 | 1321 | 15.04% |
| 店铺内容页面 | 100 | 1.14% |
| 店铺首页 | 831 | 9.46% |
| 商品详情页 | 3315 | 37.74% |
| 店铺详情页 | 227 | 2.58% |
| 离开店铺 | 2989 | 34.03% |

**图 6–36　网店商品详情页客户去向路径**

# 学习任务六　推广数据分析

## 一、推广方案制定

丰富的促销活动的确能非常有效地吸引买家的目光，但是促销活动绝不是随便打个折、送个赠品就能成功的。要想成功开展一次促销活动，卖家必须制定周详的推广方案计划，把握活动成功的要点、避开活动误区，才能做到万无一失。某网店部门经理制定了推广方案，内容如下。

推广数据分析

目标人群：成年女性。

活动时间：2019 年 9 月 16 日 0 时至 2019 年 9 月 20 日 24 时。

活动内容：试用活动，通过提供试用商品吸引买家进店并关注商品，为品牌快速入市提供帮助。

活动目的：此次活动旨在打造秋冬款爆品，为 10 月中旬的大促和“双 11”大促引流。

现活动已结束，为了评估活动效果，部门经理安排小何对活动期间的店铺数据进行分析，明确活动为店铺带来流量，评估活动效果，为后期营销策略的制定提供参考。

推广方案都是有目的性的，本次活动的目的是拉新。那么需要明确以下几个任务目标：

（1）明确活动效果；

（2）明确各渠道流量占比；

（3）明确各渠道流量转化率；

（4）明确营销活动对拉新的效果。

## 二、推广效果分析

活动效果分析
原始数据

### （一）步骤一：数据获取

扫描二维码或进入平台后台点击“流量分析”—“流量趋势”，获取网店活动流量数据，如图 6-37 所示。

| 日期 | 浏览量 | 访客数 | 跳出率 | 人均浏览量 | 平均停留时长 | 店铺加收藏人数 | 加购点击次数 | 下单转化率 | 浏览–支付转化率 | 客单价 | 新访客占比 | 新买家占比 |
|---|---|---|---|---|---|---|---|---|---|---|---|---|
| 2019-09-12 | 432 | 209 | 0.569378 | 2.06699 | 30.14833 | 17 | 37 | 0.014706 | 0.014706 | 14.27 | 0.799043 | 1 |
| 2019-09-13 | 426 | 215 | 0.562791 | 1.9814 | 34.9907 | 19 | 29 | 0.038835 | 0.029126 | 7.43 | 0.772093 | 1 |
| 2019-09-14 | 683 | 354 | 0.635593 | 1.92938 | 32.23164 | 21 | 40 | 0.011494 | 0.014368 | 9.55 | 0.875706 | 1 |
| 2019-09-15 | 1168 | 570 | 0.603509 | 2.04912 | 33.5807 | 37 | 66 | 0.033688 | 0.02305 | 6.27 | 0.912281 | 1 |
| 2019-09-16 | 6118 | 3208 | 0.562656 | 1.90711 | 22.16926 | 273 | 252 | 0.005054 | 0.004738 | 12.28 | 0.80985 | 1 |
| 2019-09-17 | 2539 | 1410 | 0.620567 | 1.80071 | 24.37872 | 116 | 92 | 0.00504 | 0.00504 | 12.05 | 0.797163 | 0.85714 |
| 2019-09-18 | 1899 | 1020 | 0.581373 | 1.86177 | 26.32549 | 81 | 88 | 0.002991 | 0.002991 | 16.69 | 0.787255 | 0.66667 |
| 2019-09-19 | 2290 | 1268 | 0.619874 | 1.80599 | 23.8265 | 85 | 108 | 0.004003 | 0.004003 | 15.13 | 0.780757 | 1 |
| 2019-09-20 | 1509 | 755 | 0.569536 | 1.99868 | 26.04768 | 45 | 91 | 0.016151 | 0.016151 | 12.79 | 0.810596 | 0.91667 |
| 2019-09-21 | 2331 | 1301 | 0.588778 | 1.7917 | 23.26441 | 64 | 92 | 0.004736 | 0.004736 | 13.74 | 0.790161 | 1 |
| 2019-09-22 | 1753 | 996 | 0.609438 | 1.76004 | 19.09337 | 53 | 63 | 0.008282 | 0.007246 | 16.52 | 0.767068 | 1 |

**图 6–37　活动流量数据**

## （二）步骤二：活动流量分析

对活动期间访客数、加购点击次数、店铺加收藏人数进行分析，明确活动期间流量变化。根据图形可视化需要，更改系列图表类型，如图 6–38、图 6–39 所示。

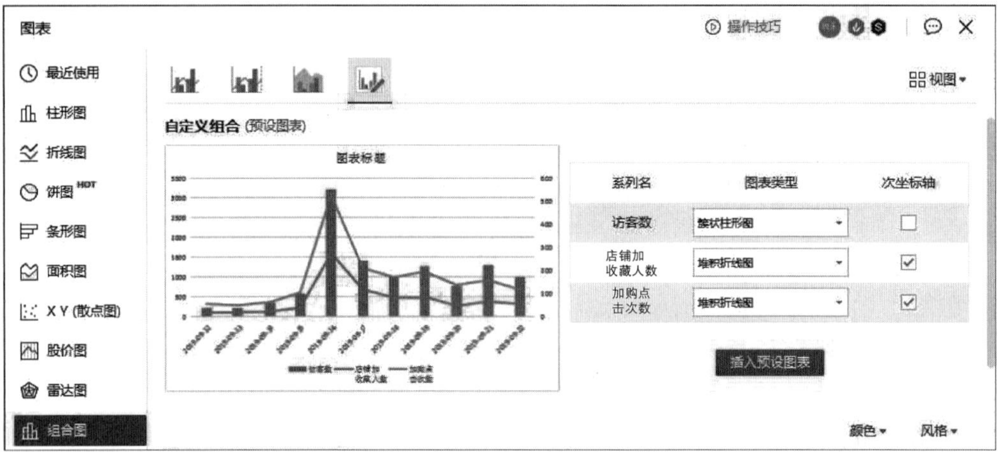


**图 6–38　更改图表类型**

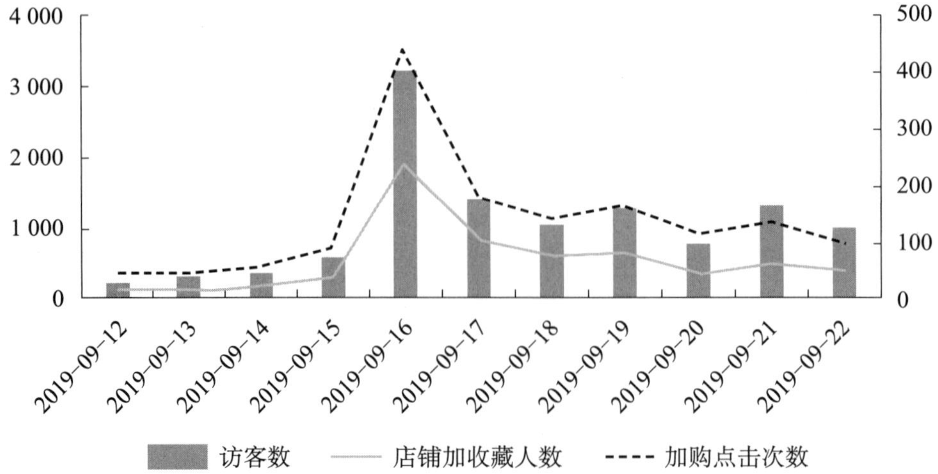


**图 6–39　活动流量趋势图**

### （三）步骤三：活动流量结构分析

进入平台后台“流量分析”—“流量来源去向”获取流量数据，按照流量来源对数据进行分类，明确各渠道数据占比，如图 6-40、图 6-41 所示。

| 渠道 | 访客数 | 下单买家数 | 支付买家数 | 下单转化率 | 浏览-支付转化率 | 支付金额 | 客单价 |
|---|---|---|---|---|---|---|---|
| 频道 | 6407 | 6 | 5 | 0.09% | 0.08% | 67.62 | 13.52 |
| 其他 | 4439 | 45 | 42 | 1.01% | 0.95% | 566.67 | 13.49 |
| 平台首页 | 1454 | 3 | 3 | 0.21% | 0.21% | 46.15 | 15.38 |
| 搜索 | 1226 | 10 | 10 | 0.82% | 0.82% | 123.36 | 12.33 |
| 买家后台 | 623 | 33 | 32 | 5.30% | 5.14% | 416.25 | 13 |
| 购物车 | 198 | 21 | 21 | 10.61% | 10.61% | 302.91 | 14.42 |
| 收藏夹 | 1 | 0 | 0 | | | | |

**图 6-40　各渠道推广数据**

| 渠道 | 访客数 | 老访客数 | 新访客数 | 老访客支付数 | 新访客支付数 |
|---|---|---|---|---|---|
| 频道 | 6407 | 1355 | 5052 | 5 | 4 |
| 其他 | 4439 | 810 | 3629 | 45 | 34 |
| 平台首页 | 1454 | 269 | 1185 | 3 | 1 |
| 搜索 | 1226 | 54 | 1172 | 9 | 7 |
| 买家后台 | 623 | 105 | 518 | 33 | 25 |
| 购物车 | 198 | 54 | 144 | 21 | 18 |
| 收藏夹 | 1 | | 1 | 0 | 0 |

**图 6-41　各渠道新老访客数据**

对各渠道老访客数、新访客数进行对比分析，如图 6-42 所示。对老访客、新访客的下单数进行对比分析，如图 6-43 所示。

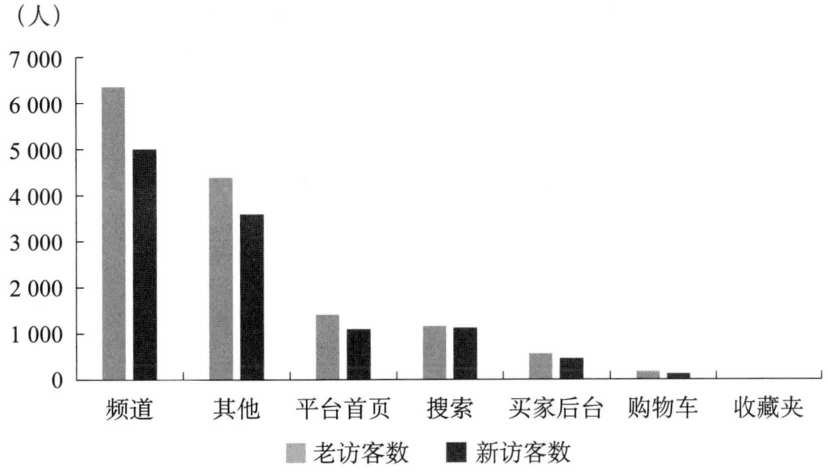


**图 6-42　访客分析**

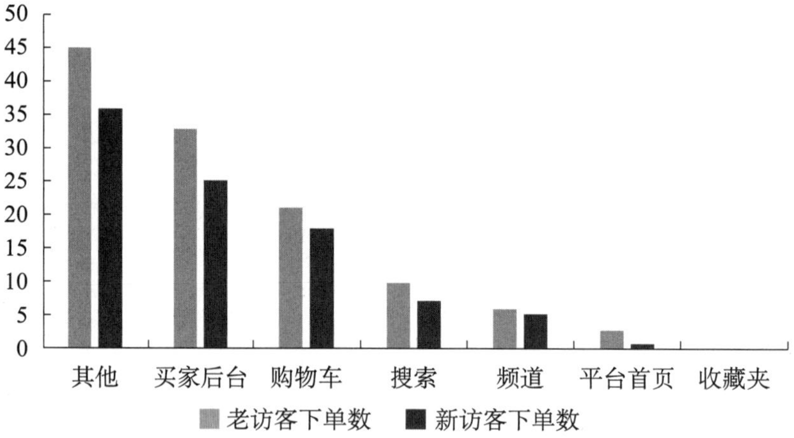


**图 6-43　下单数分析**

# 学习任务七　销售数据分析

在网店经营销售过程中会产生大量的销售数据，这些销售数据对网店的经营策略会有很大影响。通常网店的销售策略是需要根据前期的销售数据和市场变化情况及时调整的，这样才可以帮助销售部门实现销售目标。进行销售数据分析，首先要明确此次数据分析的目标，然后围绕该目标收集相关的数据，整理并分析数据，找到数据变动的原因，最后调整相关的内容，改善销售情况。

销售数据分析

以某网店为例，持续记录网店每日的销售金额。由于单日数据存在不确定的起伏，所以建议以周为单位观察销售金额情况，统计每周的销售金额，如表 6-2 所示；绘制成折线图，如图 6-44 所示，可发现网店的销售金额有了明显下降。扫描二维码获取原始数据。

销售金额统计数据

**表6-2　销售数据统计表**

| 日期 | 周数 | 销售金额 | 客单价 | 订单量 | 转化率 | 访客量 |
|---|---|---|---|---|---|---|
| 2019年09月02日—2019年09月08日 | 第36周 | 25 000 | 82.7 | 302 | 3.00% | 10 077 |
| 2019年09月09日—2019年09月15日 | 第37周 | 26 135 | 112 | 233 | 3.33% | 7 007 |

续表

| 日期 | 周数 | 销售金额 | 客单价 | 订单量 | 转化率 | 访客量 |
|---|---|---|---|---|---|---|
| 2019年09月16日—2019年09月22日 | 第38周 | 18 790 | 116.3 | 162 | 2.849% | 5 689 |
| 2019年09月23日—2019年09月29日 | 第39周 | 16 931 | 119.7 | 141 | 2.95% | 4 795 |
| 2019年09月30日—2019年10月06日 | 第40周 | 15 790 | 110 | 144 | 3.58% | 4 010 |
| 2019年10月07日—2019年10月13日 | 第41周 | 14 780 | 113.5 | 130 | 2.46% | 5 294 |
| 2019年10月14日—2019年10月20日 | 第42周 | 13 190 | 110.6 | 119 | 2.76% | 4 321 |
| 2019年10月21日—2019年10月27日 | 第43周 | 12 178 | 109.4 | 111 | 3.39% | 3 284 |
| 2019年10月28日—2019年11月03日 | 第44周 | 11 980 | 109.1 | 110 | 3.819% | 2 882 |
| 2019年11月04日—2019年11月10日 | 第45周 | 10 414 | 111 | 94 | 2.67% | 3 514 |
| 2019年11月11日—2019年11月17日 | 第46周 | 26 234 | 120.4 | 218 | 2.61% | 8 348 |
| 2019年11月18日—2019年11月24日 | 第47周 | 24 130 | 116 | 208 | 2.37% | 8 777 |
| 2019年11月25日—2019年12月01日 | 第48周 | 20 154 | 139.1 | 145 | 2.87% | 5 048 |
| 2019年12月02日—2019年12月08日 | 第49周 | 21 708 | 119.8 | 181 | 3.43% | 5 283 |

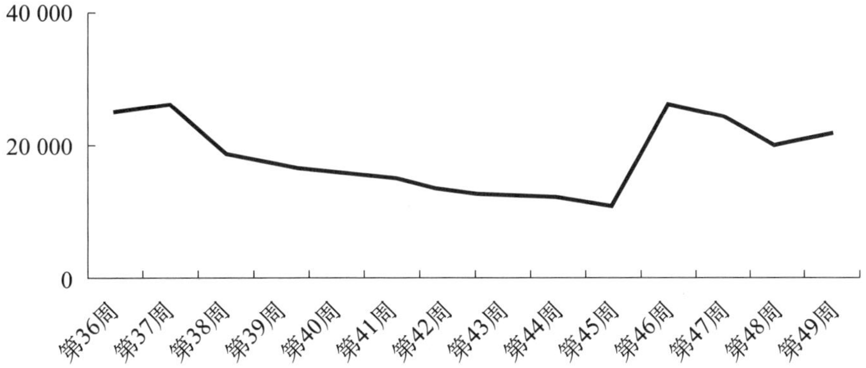


**图 6-44　销售金额趋势**

除第 45 周与第 46 周受到“双 11”活动的影响，数据存在波动外，从 37 周开始到 44 周，每周的成交金额逐渐下降。针对以上情况，需要及时分析销售金额下降的具体原因，得出结论，并做出相应的调整。

销售数据分析的具体步骤如下。

## 一、步骤一：确定目标数据

网店的销售金额＝展现量 × 点击率 × 转化率 × 客单价

＝访客数 × 转化率 × 客单价

网店商品的展现量与商品的搜索排名关系密切。商品的点击率与商品价格、主图设计等有重大关系。在实际网店经营中，展现量与点击率相乘得到点击量，可用数据去重的访客数替代数据存在重复计算的点击量，结果将更具参考意义。

转化率与商品详情页设计、促销活动等息息相关，它反映了网店商品对每个访客的吸引力。在访客数稳定的情况下，提高转化率就能提高网店的销售金额；反之，销售金额下降。

客单价与商品定价、促销活动等有重大关系，反映平均每个客户（订单）的购买金额。在订单数量基本稳定的情况下，提高客单价就可以提高网店的销售金额；反之，销售金额下降。

在发现网店整体销售金额出现明显下降趋势后，就要从展现量、转化率、客单价这几个方面整理和观察数据变化原因，发现网店销售过程中存在的问题，并进行及时调整。

## 二、步骤二：客单价数据分析

从公式的最后端往前推，先将对应销售时间区间的客单价数据整理出来，绘制成折线图，如图 6-45 所示。

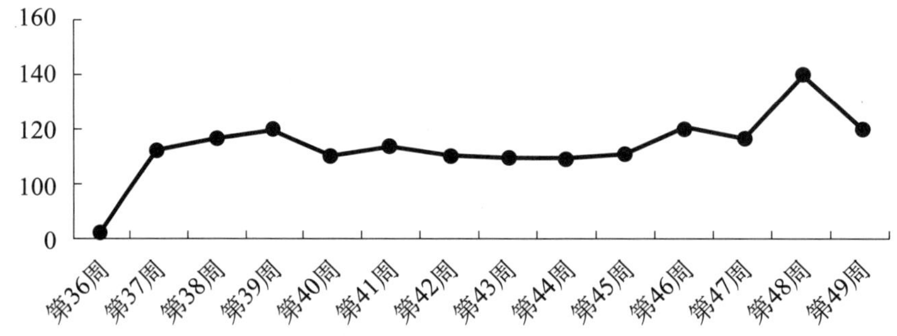


**图 6-45　客单价趋势**

从整理出来的客单价数据中可以看到，除第 36 周（82.7 元）和第 48 周（139.1 元）波动较大外，其余几周客单价基本稳定在 100～120 元的范围内，对比图 6-44 的销售金额趋势，第 36 周与第 48 周的数据异常并不是主因。同时，也可以看出，并不存在活动降价或促销导致客单价持续下降的情况。通过以上情况的分析，基本上可以排除因客单价下降导致销售金额下滑的可能性。

## 三、步骤三：订单量数据分析

在销售金额公式中，去除客单价后，展现量、点击率、转化率三个数据的乘积就是订单量。在排除客单价影响销售金额的可能性后，整理大致的订单量数据，获得订单量趋势如图 6–46 所示，基本能佐证前面的判断。

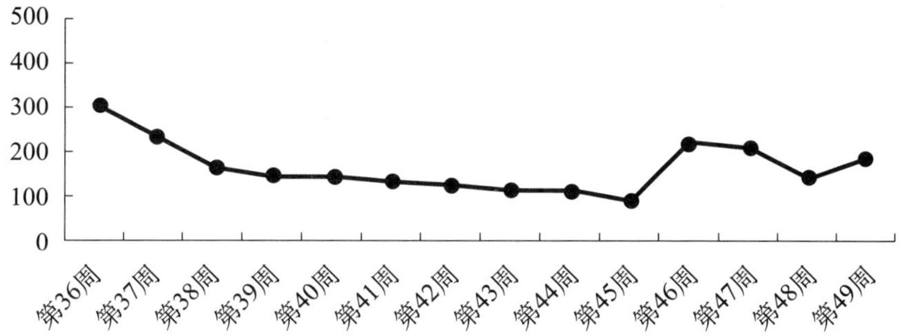


**图 6–46　订单量趋势**

对比图 6–44 的销售金额趋势，在客单价基本稳定的情况下，订单量下降趋势与销售金额下降趋势基本吻合。因此，应在展现量、点击率、转化率三个数据中找到订单量下降的原因。

## 四、步骤四：转化率数据分析

随后，整理店铺的转化率数据，绘制店铺转化率折线图，如图 6–47 所示。

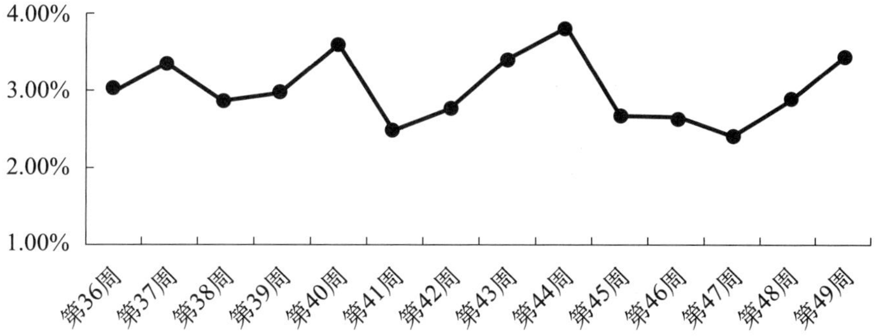


**图 6–47　转化率趋势**

可从图 6–47 中观察店铺转化率的数据变化。转化率一直处于 2%～4%，虽有一定程度的波动，但基本在 3% 左右。而且对比图 6–44 的销售金额趋势，转化率的波动对销售金额有一定影响，比如第 44 周至第 47 周，但其并非是销售金额下滑的主因。

## 五、步骤五：访客数数据分析

收集和整理第 36 周至第 49 周的店铺访客数数据，绘制访客数数据折线图，如图 6–48 所示。

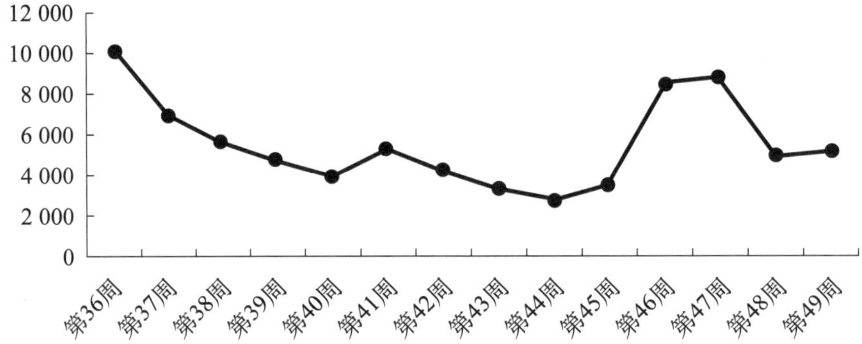


**图 6–48　访客数趋势**

对比图 6–44 的销售金额趋势、图 6–46 的订单量趋势和图 6–48 的访客数趋势，可以明显发现，这三个数据的变化趋势非常相近。由此可以推断，访客数减少，导致销售金额下降。

### 六、步骤六：分析数据变动原因

在整理和分析了各目标数据后，可以大致得出导致销售金额下降的主要指标是访客数。影响访客数的指标有两个，一个是展现量，一个是点击率，在网店运营过程中展现量都是比较稳定的，所以重点就是提升点击率。点击率高，访客数多；点击率低，访客数少。要提升点击率就要优化店铺的商品详情页、商品主图、购物路径等，这样有助于增加店铺的访客数。

## 学习任务八　供应链数据分析

供应链数据分析

### 一、采购数据分析

需求计划是否有效？供应商是否稳定可靠？采购价格是否合理？这是每一个采购人员都应考虑的问题。通过对采购数据的分析，可以及时调整采购策略，优化网店的客户服务满意度，增加网店利润空间，降低运营成本及供货风险。

采购计划是基于实际销售的数据，对未来的销售进行预测，通常分为如下步骤：

（1）对过去的销量进行数据统计，得出以 SKU 为颗粒度的销量统计表；

（2）分别对日常销量和活动销量进行预判，得出需求预测；

（3）基于时间维度进行需求预测汇总；

（4）结合市场和销售策略，定期对所有需求预测进行符合事实的更新。

小苏是某销售时尚休闲装网店的采购专员，近期该网店调整运营策略，对上一年度采购计划进行分析，现要求小苏针对采购数据做一次详细分析，为下一年度的采购计划做准备。采购数据分析的操作步骤及关键节点成果展示如下。

需求预测数据

## （一）步骤一：需求预测

扫描二维码获取需求预测数据，可知网店 2018 年前半年短袖的日常需求预测和活动需求预测，如表 6–3、表 6–4 所示。

**表6–3　短袖日常需求预测**

| 月份 | 汇总数量 / 件 | 短袖 S 码 / 件 | 短袖 M 码 / 件 | 短袖 L 码 / 件 |
|---|---|---|---|---|
| 1 | 200 | 68 | 72 | 60 |
| 2 | 253 | 78 | 95 | 80 |
| 3 | 263 | 82 | 96 | 85 |
| 4 | 356 | 110 | 130 | 116 |
| 5 | 8 640 | 2 960 | 3 000 | 2 680 |
| 6 | 11 020 | 3 940 | 3 720 | 3 360 |

**表6–4　短袖活动需求预测**

| 月份 | 汇总数量 / 件 | 短袖 S 码 / 件 | 短袖 M 码 / 件 | 短袖 L 码 / 件 |
|---|---|---|---|---|
| 1 | — | — | — | — |
| 2 | — | — | — | — |
| 3 | 950 | 320 | 360 | 270 |
| 4 | 1 826 | 586 | 638 | 602 |
| 5 | 4 615 | 1 627 | 1 560 | 1 428 |
| 6 | 7 184 | 2 907 | 2 493 | 1 784 |

需求预测的计算公式为：

需求预测 = 日常需求预测 + 活动需求预测

根据计算公式，对表 6–3、表 6–4 的数据进行汇总，得到表 6–5 中的数据。

表6-5　需求预测

| 月份 | 汇总数量 / 件 | 短袖 S 码 / 件 | 短袖 M 码 / 件 | 短袖 L 码 / 件 |
|---|---|---|---|---|
| 1 | 200 | 68 | 72 | 60 |
| 2 | 253 | 78 | 95 | 80 |
| 3 | 1 213 | 402 | 456 | 355 |
| 4 | 2 183 | 696 | 768 | 718 |
| 5 | 13 255 | 4 587 | 4 560 | 4 108 |
| 6 | 18 204 | 6 847 | 6 213 | 5 144 |

### （二）步骤二：图表可视化操作

在表 6-5 的基础之上，为了显示出需求变化规律以规划其他运营资源，可以将表 6-5 中的数据结果转化为图 6-49 所示的折线图和图 6-50 所示的柱状图。

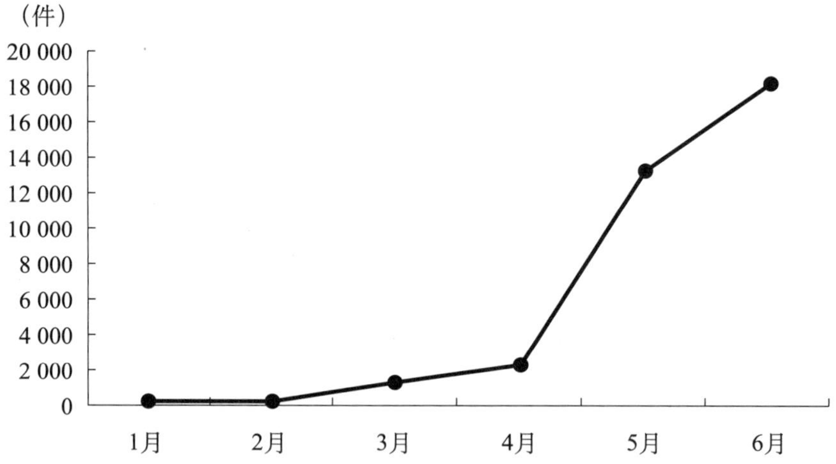


图 6-49　短袖需求预测折线图

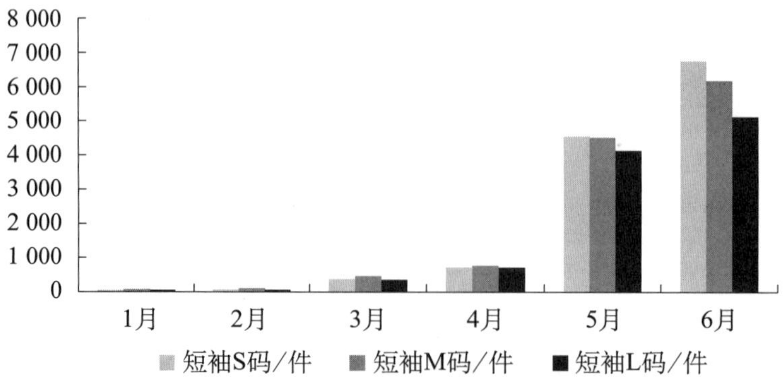


图 6-50　短袖需求预测柱状图

### （三）步骤三：图表可视化分析

通过图 6-49 可以看出，因为季节原因，1—4 月短袖需求量非常小，虽然可以进行反季节的促销活动，但需求仍然乏力，所以采购量不宜过大，要根据当年的气温情况及时调整。5—6 月数据直线上升，说明要在这两个月增加备货量，并计划好促销活动的备货。

通过图 6-50 可以清楚地看到，在 1—4 月，短袖 S、M、L 三个码数的需求较为平均，但在 5—6 月，S、M 码需求更为旺盛，其中 6 月 S 码需求更多，所以在 5—6 月 S、M 码要有充足备货。

根据可预测的需求波动应及时修改采购计划，避免产品需求的变化给供应链带来一系列的连锁问题，如需求旺季大量缺货导致供不应求，需求淡季库存过多造成产品积压及库存成本上升。

## 二、库存数据分析

仓储是供应链管理中非常关键的一个环节，电子商务环境下，仓储一般指的是库存。企业定期对库存数据进行分析，可以及时调整库存管理策略，保证商品供应的平衡，控制商品破损比，加快资金周转等。

库存数据分析的意义不仅仅在于核对商品数量的对错，还在于通过数据分析了解商品库存的情况，从而判断库存商品结构是否完整，商品数量是否适中，以及库存破损比例是否在可控范围内。

小周是某办公用品网店仓库管理人员，按照公司要求，小周本周需要对上半年的库存数据进行整理分析，并将结果上报给部门领导。库存数据分析的操作步骤及关键节点成果展示如下。

### （一）步骤一：数据获取

扫描二维码可以获取小周统计整理的商品库存数据。将获取的数据整理到 Excel 表格中，整理后的效果如图 6-51 所示。

库存数据

### （二）步骤二：结存数量计算

在 F 列后新增一列，输入字段名“结存数量”，通过结存数量计算公式，计算得出各商品的结存数量，结果如图 6-52 所示。结存数量计算公式为：

结存数量 = 期初数量＋入库数量－出库数量

### （三）步骤三：库存数据分析

在店铺运营中，商品库存应保持适度，既要保证商品供应充足，又不能有太多积压。选择 A 列、G 列和 H 列数据，选择“插入”选项卡，在“图表”组中单击“柱形图”下拉按钮，选择“簇状柱形图”选项，插入图表，然后调整图表大小，删除网格线，结果如图 6–53 所示。

| | A | B | C | D | E | F | G | H | I |
|---|---|---|---|---|---|---|---|---|---|
| 1 | 商品名称 | 单位 | 入库时间 | 期初数量 | 入库数量 | 出库数量 | 库存标准量 | 破损数量 | 破损原因 |
| 2 | 中性笔 | 盒 | 2019/12/1 | 118 | 350 | 435 | 120 | | |
| 3 | 长尾夹 | 盒 | 2019/12/1 | 120 | 150 | 151 | 100 | | |
| 4 | 印泥 | 盒 | 2019/12/1 | 124 | 50 | 99 | 50 | 1 | 包装 |
| 5 | 液体胶水 | 个 | 2019/12/1 | 122 | 100 | 130 | 80 | | |
| 6 | 文件架 | 个 | 2019/12/1 | 118 | 145 | 230 | 100 | 1 | 商品质量 |
| 7 | 文件夹 | 个 | 2019/12/1 | 120 | 150 | 172 | 100 | | |
| 8 | 文件袋 | 套 | 2019/12/1 | 128 | 130 | 125 | 100 | | |
| 9 | 收纳盒 | 个 | 2019/12/1 | 125 | 135 | 131 | 80 | 2 | 包装 |
| 10 | 起钉器 | 个 | 2019/12/1 | 126 | 120 | 143 | 80 | 2 | 包装 |
| 11 | 美工刀 | 把 | 2019/12/1 | 122 | 135 | 72 | 50 | 1 | 人为 |
| 12 | 拉杆夹 | 套 | 2019/12/1 | 115 | 250 | 312 | 100 | | |
| 13 | 记号笔 | 个 | 2019/12/1 | 124 | 130 | 222 | 120 | | |
| 14 | 回形针 | 盒 | 2019/12/1 | 116 | 120 | 101 | 100 | 2 | 包装 |
| 15 | 固体胶 | 盒 | 2019/12/1 | 120 | 140 | 170 | 100 | 1 | 其他 |
| 16 | 订书机 | 个 | 2019/12/1 | 119 | 130 | 145 | 50 | 1 | 其他 |
| 17 | 档案盒 | 个 | 2019/12/1 | 120 | 150 | 147 | 80 | 3 | 商品质量 |
| 18 | 档案袋 | 个 | 2019/12/1 | 116 | 130 | 135 | 80 | 6 | 污渍 |
| 19 | 不干胶贴纸 | 包 | 2019/12/1 | 120 | 80 | 48 | 50 | 2 | 污渍 |

**图 6–51　库存数据整理**

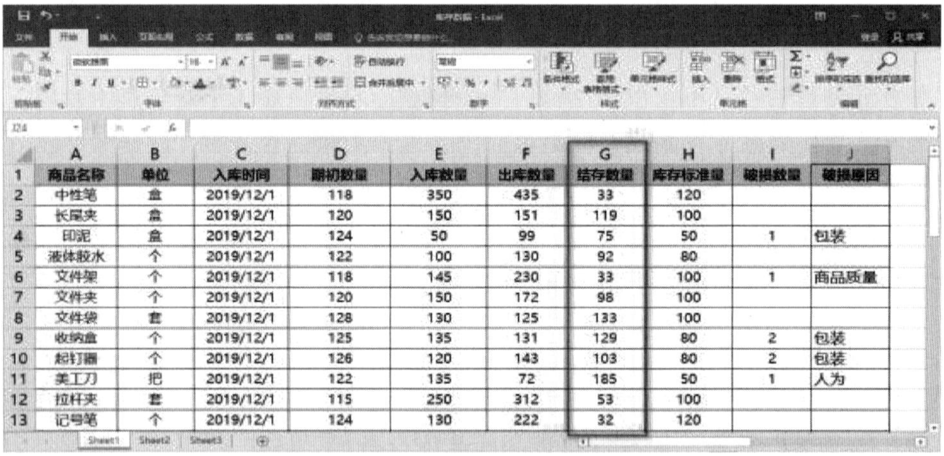

| | A | B | C | D | E | F | G | H | I | J |
|---|---|---|---|---|---|---|---|---|---|---|
| 1 | 商品名称 | 单位 | 入库时间 | 期初数量 | 入库数量 | 出库数量 | 结存数量 | 库存标准量 | 破损数量 | 破损原因 |
| 2 | 中性笔 | 盒 | 2019/12/1 | 118 | 350 | 435 | 33 | 120 | | |
| 3 | 长尾夹 | 盒 | 2019/12/1 | 120 | 150 | 151 | 119 | 100 | | |
| 4 | 印泥 | 盒 | 2019/12/1 | 124 | 50 | 99 | 75 | 50 | 1 | 包装 |
| 5 | 液体胶水 | 个 | 2019/12/1 | 122 | 100 | 130 | 92 | 80 | | |
| 6 | 文件架 | 个 | 2019/12/1 | 118 | 145 | 230 | 33 | 100 | 1 | 商品质量 |
| 7 | 文件夹 | 个 | 2019/12/1 | 120 | 150 | 172 | 98 | 100 | | |
| 8 | 文件袋 | 套 | 2019/12/1 | 128 | 130 | 125 | 133 | 100 | | |
| 9 | 收纳盒 | 个 | 2019/12/1 | 125 | 135 | 131 | 129 | 80 | 2 | 包装 |
| 10 | 起钉器 | 个 | 2019/12/1 | 126 | 120 | 143 | 103 | 80 | 2 | 包装 |
| 11 | 美工刀 | 把 | 2019/12/1 | 122 | 135 | 72 | 185 | 50 | 1 | 人为 |
| 12 | 拉杆夹 | 套 | 2019/12/1 | 115 | 250 | 312 | 53 | 100 | | |
| 13 | 记号笔 | 个 | 2019/12/1 | 124 | 130 | 222 | 32 | 120 | | |

**图 6–52　结存数量计算（部分）**

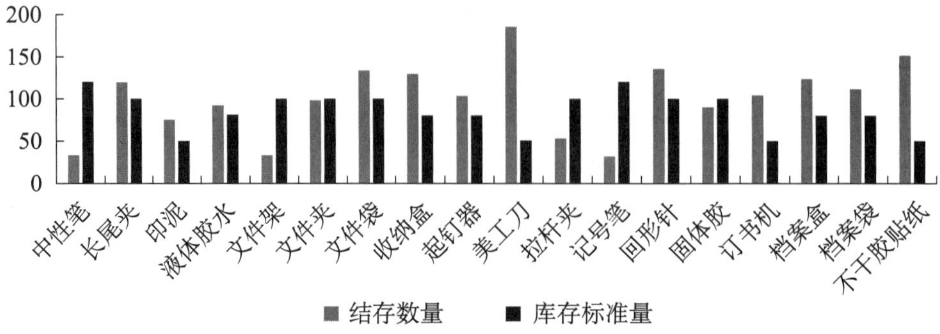


**图 6–53　库存数据分析**

观察图 6–53 所示的结存数量与库存标准量，可以对比分析如下问题：各商品的库存是否适度？哪些商品供销平衡？哪些商品急需补货？哪些商品积压严重？针对积压严重的商品有什么建议？等等。

### （四）步骤四：库存商品破损统计

库存商品出现破损是无可避免的，但必须要控制在正常范围之内，如果破损率过高，就需要找出原因，采取相应措施。假设根据产品性质，企业规定库存破损率小于 1% 为正常破损范围，大于等于 1% 即认定为破损率较高，须引起重视。

在 Excel 中绘制表格，输入字段名“总库存数量”“破损数量”“破损率”和“结论”，如图 6–54 所示。利用自动求和功能计算得出总库存数量和破损数量，再根据“破损率 = 破损数量 / 总库存数量”，计算得出破损率，设置其格式为百分比、2 位小数显示，最后根据破损率结果，判断其是否在正常破损范围内。

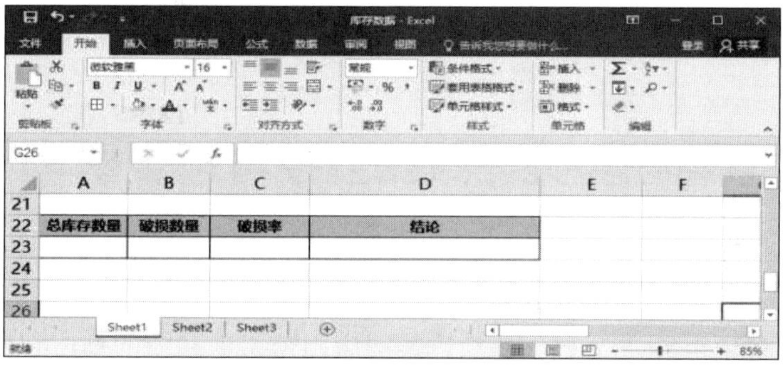


图 6–54　库存商品破损统计

### （五）步骤五：库存商品破损原因分析

在 Excel 中绘制表格，输入字段名“破损原因”“数量”，如图 6–55 所示，进行库存商品破损原因统计。

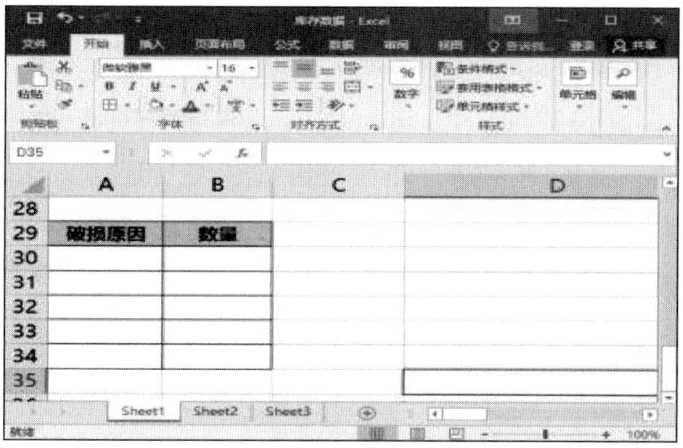


图 6–55　库存商品破损原因统计

选中相应数据，插入二维饼图，然后调整图的大小，设置数据标签格式，完成图的制作，结果如图 6–56 所示。根据该图可以对库存商品的破损比例和原因进行分析，并给出优化建议。

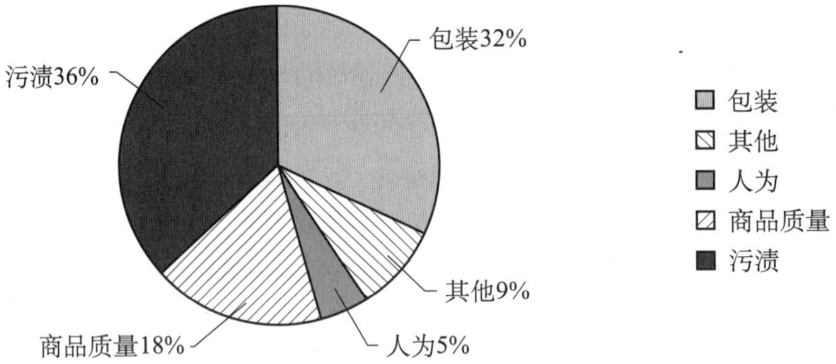


**图 6–56　库存商品破损原因分析**

# 学习任务九　数据监控与报告撰写

为了迎接即将到来的“双 11”活动，某网店制定了活动前的推广宣传策略为网店引流。然而，网店引来流量，如何能达成更高的商品销量，让引来的流量发挥更大的价值？应当刺激让进店的客户消费，提高转化率。

转化率是衡量店铺运营健康与否的重要指标。转化率指在一个统计周期内，完成转化行为的次数占推广信息点击次数的比率，转化率高说明进店的客户中成功交易的人数比例高。对店铺转化率的监控，可以发现转化率的整体情况，以及影响转化率的主要因素，进而优化营销策略。在进行数据监控前，需要围绕监控目标确定重点监控的数据指标，此外，还需要选定合适的监控方式和周期，明确监控的数据指标正常波动的范围，及时分析异常原因并进行优化。撰写数据报告前需要明确需求，确认报告的大纲，即在报告中需要呈现哪些数据维度，并根据确定的维度选择其中重要的数据指标呈现在报表框架中。完成数据指标的选择及报表框架的搭建后，运营人员将每日采集的数据导入，并进行数据分析，即可完成数据监控报告。

数据分析报告撰写

为了更好地记录和分析数据，商家需要监控全店成交转化率的各项数据指标情况。为了分析目前全店转化率的情况，部门经理安排运营人员小王统计 10 月店铺转化率的关键数据，形成全店转化率监控报告，小王的操作步骤及关键节点成果展示如下。

数据监控

## 一、步骤一：确定监控目标

转化率在店铺运营过程中是非常重要的数据，一旦出现波动，就会直接造成销售额的下降，所以每天跟踪转化率的情况就显得尤为重要。店铺中的转化率可以细分为成交转化率、询单转化率和静默转化率。生意参谋展示的全店的转化率数据在“流量总览”板块，如图 6–57 所示。

图 6–57　流量总览

## 二、步骤二：明确监控指标

明确监控的数据指标，对其密切关注。其中，浏览量、访客数是重要的过程性指标，销售额为关键性结果指标，也需要进行监控。

在撰写报告时要围绕这些维度展开，如表 6–6 所示。

表6–6　监控指标

| 指标类别 | 指标名称 |
|---|---|
| 流量 | 访客数 |
| | 浏览量 |
| 转化 | 成交转化率 |
| | 询单转化率 |
| | 静默转化率 |
| 销售 | 销售额 |

## 三、步骤三：确定监控方式及监控周期

因需要监控的数据量比较小，小王计划进行人工数据采集与监控。因单日数据存在不确定的波动，为了减少随机因素的干扰，选择以月为单位进行监控数据的汇总与分析，及时发现异常情况并分析异常原因。

## 四、步骤四：创建数据监控报表

确定报告中呈现的数据指标和监控周期后，还需要搭建数据监控报表框架。日常数据监控报表建议采用列表式，各类数据指标按照表头顺序平铺式展示，便于查看。

新建 Excel 工作表，将工作表命名为“某店铺转化率监控报表”，随后按照数据维度分别输入日期及选定的数据指标名称，搭建的报表框架如表 6–7 所示。

表6–7　某店铺转化率监控报表（空白表）

| 日期 | 销售额 / 元 | 浏览量（PV） | 访客数数（UV） | 成交转化率 /% | 询单转化率 /% | 静默转化率 /% |
|---|---|---|---|---|---|---|
| 2019–10–1 | | | | | | |
| 2019–10–2 | | | | | | |
| 2019–10–3 | | | | | | |
| 2019–10–4 | | | | | | |
| 2019–10–5 | | | | | | |
| …… | | | | | | |
| 2019–10–30 | | | | | | |
| 2019–10–31 | | | | | | |

## 五、步骤五：数据采集与处理

采集店铺转化率相关数据，并将数据分类填充至报表中，添加后的效果如表 6–8 所示。

表6–8　某店铺转化率监控报表（添加数据）

| 日期 | 销售额 / 元 | 浏览量（PV） | 访客数（UV） | 成交转化率 /% | 询单转化率 /% | 静默转化率 /% |
|---|---|---|---|---|---|---|
| 2019–10–1 | 100 301 | 34 118 | 8 529 | 19.60 | 70.21 | 16.48 |

续表

| 日期 | 销售额 / 元 | 浏览量（PV） | 访客数（UV） | 成交转化率 /% | 询单转化率 /% | 静默转化率 /% |
|---|---|---|---|---|---|---|
| 2019-10-2 | 111 140 | 40 411 | 10 111 | 18.32 | 69.36 | 15.20 |
| 2019-10-3 | 82 105 | 31 423 | 7 869 | 17.39 | 69.13 | 14.27 |
| 2019-10-4 | 111 391 | 43 203 | 10 800 | 17.19 | 70.00 | 14.07 |
| 2019-10-5 | 100 483 | 40 654 | 10 156 | 16.49 | 66.96 | 13.37 |
| 2019-10-6 | 95 206 | 39 487 | 9 868 | 16.08 | 70.06 | 12.96 |
| 2019-10-7 | 98 661 | 39 984 | 9 996 | 16.45 | 69.53 | 13.33 |
| 2019-10-8 | 119 250 | 49 812 | 12 453 | 15.96 | 69.09 | 12.84 |
| 2019-10-9 | 169 060 | 66 389 | 16 594 | 16.98 | 70.02 | 13.86 |
| 2019-10-10 | 75 629 | 38 923 | 9 726 | 12.96 | 35.99 | 12.78 |
| 2019-10-11 | 80 382 | 31 032 | 10 258 | 13.06 | 41.65 | 12.89 |
| 2019-10-12 | 108 370 | 36 356 | 9 058 | 19.94 | 62.00 | 16.82 |
| 2019-10-13 | 109 292 | 38 548 | 8 851 | 20.58 | 69.33 | 17.46 |
| 2019-10-14 | 125 703 | 39 540 | 9 887 | 21.19 | 70.33 | 17.57 |
| 2019-10-15 | 121 804 | 36 326 | 9 079 | 22.36 | 71.42 | 17.24 |
| 2019-10-16 | 99 207 | 36 241 | 9 060 | 18.25 | 69.99 | 15.13 |
| 2019-10-17 | 125 849 | 36 325 | 9 080 | 23.10 | 70.23 | 17.98 |
| 2019-10-18 | 114 740 | 38 799 | 9 732 | 19.65 | 63.95 | 16.53 |
| 2019-10-19 | 106 659 | 38 767 | 9 698 | 18.33 | 69.38 | 15.21 |
| 2019-10-20 | 109 152 | 34 277 | 8 569 | 21.23 | 70.11 | 17.11 |
| 2019-10-21 | 128 051 | 40 965 | 10 231 | 20.86 | 69.33 | 16.74 |
| 2019-10-22 | 115 987 | 38 512 | 9 878 | 19.57 | 66.42 | 16.45 |
| 2019-10-23 | 130 316 | 50 161 | 12 540 | 17.32 | 68.35 | 14.20 |
| 2019-10-24 | 115 929 | 44 970 | 11 240 | 17.19 | 65.69 | 14.07 |
| 2019-10-25 | 130 577 | 41 005 | 10 251 | 21.23 | 70.21 | 17.01 |
| 2019-10-26 | 125 407 | 39 965 | 9 991 | 20.92 | 69.52 | 17.80 |
| 2019-10-27 | 120 832 | 40 501 | 10 125 | 19.89 | 56.32 | 16.77 |
| 2019-10-28 | 138 200 | 44 813 | 11 203 | 20.56 | 69.71 | 17.14 |
| 2019-10-29 | 122 886 | 39 597 | 9 899 | 20.69 | 65.26 | 17.20 |
| 2019-10-30 | 125 277 | 40 841 | 10 210 | 20.45 | 59.36 | 17.13 |
| 2019-10-31 | 133 187 | 44 847 | 11 211 | 19.80 | 55.69 | 16.48 |

## 六、步骤六：数据分析与报表美化

针对转化率的每一个细分数据进行深度分析，最先看成交转化率的走势，当全店的成交转化率没有较大波动时，说明店铺其他细分转化率没有太大的波动；而如果全店的成交转化率出现了较大的波动，就需要分析具体是哪些转化率出现了问题。

### （一）绘制转化率走势图

通过把数据转化为折线图，能更加直观地看出转化率的走势情况。分别为成交转化率、询单转化率及静默转化率数据列绘制折线图，如图 6–58～图 6–60 所示。

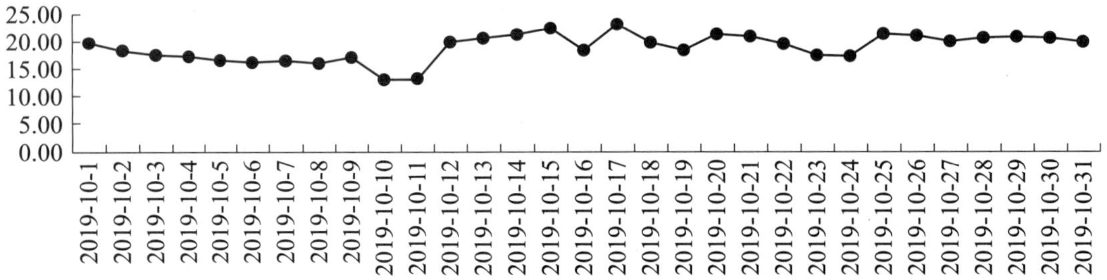


**图 6–58　成交转化率**

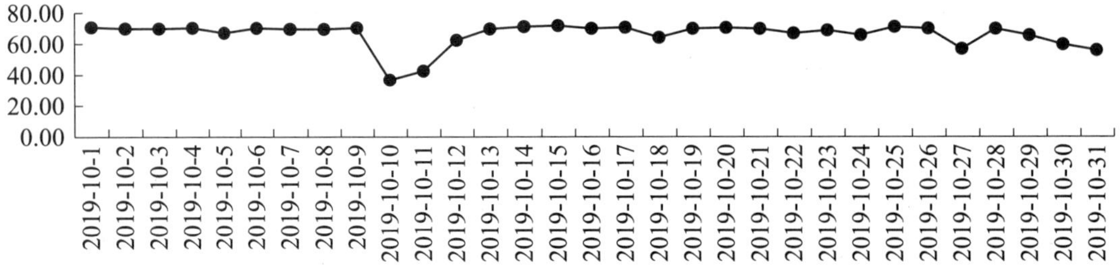


**图 6–59　询单转化率**

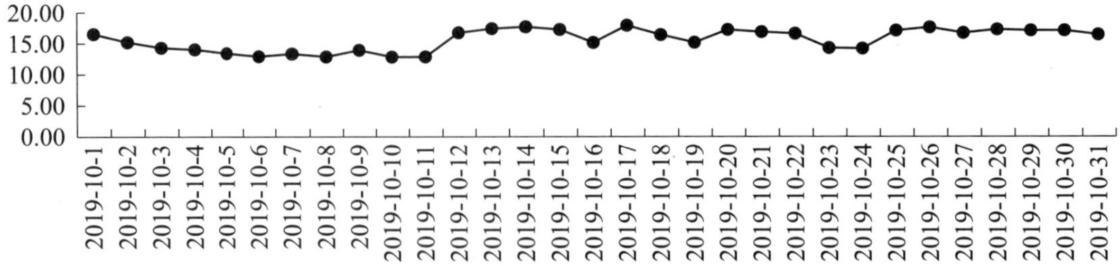


**图 6–60　静默转化率**

### （二）添加数据条对数据突出显示

除了借助折线图表来直观分析转化率的走势，还可以利用条件格式对需要突出显示的数据进行设置，让报表更加清晰明了。在此可对销售额的数据突出呈现，首先框选需要处理的数据，然后点击“条件格式”按钮，在其下拉菜单中选择“数据条”选项（见图 6–61），选定颜色突出显示，结果如图 6–62 所示。

**图 6–61　“条件格式”功能区**

| 某店铺转化率监控报表 | | | | | | |
|---|---|---|---|---|---|---|
| 日期 | 销售额/元 | 浏览量（PV） | 访客数（UV） | 成交转化率/% | 询单转化率/% | 静默转化率/% |
| 2019-10-1 | 100301 | 34118 | 8529 | 19.60 | 70.21 | 16.48 |
| 2019-10-2 | 111140 | 40411 | 10111 | 18.32 | 69.36 | 15.20 |
| 2019-10-3 | 82105 | 31423 | 7869 | 17.39 | 69.13 | 14.27 |
| 2019-10-4 | 111391 | 43203 | 10800 | 17.19 | 70.00 | 14.07 |
| 2019-10-5 | 100483 | 40654 | 10156 | 16.49 | 66.96 | 13.37 |
| 2019-10-6 | 95206 | 39487 | 9868 | 16.08 | 70.06 | 12.96 |
| 2019-10-7 | 98661 | 39984 | 9996 | 16.45 | 69.53 | 13.33 |
| 2019-10-8 | 119250 | 49812 | 12453 | 15.96 | 69.09 | 12.84 |
| 2019-10-9 | 169060 | 66389 | 16594 | 16.98 | 70.02 | 13.86 |
| 2019-10-10 | 75629 | 38923 | 9726 | 12.96 | 35.99 | 12.78 |
| 2019-10-11 | 80382 | 31032 | 10258 | 13.06 | 41.65 | 12.89 |
| 2019-10-12 | 108370 | 36356 | 9058 | 19.94 | 62.00 | 16.82 |
| 2019-10-13 | 109292 | 38548 | 8851 | 20.58 | 69.33 | 17.46 |
| 2019-10-14 | 125703 | 39540 | 9887 | 21.19 | 70.33 | 17.57 |
| 2019-10-15 | 121804 | 36326 | 9079 | 22.36 | 71.42 | 17.24 |
| 2019-10-16 | 99207 | 36241 | 9060 | 18.25 | 69.99 | 15.13 |
| 2019-10-17 | 125849 | 36325 | 9080 | 23.10 | 70.23 | 17.98 |
| 2019-10-18 | 114740 | 38799 | 9732 | 19.65 | 63.95 | 16.53 |
| 2019-10-19 | 106659 | 38767 | 9698 | 18.33 | 69.38 | 15.21 |
| 2019-10-20 | 109152 | 34277 | 8569 | 21.23 | 70.11 | 17.11 |
| 2019-10-21 | 128051 | 40965 | 10231 | 20.86 | 69.33 | 16.74 |
| 2019-10-22 | 115987 | 38512 | 9878 | 19.57 | 66.42 | 16.45 |
| 2019-10-23 | 130316 | 50161 | 12540 | 17.32 | 68.35 | 14.20 |
| 2019-10-24 | 115929 | 44970 | 11240 | 17.19 | 65.69 | 14.07 |
| 2019-10-25 | 130577 | 41005 | 10251 | 21.23 | 70.21 | 17.01 |
| 2019-10-26 | 125407 | 39965 | 9991 | 20.92 | 69.52 | 17.80 |
| 2019-10-27 | 120832 | 40501 | 10125 | 19.89 | 56.32 | 16.77 |
| 2019-10-28 | 138200 | 44813 | 11203 | 20.56 | 69.71 | 17.14 |
| 2019-10-29 | 122886 | 39597 | 9899 | 20.69 | 65.26 | 17.20 |
| 2019-10-30 | 125277 | 40841 | 10210 | 20.45 | 59.36 | 17.13 |
| 2019-10-31 | 133187 | 44847 | 11211 | 19.80 | 55.69 | 16.48 |

**图 6–62　添加数据条突出显示**

接下来，可以利用条件格式对转化率相关的数据进行设置，更加直观地展示数据的大小变化。首先框选需要处理的数据，然后点击“条件格式”按钮，在其下拉菜单中选择

“色阶”选项，选定颜色，为单元格区域添加颜色渐变，颜色指明每个单元格值在该区域内的位置。

结合报表中的数据及色阶显示结果，进行数据分析，即可完成数据报告的撰写。

## 同步案例分析

### 店铺活动数据报告撰写

某淘宝女装店铺在2023年第一季度陆续参与了平台“年货节”“情人节”“女王节”“新风尚”四项重要活动。第一季度结束后，部门经理安排小王编写第一季度店铺活动数据报告，对店铺参与的活动进行总结，分析活动效果，反馈活动计划执行情况。

店铺活动数据报告以定期数据分析报表为依据，反映计划执行情况，并分析其影响因素和形成原因。这种数据分析报告一般是按日、周、月、季、年等时间阶段定期进行，所以也叫定期分析报告。某女装店铺需要对第一季度的店铺活动进行总结，分析活动效果，就需要在此目标下，选择数据指标、确定时间维度、构建报告框架、统计对应数据、完成基础分析，进而完成店铺活动数据报告的撰写。

撰写店铺活动数据报告，其操作步骤如下：

步骤一：明确报告撰写目标。根据任务背景分析本次数据报告的撰写目标是什么，并对目标进行拆分，确定必要输出的数据结果及分析结论。

步骤二：设计报告结构。根据报告的撰写目标，设计报告的结构，确定在报告中展示的数据指标及维度，确定报告的讲述逻辑。

步骤三：选择合适的呈现形式完成报告撰写。

## 项目小结

通过本项目的学习，帮助学生理解网店数据分析的内涵、意义、作用、思路、工具；认识电子商务数据化运营理念；掌握数据采集和处理方案撰写，通过数据分析目标，明确数据指标类型、数据获取渠道并对数据进行初步整理。掌握电子商务领域数据分析技能，能够熟练开展电子商务数据分析，包括：市场数据分析、运营数据分析、产品数据分析；能够根据市场、运营、产品等不同电子商务情境下数据分析目标，开展数据监控、分析，及时发现数据异常并进行运营优化，完成数据分析报告撰写。让学生掌握电子商务领域数据分析技能，能够熟练开展电子商务数据分析，培养能够胜任大数据时代电子商务数据化运营工作的技能人才。

## 项目实训

**任务目标**

完成咨询转化率数据分析。

**任务背景**

随着网络购物的兴起，店铺的客服人员在整个购物流程中扮演了极其重要的角色。客服人员已经不再是简单的“聊天工具人”，而是直接面对买家的销售员。客服人员的咨询转化率对店铺的销售额起到了关键作用。某主营女装的淘宝店铺，现有 3 名客服，为了提高整个客服团队业绩，管理者决定对客服的咨询转化率进行数据的追踪并作为客服 KPI 考核的重点。

**任务分析**

咨询转化率是指所有咨询客服并产生购买行为的人数与所有咨询客服总人数的比值。当在访问店铺的过程中产生一些疑问时，绝大多数买家会与在线客服进行交流，如果客服解决了买家的相关问题，有一部分买家就会选择购买商品。

**任务操作**

咨询转化率分析，其操作步骤和关键节点展示如下：

步骤 1：采集数据

根据商品销售平台，确定数据来源。如在淘宝平台进行销售，则在淘宝商家平台上“我的工作台”—“商家成长”中选择左侧栏的“客服”，即可查询店铺询单转化率。如果店铺购买如赤兔名品等类似客服软件，则可同时了解不同客服的询单及转化情况。

步骤 2：确定数据指标

此任务中应包括咨询率、咨询转化率、访问深度三项关键数据指标，除此之外还应包括浏览量、访客数等指标。

步骤 3：制作数据采集表

根据步骤 2 所确定的数据指标制作数据采集表格，如表 6–9 所示。

**表6–9　数据采集表格**

| 日期 | 浏览量 | 访客数 | 访问深度 | 咨询率 | 咨询转化率 |
|---|---|---|---|---|---|
| 今日 | 2 399 | 610 | 2.34 | 36.22% | 16.06% |
| 昨日 | 1 999 | 553 | 1.89 | 29.13% | 16.33% |
| 上周同期 | 2 039 | 400 | 1.62 | 25.75% | 12.89% |
| 一周日均值 | 2 142 | 571 | 1.75 | 29.56% | 16.78% |

步骤 4：制作访问深度柱状图

访问深度是指访客一次性连续访问店铺的页面数，即每次会话浏览的页面数量。平均访问深度是指访客平均每次连续访问店铺的页面数。图 6–63 所示为该店铺的访问深度柱状图。

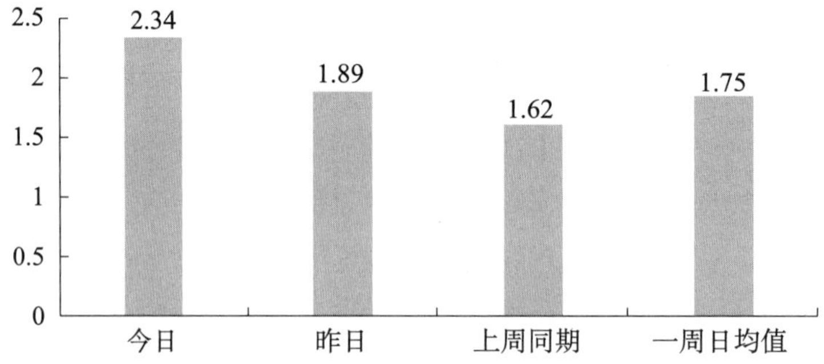


**图 6–63　访问深度柱状图**

步骤 5：制作咨询率和咨询转化率的趋势图

咨询率 = 咨询人数 / 访客总数

咨询转化率 = 咨询成交人数 / 咨询总人数

如图 6–64 所示为该店铺的咨询率和咨询转化率的趋势图。从图中可以看出：随着访问深度的变化，咨询率和咨询转化率随之变化；访问深度的数值越大，咨询率和咨询转化率越大。

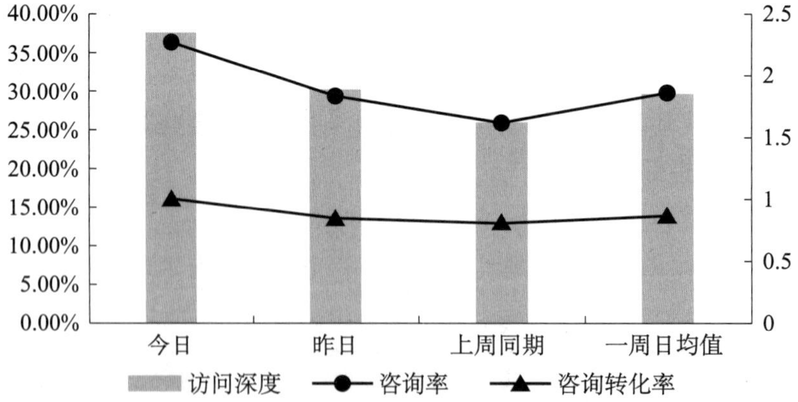


**图 6–64　店铺咨询率和店铺咨询转化率的趋势图**

步骤 6：客服 KPI 考核设置

店铺可以针对客服 KPI 考核制定咨询转化率考核表，如表 6–10 所示。

**表6-10　咨询转化率考核表**

| KPI 考核指标 | 评分标准 | 分值 | 权重 |
|---|---|---|---|
| 成交转化率（$X$） | $X \geqslant 41\%$ | 100 | 30% |
| | $38\% \leqslant X < 41\%$ | 90 | |
| | $35\% \leqslant X < 38\%$ | 80 | |
| | $32\% \leqslant X < 35\%$ | 70 | |
| | $28\% \leqslant X < 32\%$ | 60 | |
| | $25\% \leqslant X < 28\%$ | 50 | |
| | $X < 25\%$ | 0 | |

分别计算出 3 名客服人员的咨询转化率以及权重得分，如表 6-11 所示。

**表6-11　客服人员咨询转化率统计表**

| 客服人员 | 咨询成交人数 | 咨询总人数 | 咨询转化率 | 得分 | 权重得分 |
|---|---|---|---|---|---|
| A | 88 | 275 | 32% | 70 | 21 |
| B | 582 | 1 455 | 40% | 90 | 27 |
| C | 232 | 800 | 29% | 60 | 18 |

从 3 名客服人员的咨询转化率统计表可直接看出：B 客服的咨询转化率最高，其次是 A 客服，最后是 C 客服。咨询转化率能直接反映出一个客服人员的工作质量。在同等条件下，咨询转化率越高，对店铺的贡献越大。

模块三

# 网店运营实战

# 项目七 典型行业网店运营实战案例

## 实战案例一　某家居店铺数据化运营与优化案例

### 一、某家居店铺介绍

#### （一）主营类目

女士凉拖、男士凉拖、儿童凉拖、女士棉鞋、男士棉鞋、儿童棉鞋等各类居家拖鞋。

#### （二）价格区间及利润率

由表 7–1 可知，店铺中儿童棉鞋、女士棉鞋、男士棉鞋的利润率位居前三位，其中儿童棉鞋的利润率最高为 20.35%。除去这三种商品外，男士凉拖、女士凉拖的利润率较低。可以适当加大儿童棉鞋的推广力度，但是考虑到女士凉拖、男士凉拖销量占店铺的 60% 以上，也要适当保持凉拖的推广，以此提升店铺的利润率。

**表7–1　商品价格区间及利润率分布表**

| 商品种类 | 价格区间（元） | 利润率 |
|---|---|---|
| 女士凉拖 | 35.8～109.8 | 10.88% |
| 男士凉拖 | 35.8～109.8 | 10.88% |
| 儿童凉拖 | 35.8～69.8 | 15.21% |
| 女士棉鞋 | 69.8～299.8 | 15.70% |

续表

| 商品种类 | 价格区间（元） | 利润率 |
|---|---|---|
| 男士棉鞋 | 69.8～299.8 | 15.70% |
| 儿童棉鞋 | 69.8～109.8 | 20.35% |

### （三）货源渠道

（1）批发市场进货：每个城市都有大大小小的批发市场，可以寻找就近的批发市场，面对面交易进货，这种进货方式门槛低，不限制进货数量。

（2）厂家直接进货：省去了中间环节，很可能拿到正规渠道中的最低价，但是这种进货方式门槛较高，对进货数量和资金的要求高。

（3）寻找库存积压商品：有些批发商和厂家的库存积压较多，在资金充裕的情况下可以考虑这种进货渠道，商家急于出手积压货物，一般价格较低，再出售时可以获得较丰厚的利润。

（4）购买品牌拖鞋：一些品牌也会分销一部分款式的商品。这种商品价格比较高，但是质量有保障。

## 二、某家居店铺数据化运营现状分析

### （一）店铺选品数据分析

2 月 26 日—3 月 27 日某商品加购数量折线图如图 7-1 所示。

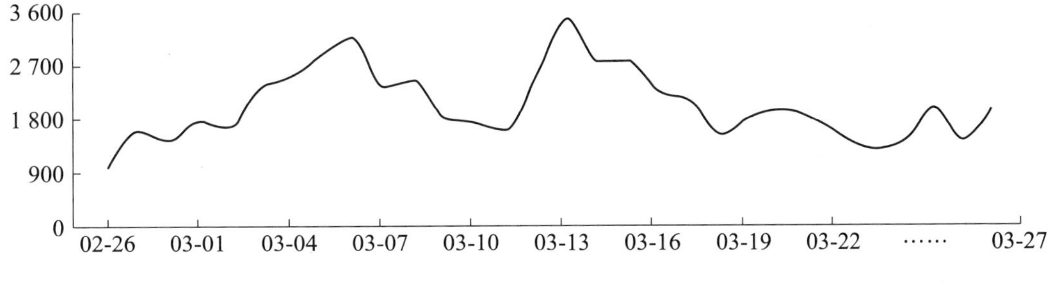


**图 7-1　商品加购数量折线图**

通过图 7-1 可以看出，本品的加购数量在统计周期内增长趋势较缓，但呈现逐渐上涨的趋势，说明本品比较受客户欢迎，也可通过设置加购有礼或更换主图提高加购数量。加购数量在统计周期内有一个小高峰，随后呈现逐渐下跌的趋势，原因是店铺近期开展了直播促销活动，后期随着活动结束，吸引力下降，加购数量随之下跌。

### （二）店铺客户数据分析

由 30 天复购率指标趋势（见图 7–2）可知，周期内店铺有老客户回购，回购次数在 2～4 次区间内，回购率约 3%，因此可以为老客户建立专属优惠群，凡是入群的老客户均可以不定期领取优惠券、产品折扣、产品拼购优惠等，以此作为老顾客回馈策略，引导老客户购买的同时，增加老客户的黏性。

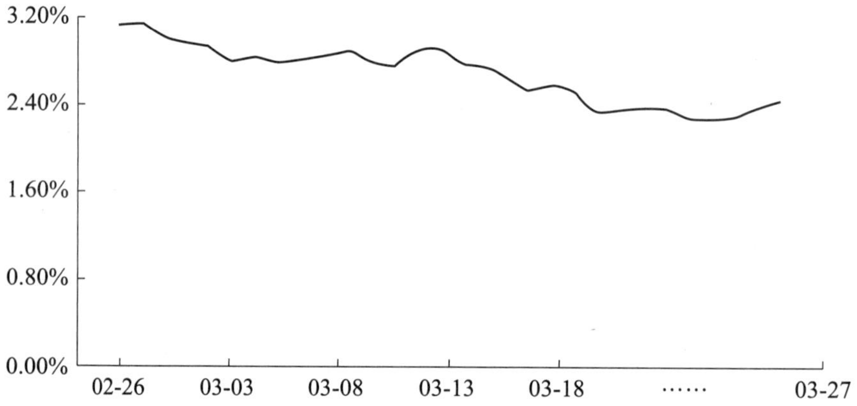


**图 7–2　30 天复购率指标趋势**

### （三）店铺流量及推广数据分析

从图 7–3 中可以看到本店铺的访客数比同行同层优秀访客数量要多很多。在具体流量来源中，手淘淘宝直播流量最大，为店铺带来的访客数为 308 350，下单转化率为 0.83%，可见转化率不是很高，因为直播流量还不是很精准。手淘推荐流量为访客带来 59 463，下单转化率为 2.39%，可见手淘推荐流量较大，转化率也较高。手淘搜索流量是更为精准的流量，转化率更高。

本店铺未开通付费流量，主要以淘宝直播和短视频作为引流手段，免费流量来源中手淘推荐、手淘搜索、购物车的各项指标都占优势。店铺可以利用该分析结果优化其免费推广渠道布局，将手淘淘宝直播作为店铺获取大量流量的首选渠道，但是也要注意提高转化率。

### （四）店铺交易转化数据分析

由图 7–4 可知店铺的支付金额、下单买家数和访客数基本成正比。但支付转化率很低，原因可能是店铺流量主要为手淘淘宝直播流量，这种流量不是很精准，导致店铺的支付转化率比较低，应该适当增加付费流量，拉高店铺支付转化率。

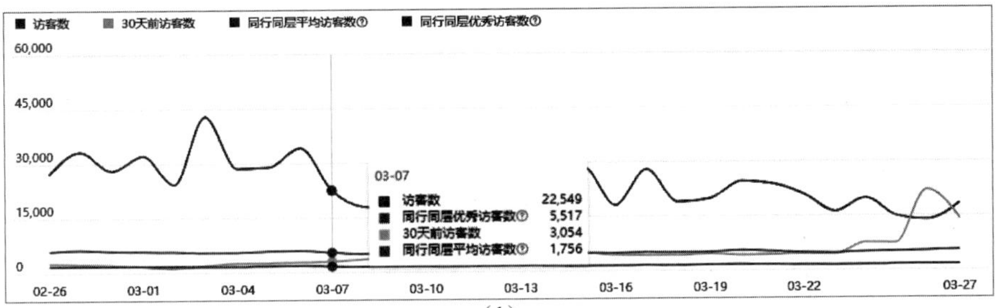


（1）

| 排名 | 来源名称 | 访客数 | 下单买家数 | 下单转化率 | 操作 |
| --- | --- | --- | --- | --- | --- |
| 1 | 手淘淘宝直播<br>较前30日 | 308,350<br>+964.56% | 2,558<br>+663.58% | 0.83%<br>-28.27% | 人群透视<br>趋势　商品效果 |
| 2 | 手淘推荐<br>较前30日 | 59,463<br>+82.60% | 1,422<br>+47.66% | 2.39%<br>-19.13% | 人群透视<br>趋势　商品效果 |
| 3 | 手淘搜索<br>较前30日 | 50,704<br>+12.91% | 3,367<br>+1.60% | 6.64%<br>-10.01% | 详情　人群透视<br>趋势　商品效果 |
| 4 | 淘内免费其他<br>较前30日 | 39,354<br>+693.27% | 1,109<br>+249.84% | 2.82%<br>-55.90% | 详情　人群透视<br>趋势　商品效果 |
| 5 | 购物车<br>较前30日 | 15,195<br>+62.51% | 4,998<br>+72.29% | 32.89%<br>+6.01% | 人群透视<br>趋势　商品效果 |
| 6 | 我的淘宝<br>较前30日 | 13,580<br>+81.07% | 1,849<br>+59.95% | 13.62%<br>-11.66% | 人群透视<br>趋势　商品效果 |
| 7 | 逛逛<br>较前30日 | 11,487<br>+1,187.78% | -<br>- | -<br>- | 人群透视<br>趋势　商品效果 |

（2）

**图 7–3　店铺访客数及流量来源**

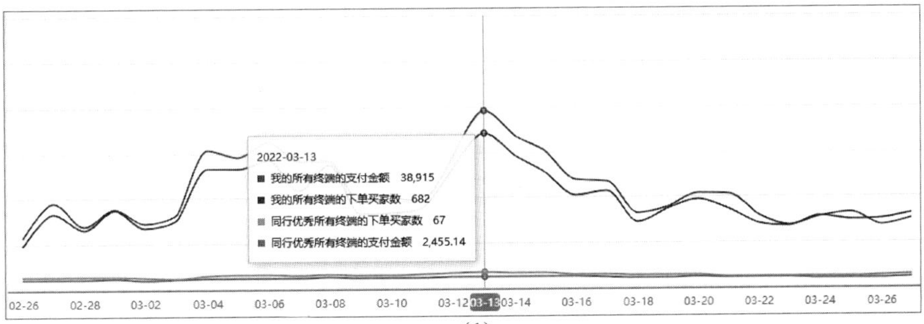


（1）

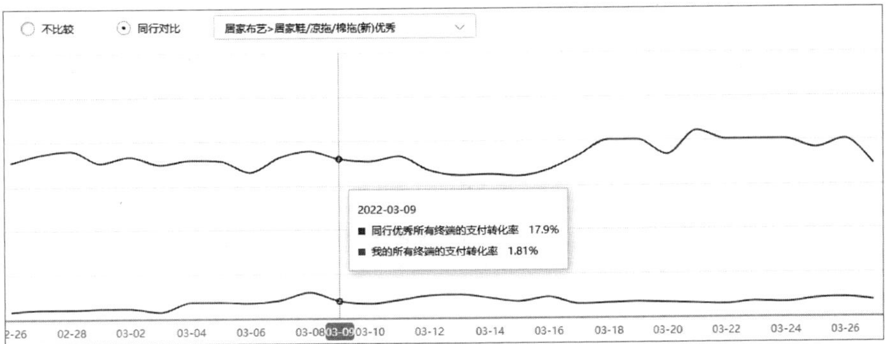


（2）

**图 7–4　店铺近期交易转化数据图**

## 三、某家居店铺数据化运营中存在的问题

### （一）店铺选品

（1）本品的尺码为区间尺码，竞品有清晰的尺码区分。

（2）竞品的材质为 EVA，有一定的优势，但相应的价格也高；竞品很多是 PVC 材质，相应价格偏低，占据明显价格优势。

（3）后期本品可以根据客户评价来决定是否进行材质的更新。

（4）本品的颜色比竞品颜色有优势，但是款式没有竞品款式多。

（5）本品成交关键词少于竞品。

### （二）客户服务

如表 7–2 所示，两个月内客户咨询总人数较多但店铺销售额不高，成交转化率不高。原因可能是店铺售后咨询量比较大，售前咨询量比较少。除此之外，客服人员得到的服务质量评分不太乐观，权重得分较低。

表7–2　店铺绩效报表

| 项目 | 2022 年 9 月 | 2022 年 8 月 | 汇总 | 均值 |
|---|---|---|---|---|
| 店铺销售额（元） | 331 470.82 | 488 515.76 | 819 986.58 | 409 993.29 |
| 店铺销售人数 | 5 605 | 8 952 | 14 557 | 7 278.50 |
| 浏览量（PV） | 511 542 | 712 572 | 1 224 114 | 612 057 |
| 访客数（UV） | 151 340 | 176 687 | 328 027 | 164 013.50 |
| 成交转化率 | 3.70% | 5.07% | | 4.44% |
| 咨询转化率 | 1.86% | 3.65% | | 2.83% |
| 客服销售额（元） | 51 105.96 | 107 579.22 | 158 685.18 | 79 342.59 |
| 客服销售额占比 | 15.42% | 22.02% | | 19.35% |
| 客服销售人数 | 742 | 1 686 | 2 428 | 1 214 |
| 客服销售量 | 1 585 | 3 742 | 5 327 | 2 663.50 |
| 客服客单价（元） | 68.88 | 63.81 | | 65.36 |
| 咨询人次 | 2 877 | 6 587 | 9 464 | 4 732 |
| 咨询人数 | 2 822 | 6 454 | 9 276 | 4 638 |
| 接待人数 | 2 323 | 5 457 | 7 780 | 3 890 |
| 询单转化成功率 | 48.18% | 42.50% | | 44.05% |

续表

| 月份 | 2022 年 9 月 | 2022 年 8 月 | 汇总 | 均值 |
| --- | --- | --- | --- | --- |
| 盘首次响应（秒） | 18.4 | 16.39 |  | 16.99 |
| 平均响应（秒） | 16.33 | 15.18 |  | 15.57 |
| 服务质量（DSR） | 4.8 | 4.8 |  | 4.8 |

### （三）店铺及商品推广

（1）关键词展现量小且无点击。原因可能为关键词不符合用户日常搜索表达习惯，展现机会少，如“爆品”“轻盈”等。

（2）关键词展现量大、点击率高、花费高，同时有加购、加入收藏，但无转化或转化过低。这类问题出现的原因可能为关键词不精准，定位人群不准确，如“拖鞋”“凉拖”等。

（3）关键词高展现、高花费、低点击、无加购、无收藏。原因是推广了太多的大词，这些大词只适用于销售量较高的商品，如“新款”“爆款”“防滑”等。

（4）关键词高展现、高收藏、高点击，但无转化。这类商品需求量高，无转化的原因可能为价格高或品牌影响力不足。

### （四）店铺交易转化

（1）销售金额下降：原因可能为客单价降低，消费人数减少。成交转化率降低，退单金额增加。

（2）访客量降低：由于行业整体流量下滑，店铺商品同竞品的竞争优势不明显。

（3）点击率不高：可能因为价格过高或过低，关键词使用不当，主图吸引力不高。

## 四、某家居店铺运营优化策略

### （一）提升店铺商品的竞争优势

（1）为了方便客户选择，本品可在后续开发时完善具体尺码。

（2）竞品材质为 PVC，价格低，质量差。后期本品可以根据客户评价来决定是否进行材质的更新，可以考虑开发两者之间的差异，生产性价比高的商品。

（3）后期可以根据双方客户评价中表现出的款式偏好进行商品款式的更新或丰富。

（4）完善本品的搜索关键字，进一步优化推广。

### （二）提升客户服务的满意度

（1）咨询转化率能直接反映出客服人员的工作质量。在同等条件下，咨询转化率越高，客服人员对店铺的贡献越大。

（2）实行鼓励机制，唤起客服人员的工作热情，提升工作效率。

（3）增加客服人员的数量，提高回复客户的效率，减少客户等待回复的时间。

（4）对客服人员实施全面而系统的理论与技能培训，提升客服人员的业务能力，提高客服人员的专业素养水平。

### （三）基于关键词优化推广

（1）删除展现量小且无点击量的关键词，如“爆品”“轻盈”等，客户在浏览商品时不注重这些词的筛选作用，因此可以删除。

（2）对于展现量大、点击率高、花费高，同时有加购，加入收藏，但无转化或转化过低的关键词，要优化关键词地域、人群投放范围，同时降低关键词出价。

（3）对于高展现、高花费、低点击、无加购、无收藏的关键词，应当减少大词的使用，同时也要优化创意图片、文案、价格，吸引客户点击。

（4）对于高展现、高收藏、高点击，但无转化的关键词，其相关商品需求量高，但因价格等问题转化率低，要从商品价格、促销活动、主图、详情页文案等方面考虑优化。

### （四）提升店铺转化率

影响访客数的指标有两个，一个是展现量，一个是点击率。在网店运营过程中，展现量都是比较稳定的，所以重点就是提升点击率。要提升点击率就要优化店铺的商品详情页、商品主图、购物路径等，这些都有助于提升店铺的访客数。

在提升访客数的基础上进一步提升转化率。首先，可以形成店铺商品的关系链，让客户永远有要看的东西，引导客户去看店铺的商品。其次，也可以主动营销，主动向客户推荐他所要购买商品的相关商品。最后，还可以提升售前客服的服务效率，售前客服要有专业的商品知识，了解交易规则，解答客户的疑惑，让他们放心下单，从而提升转化率。

# 实战案例二　某女装店铺数据化运营与优化案例

## 一、某女装店铺介绍

### （一）主营类目

羽绒服、毛衣、马甲、皮草、卫衣、风衣等各类女性服饰。

### （二）价格区间及利润率

由表 7–3 可知，店铺中皮草、风衣、羽绒服的利润率位居前三位，其中皮草的利润率最高，为 12.70%。除去这三种商品外，马甲、卫衣和毛衣的利润率较低，利润率依次递减。可以适当加大皮草、风衣和羽绒服的推广力度，保持或适当减少马甲、卫衣和毛衣的推广力度，以此提升店铺的利润率。

表7–3　商品价格区间及利润率分布表

| 商品种类 | 价格区间（元） | 利润率 |
| --- | --- | --- |
| 羽绒服 | 598.7～2 299.9 | 9.54% |
| 毛衣 | 79.4～299.9 | 6.40% |
| 马甲 | 136.3～364.8 | 7.35% |
| 皮草 | 866.7～2 776.8 | 12.70% |
| 卫衣 | 128.9～269.2 | 6.88% |
| 风衣 | 299.4～569.7 | 10.21% |

### （三）货源渠道

（1）批发市场进货：每个城市都有大大小小的批发市场，可以寻找就近的批发市场，面对面交易进货，这种进货方式门槛低，不限制进货数量。

（2）厂家直接进货：省去了中间环节，很可能拿到正规渠道中的最低价，但是这种进货方式门槛较高，对进货数量和资金的要求高。

（3）寻找库存积压商品：有些批发商和厂家的库存积压较多，在资金充裕的情况下可以考虑这种进货渠道，商家急于出手积压货物，一般价格较低，再出售时可以获得较丰厚的利润。

（4）购买外贸商品：这些外贸商品一般是外贸厂商的剩余商品，是由于一些小瑕疵无法通过质检而被留下。外贸商品一般价格较低，虽然存在瑕疵但是不影响正常使用，因此利润相当丰厚，但在出售时应标明“外贸产品，存在瑕疵”。诚信无价，良好的信用是成功经营的基石。

## 二、某女装店铺数据化运营现状分析

### （一）竞品数据分析

通过图 7–5 可以看出，本品的收藏量在统计周期内增长趋势较缓，但呈现逐渐上涨的趋势，说明本品比较受客户欢迎，也可通过设置收藏有礼或更换主图提高收藏量。竞品的收藏量在统计周期内有一个小高峰，随后呈现逐渐下跌的趋势，分析原因为竞品在近期开展了促销推广活动，后期随着活动结束，吸引力下降，收藏量随之下跌。

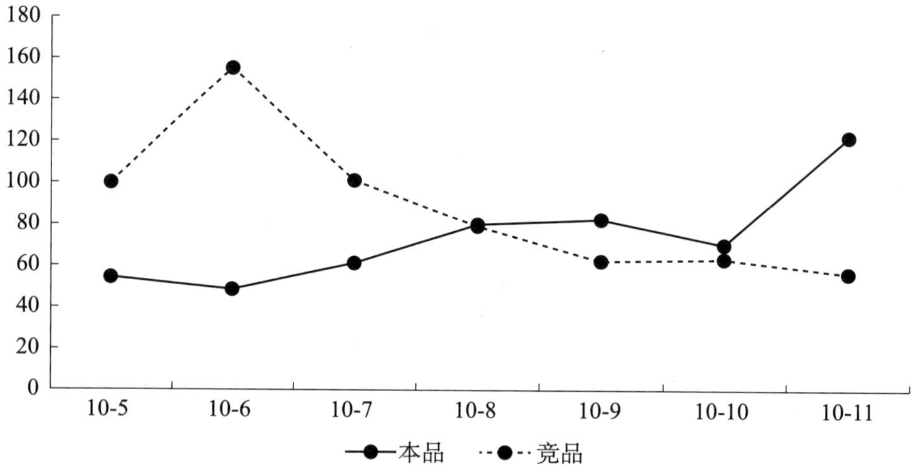


**图 7–5　本品与竞品收藏量周期对比图**

### （二）店铺客户数据分析

由店铺客户数据统计得知，周期内店铺有老客户回购，回购次数在 2～4 次区间内，因此可以为老顾客建立专属优惠群，凡是入群的老顾客均可以不定期领取优惠券、产品折扣、产品拼购优惠等，以此作为老顾客回馈策略，引导老客户购买的同时，增加老客户的黏性。

### （三）店铺流量及推广数据分析

由图 7–6 可知，付费流量来源中，淘宝客最占优势，其成交占比和投资回报率分别是 36.16% 和 0.46。此外超级钻展的成交转化率和投资回报率分别为 35.88% 和 0.38，可见这两种付费推广渠道可以作为店铺付费推广时的首选渠道。

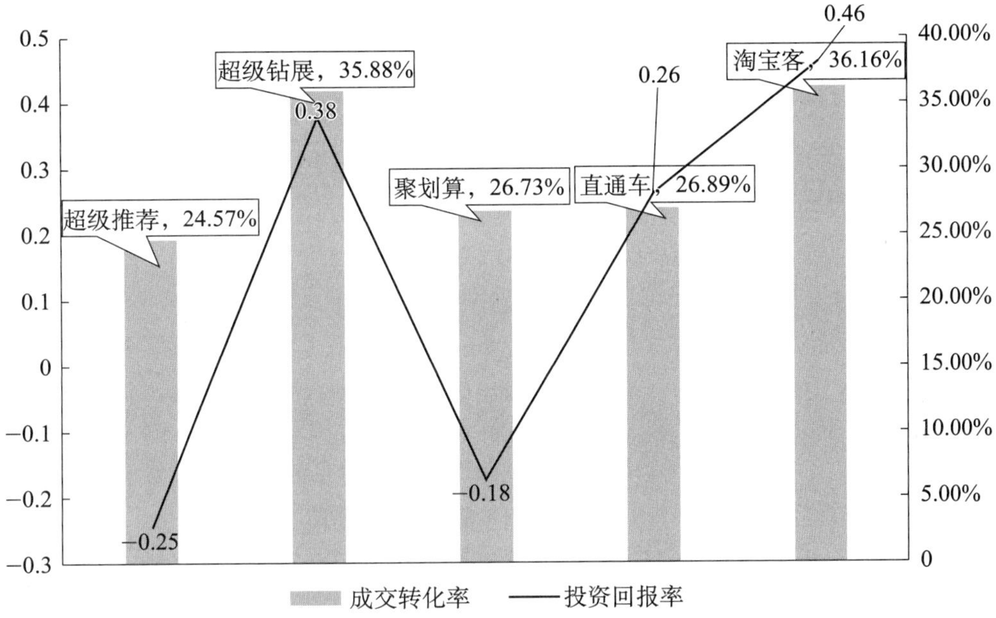


**图 7–6　付费流量来源结构分析**

如图 7–7 所示，免费流量来源中，购物车的各项指标都占优势，其为店铺带来的访客数为 4 232，成交订单数为 1 452；收藏推荐的各项指标表现较差，其为店铺仅带来访客 1 062 人，成交订单数仅为 231。店铺可以利用该分析结果优化其免费推广渠道布局。

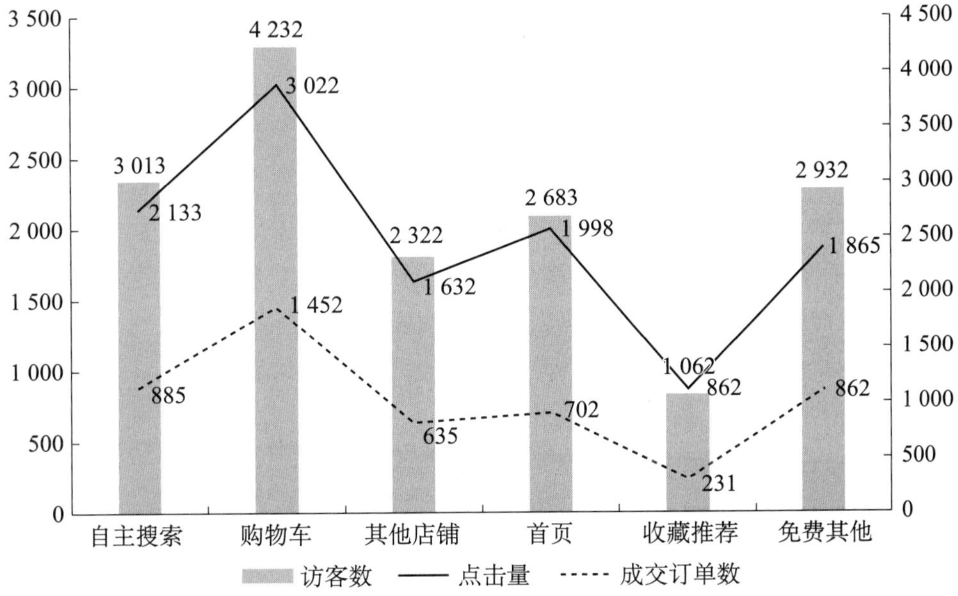


**图 7–7　免费流量来源结构分析**

### （四）店铺交易转化数据分析

由图 7–8、图 7–9 可知店铺的销售额、订单量和访客量基本成正比。但店铺的转化率上下摇摆不定，原因可能为商品描述和商品介绍与客户的预期不一致，客服人员的服务工作不到位，商品的评价情况不乐观等。

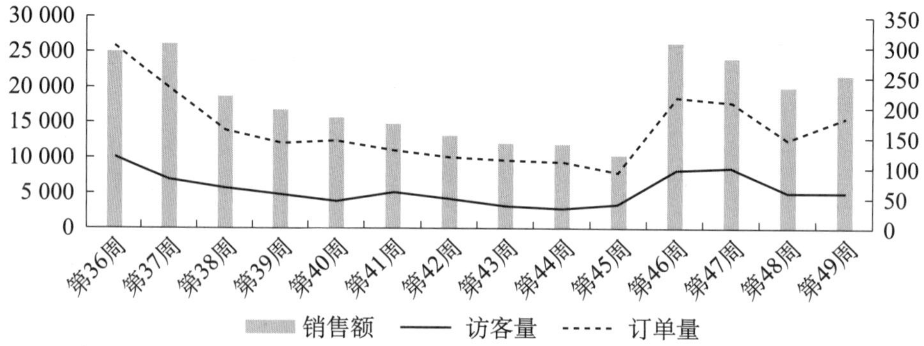


**图 7–8　第 36～49 周店铺交易数据图**

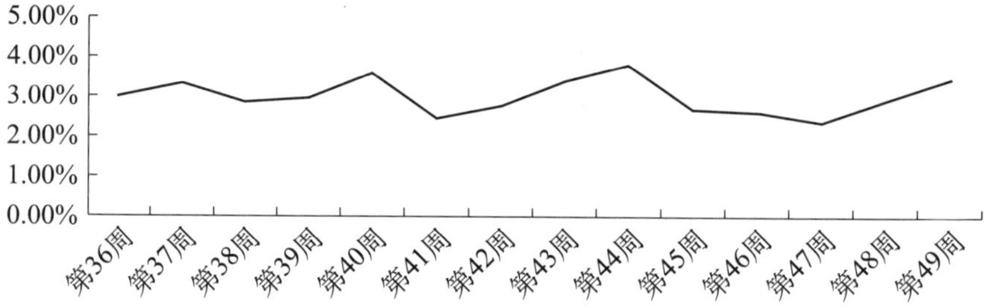


**图 7–9　第 36～49 周店铺转化率数据图**

## 三、某女装店铺数据化运营中存在的问题

### （一）店铺选品

（1）本品的尺码为均码，竞品有清晰的尺码区分。

（2）竞品的材质为羊毛，有一定的优势，但相应的价格也高。

（3）后期本品可以根据客户评价来决定是否进行材质的更新。

（4）竞品与本品的颜色各有特色。

（5）本品成交关键词少于竞品。

### （二）客户服务

如表 7–4 所示，咨询总人数较多但成交总人数较少，成交转化率不高。除此之外，客服人员得到的评分不太乐观，权重得分低。

表7–4　客服人员成交转化率及得分表

| 客服人员 | 成交总人数 | 咨询总人数 | 成交转化率 | 得分 | 权重 | 权重得分 |
|---|---|---|---|---|---|---|
| A | 88 | 275 | 32% | 70 | 30% | 21 |
| B | 582 | 1 455 | 40% | 90 | 30% | 27 |
| C | 232 | 800 | 29% | 60 | 30% | 18 |

### （三）店铺及商品推广

（1）关键词展现量小且无点击。原因可能为关键词不符合用户日常搜索表达习惯，展现机会少，如“出勤”“光滑”等。

（2）关键词展现量大、点击率高、花费高，同时有加购、加入收藏，但无转化或转化过低。这类问题出现的原因可能为关键词不精准，定位人群不准确，如“休闲”“宽松”“大码”等。

（3）关键词高展现、高花费、低点击、无加购、无收藏。原因是推广了太多的大词，这些大词只适用于销售量较高的商品，如“新款”“爆款”“显瘦”等。

（4）关键词高展现、高收藏、高点击，但无转化。这类商品需求量高，无转化的原因可能为价格高或品牌影响力不足，如“设计感”“小众”等。

### （四）店铺交易转化

（1）销售金额下降：原因可能为客单价降低，消费人数减少。成交转化率降低，退单金额增加。

（2）访客量降低：由于行业整体流量下滑，店铺商品同竞品的竞争优势不明显。

（3）点击率不高：可能因为价格过高或过低，关键词使用不当，主图吸引力不强。

## 四、某女装店铺运营优化策略

### （一）提升店铺商品的竞争优势

（1）为了方便客户选择，本品可在后续开发时完善尺码。

（2）竞品材质为羊毛，价格高，后期本品可以根据客户评价来决定是否进行材质的更新。

（3）后期可以根据双方客户评价中表现出的颜色偏好进行商品颜色的更新或丰富。

（4）完善本品的搜索关键词，进一步推广优化。

### （二）提升客户服务的满意度

（1）成交转化率能反映出客服人员的工作质量。在同等条件下，成交转化率越高，客服人员对店铺的贡献越大。

（2）实行鼓励机制，唤起客服人员的工作热情，提升工作效率。

（3）增加客服人员的数量，提高回复客户的效率，减少客户等待回复的时间。

（4）对客服人员实施全面而系统的理论与技能培训，提升客服人员的业务能力，提高客服人员专业素养水平。

### （三）基于关键词的推广优化

（1）删除展现量小且无点击量的关键词，如“出勤”“光滑”等，客户在浏览商品时不注重这些词的筛选作用，可以删除。

（2）对于展现量大、点击率高、花费高，同时有加购、加入收藏，但无转化或转化过低的关键词，要优化关键词地域、人群投放范围，同时降低关键词出价。

（3）对于高展现、高花费、低点击、无加购、无收藏的关键词，应当减少大词的使用，同时也要优化创意图片、文案、价格，吸引客户点击。

（4）对于高展现、高收藏、高点击，但无转化的关键词，如“设计感”“小众”等，某相关商品需求量高，但因价格等问题转化率低，要从商品价格、促销活动、主图、详情页文案等方面考虑优化。

### （四）提升店铺成交转化率

影响访客数的指标有两个，一个是展现量，一个是点击率。在网店运营过程中，展现量都是比较稳定的，所以重点就是提升点击率。要提升点击率就要优化店铺的商品详情页、商品主图、购物路径等，这些都有助于提升店铺的访客数。

在提升访客数的基础上进一步提升转化率。首先，可以形成店铺商品的关系链，让客户永远有要看的东西，引导客户去看店铺的商品。其次，也可以主动营销，主动向客户推荐他所要购买商品的相关商品。最后，还可以提升售前客服的服务效率，售前客服要有专业的商品知识，了解交易规则，解答客户的疑惑，让他们放心下单，从而提升成交转化率。

# 参考文献

[1] 阿里巴巴商学院．电商数据分析与数据化营销［M］. 北京：电子工业出版社，2019.
[2] 白东蕊．网店运营与管理［M］. 北京：人民邮电出版社，2021.
[3] 北京博导前程信息技术股份有限公司．电子商务数据分析概论［M］. 北京：高等教育出版社，2019.
[4] 北京博导前程信息技术股份有限公司．电子商务数据分析基础［M］. 北京：高等教育出版社，2019.
[5] 陈晴光，龚秀芳，文燕平．电子商务数据分析理论、方法、案例［M］. 北京：人民邮电出版社，2020.
[6] 胡华江．商务数据分析与应用［M］. 北京：电子工业出版社，2018.
[7] 刘莉萍，俞洋洋，葛存山．网店运营与推广：视频指导版［M］. 2 版．北京：人民邮电出版社，2019.
[8] 屈莉莉．电子商务数据分析与应用［M］. 北京：电子工业出版，2021.
[9] 邵贵平．电子商务数据分析与应用［M］. 北京：人民邮电出版社，2019.
[10] 王利锋．网店运营实务［M］. 北京：人民邮电出版社，2017.
[11] 张帆，杜迎晨．淘宝平台商家数据化运营与优化策略研究：以女装 TD 店铺为例［J］. 商场现代化，2021(10)：23–2.
[12] 邹益民．电子商务数据运营与管理［M］. 北京 : 人民邮电出版社，2020.